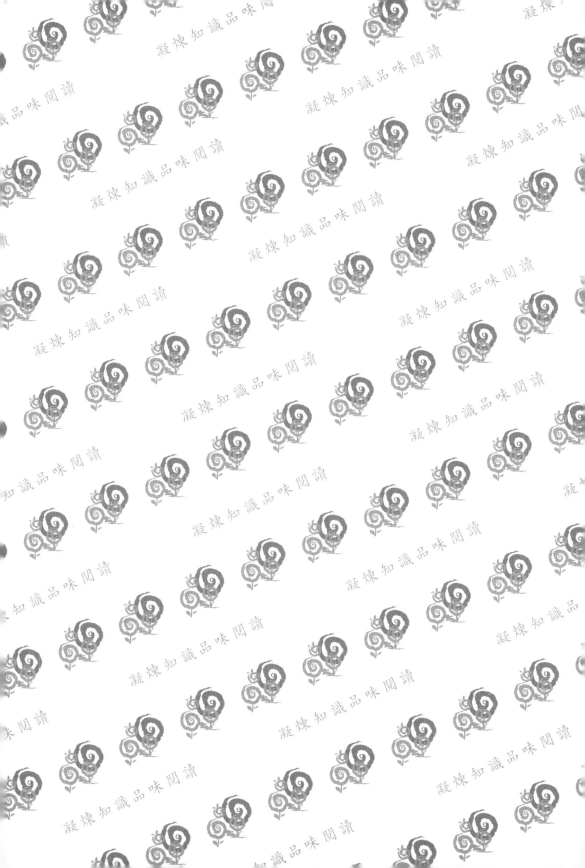

洪鎌德 著

當代社會科學導論

Contemporary Social Sciences：An Introduction

五南圖書出版公司 印行

序

　　本書前身為《人文思想與現代社會》（出二版三刷一九九七、二〇〇〇、二〇〇四）。該卷書出版十三年間經歷不少的教學與討論而有所增添，並被列入臺大通識教育的指定讀本，而深獲各方好評。現加以增補與修訂，取其後半本涉及社會科學的部分詳加敘述，增添十年來新資料、新學說、新理論，而形成本專書之內容與架構。

　　在剛過去的二十世紀中，人類文明發展最速，變化也是最大。民主革命與工業革命震撼著向來的文化價值，也改變了傳統的生活方式。在西方，民族主義、資本主義跟著抬頭，而在東方，反殖民主義的種族革命，也是如火如荼地展開。隨著各種新思潮、新意識形態的崛起，與寰球政治、經貿、社文的鉅變，人類在二十世紀經歷了兩次的世界大戰。戰後在大眾社會中，生活品質提升，教育與知識程度提高，大眾傳媒與交通工具的發達，促成廣大地區間群眾的心智交流。於是人際關係不僅是量的增加，更是質的加深，社會也日趨複雜化。

　　社會科學在此一戰火瀰漫、擾攘不安的世紀裡有長足進步，隨著電腦的使用，網際網路的發展，過去各學科間獨善其事的發展如今被跨學科的研究所取代。故此，當今難謂有一單獨研究政治學、經濟學、社會學、哲學、人類學的可能，很多的考察是要從全社會、全世界的眼光與途徑來進行。雖是如此，社會科學仍然是相對於自然科學，而成為人類探索世界的兩大門徑之一。

　　本書由此出發，首先討論何謂社會科學，界定其範圍、性質與分類，接著簡述當代社會科學發展的情況。其中馬克思的幽靈至今仍然在學術殿堂中闖蕩。之後，本書探討社會科學中社會、經濟、

政治三個主要的領域，而這三者應當被視為彼此環環相扣、緊密結合的一體之三面。在一九六○年代，西方社會科學的發展出現危機，新左派對此提出挑戰，乃至於對過去的典範加以質疑或顛覆。在當今危疑震撼的二十一世紀，我們面對的是一個高度發展，卻也是高度風險的社會，當中社會科學各家將如何面對此一世局演變，有加以論述與評析的必要。

淡江大學歐洲研究所已故教授張維邦博士曾撰文（見一九九八年五月號《哲學與文化》第二八八期）評論並大力推薦本書前身之《人文思想與現代社會》，抬高該書在學術之能見度。過去我在臺大國發所指導，現已經結束學業之廖育信博士則針對本書有關經濟專章之增修與擴大，尤其是當代經濟新局勢與二○○八年全球金融海嘯及其處理之闡述部分，提供精闢的見解。至於全稿之校對、統整與文字潤飾，也由他與國發所博士生董倫銓先生兩人完成，實在功不可沒。此外，五南圖書出版公司副總編輯陳念祖先生，對本書的內容與形式提供頗具建設性的意見，令人感激不盡，在此敬致謝意。

最可感激的仍就是老伴蘇淑玉女士。她對我的精神、體力、飲食、休息的細心照顧，使我這個老學究心身康適，得以繼續貫徹教學、撰著、譯述的志業，在此敬呈我至深的謝意，是為序。

洪鎌德
二○○八年十二月六日於臺大國發所研究室

目　次

第一章
社會、社會學說與社會科學

（一）　魯賓遜的離群索居

　　自從人類出現在這個地球之後，爲了維持本身的生存，也爲了促進種族的繁衍，人們必須從事謀生的種種活動。很自然地，人類乃成爲群居的動物。除了人類之外，其他的動物，像蜜蜂、黃蜂、螞蟻等也經營群居的生活。在諸種群居動物中，人類因爲具有靈智的關係，所以出類拔萃，而成爲萬物之靈。依據當代最著名的社會理論家哈伯瑪斯（Jürgen Habermas 1929- ）的說法，人類有異於其他禽獸的特別能力，爲人能夠勞動，也能夠溝通（語言、文字、作爲的互動）。換句話說，人們既然成群結黨，也就變成組織社會的一分子。

　　我們曾經讀過英國小說家狄福（Daniel Defoe 1660-1731）所著的《魯賓遜漂流記》，而幻想與羨慕小說中主角人物魯賓遜那種重返自然，過著無拘無束、逍遙自在的單獨生活。不過在魯賓遜未漂流到孤島之前，以及他有一天碰見一個土人——後來他將其命名爲「星期五」——之後，他並未與人群脫離關係，更何況他最終被拯救而返回文明社會，重享人間的溫暖。這雖然是一椿虛構的故事，不過，仍然顯示了人類不能離群索居的普遍現象。像魯賓遜這樣傳奇性的故事，在現代也曾經有一類似的事實發生過：一位名叫李光輝的臺灣原住民，在二次世界大戰中，被日軍徵召前往南洋作戰，後來日軍節節失敗，於是他潛逃到摩奈泰島叢林中，孤獨地渡過了二十九年原始生活，直到一九七二年，才被印尼巡邏隊發現，而遣返臺灣的故里。不幸，他返回故鄉居住五年之後便告謝世。會不會人群社會造成他的心理壓力，使他無法適應呢？

　　像李光輝這樣的奇事，在人類發展至今的漫長歷史上，畢竟是罕見的。我們可以說絕大部分的人類，從呱呱墜地，直到一命鳴呼，幾乎都是生活在人群裡頭。他的周遭如果不是父母、兄弟、姊

妹及其他親戚，便是環繞著鄰居、友儕、同僚、陌生人等等。而家庭的成員、鄰人、友儕、同僚及無數的陌生人都是社會的一環，也是構成社會的基本單位。

（二）社會是什麼？

　　然則，什麼是社會呢？就字源學來說，古代的人將「社」看成為土地的神明，也是祭祀地神之意。「會」的意思是集合、或會合。「社會」兩個字的連用，始見於《舊唐書》〈玄宗本紀〉：「村閭社會」。現在華文中「社會」兩字，卻是採用日本人從英文society一詞翻譯而來的。英文的society係由拉丁文*societas*轉變而成。*Societas*意為群體、參與、陪伴、連結、團體、幫會等意思。由此可知社會一詞指涉二人或二人以上組成的群體而言。通常我們一般人心目中的社會，卻是指家庭與學校外的人群現象。因此，我們常聽到人們提起：「離開家庭，投進社會的大熔爐中」，或者是「畢業後離開校門，踏入社會」。這裡所指的社會，幾乎是形形色色的職業團體，服務機關、工作場所、休閒活動等等及其總和。因此社會幾乎是家庭與學校之外工作、管理、消費、公共服務、交遊、休閒、娛樂、醫療……等場所的總稱了。這是一般人對社會一詞的用法。

　　由於人群的活動離不開時間與空間組成的範疇，因此在時間上，我們不妨分別和指稱：原始社會或初民社會、古代社會、近代社會、現代社會、未來社會等等。至於空間方面，我們也可以廣泛地指稱：全球社會、東方社會、西方社會、中國社會、臺灣社會、法國社會……等等。不過，這種說法與指稱稍嫌籠統，而缺乏學術的精確性。

　　社會雖然是人群的結合，但不是所有人群的集合都可以稱作「社會」（註1）。例如馬路上熙熙攘攘的行人；電影院中鴉雀無聲專心欣賞的觀眾；巴士車上高談闊論的乘客等，雖然是人群的的聚合，但都不構成社會。反之，像新婚夫婦兩人組成的小家庭，補習教師與學生之間的師生關係，卻是小規模的社會，或說是社會的雛型、社會的縮影。不過一般所指的社會，卻是指多數人群所造成的團體而言，亦即所謂的社會群體，簡稱社群。那麼構成社會主要的因素究竟是什麼？到底用什麼標準來分別人群的結合，是屬於社會，還是屬於群眾？

　　涂爾幹（Émile Durkheim 1858-1917）指出，社會是超越個人存在的社會事實（*faits sociaux*）。社會事實不但超越個人，存在於個人之間，也具有對個人約束、規範的強制力量，是個人所無法跳脫或躲避的，這點與德國社會學家達連朵夫（Ralph Dahrendorf 1929-　）視社會是令人厭煩、憤怒的事實（*ärgerliche Tatsache*），幾乎有相似的看法。

　　正如柏爾格（Peter Berger 1929-　）所說，社會滲透到我們中間，也把我們包圍起來，我們和社會的疆界，與其說是由於我們的征服它，倒不如說是由於和它發生衝突而界定的，我們是受到人類的社會性格所藩籬、所拘束。我們成為社會的階下囚，乃是由於心甘情願和社會合作的結果（註2）。

　　原來社會不僅是多數人的結合，更重要的是這些人群彼此之間有一定的關係，有交互的作用，而且在動作的過程中，行為者賦予該動作以主觀上的意思。換句話說，社會乃是由一群彼此發生互動（interaction）的人們所組成的關聯體系。路人的匆匆行蹤，顯示彼此陌生而不發生關係；電影院中的觀眾，除了同為觀賞影片而湊集一起之外，彼此心靈既不溝通，也沒有什麼交往（雖然影片的情節有時會激起群眾的共鳴或同感）；乘客之間的關係，也是由於一時運輸

的方便而結合，除非該巴士爲一旅行團體所包辦或專車性質，否則車上乘客的聚集，不能構成一個社會。至於夫婦之間組成的家庭，或師生關係而形成的教育制度，卻與前述的人群集合不同，都是成員間彼此對待，而且各扮演某一角色，由之，產生較爲持久的關聯與組合。因之，他們所組成的團體，就是社會。是以家庭是一個社會，補習班或學校是一個社會；擴而大之，鄰里、鄉村、市鎮、國家、區域，乃至整個世界都是社會。

　　總之，社會乃是追求自存與繁衍，因而共享文化與制度的人群。可見社會中最重要的因素除了人群之外，就是文化與制度了。何謂文化？文化就是人類在社會範圍中，經之、營之，世代傳襲累積下來的複雜整體，包括統治、交易、科技、信仰、文藝、倫常，習俗等等。何謂制度？制度則是保存人類以往文化及活動業績的機構或機制，也可以說是系統化、具體化的設施。因此每個社會不但有其特殊的文化，也有其特殊的制度。其中特別是涉及使社會發生劇變，而使人類脫離原始生活，跟著邁入現代門檻的科學與技藝文明；人類發展史上各地區、各民族的特殊文化；此等文化之間的變遷、交流、擴散等等，都成爲學者研究社會形態與分類的依據所在。文化與文明的兩詞在德國有所分別，前者涉及人類精神表現及其作品，後者則爲人類活動的有形器具、技藝，屬於物質成就的部分。在英國與法國則常把文化與文明混同。此外，使整個社會得以欣欣向榮、使整個社會避免分崩離析的政治制度；使社會的成員之物質與精神需要獲得滿足的經濟制度；使社會組成份子的心靈得以安慰的宗教制度等等，都成爲研究與分析社會的焦點（註3）。

（三）　對社會的認知與猜測

　　從上面的敘述，我們約略地理解：社會是一個極端複雜、極度難懂的人群現象。因此有史以來，世世代代、形形色色的人們都不斷地注視和尋求有關人群活動的祕密。古代的東西聖哲，無論是孔子或釋迦牟尼、蘇格拉底（Socrates 470-399B.C.）或耶穌，都對人群的現象、社會中人際的行為、現世與來世等等，有或多或少的論述。雖然他們的觀點不同、持論有異，但都是人們對揭開人群生活之謎的努力底範例。至於一般芸芸眾生，對大自然或人類社會現象，多半持著約定俗成、不求甚解的態度。因此僅單靠常識與信仰來加以認識。這種認識，如非走火入魔，或含有濃厚的神祕色彩，便是妄自猜測，而充滿歪曲的偏見。

　　社會現象既是如此繁難複雜，自然不是人云亦云的常識，或是缺乏事實根據的神話，或是教條獨斷的信仰所能解釋清楚的。於是一部數千年來的人類文明史，就是人類企圖解開宇宙與人生之謎的奮鬥記錄。撇開常識、神話、教條的解釋不談，自古以來的哲人也曾經努力用科學與哲學來探究天人的關係，思索理想社會的建立。像這樣窮思冥想，雖然能夠建立莊嚴完美的神學體系，或撰成不朽的哲學傑作，但對社會人群的現象，仍無法洞燭瞭然（註4）。

　　因之，對社會的理解，除了猜測、思辨、幻想之外，最可靠的方式莫如知識。所有的知識都是涉及人類的知識，這包括人類的文化、文明及其產品有關之知識，以及有關人類生存的自然環境之知識。為了更為精確地理解社會，人類發展了科學的知識，所謂科學的知識乃是有系統地蒐集、分類、比對和詮釋的知識，它是涉及對概念的學習和把概念應用到特殊情況之上（註5）。

　　由於近世歐洲文明特重科學知識的追求，因之在對自然的天象、海洋、生命、物理、礦植物探測之餘，也對人類所組成

的社會之起源與流變發生深厚的考察興趣。尤其是工業革命爆發後，鄉村人口流入城市，城鄉對照明顯，普通人的操作由土地轉向工作坊（工廠制度興起），再加上人口的膨脹、城市擁擠與貧民窟的產生，私人創業致富，亟需政府立法保障其私產，於是形成有產與無產階級的對立。美國獨立戰爭與法國大革命對王權的挑戰，天賦人權的宣布，造成政治、經濟、社會秩序的震盪與重建。海外殖民與初期帝國主義的商貿、軍事、傳教活動，在在都是造成歐洲人世界觀、人生觀的劇變，也是遽變。換言之，封建社會的解體換來工業社會的驟起，造成人們必須對這嶄新的歷史現象作一徹底的理解與詮釋，這便是社會科學興起的因由。

（四）西方社會思潮起源的哲學背景

（一）理性與觀察

　　十八世紀歐洲的思想界充滿了樂觀的情緒與理性的呼聲，這便是改變近世人類歷史面貌的啟蒙時代（Enlightenment）。處在啟蒙時代的學者，莫不懷抱人定勝天的信念，相信人類的心靈與智慧，不但可以解釋世界，還可以進一步改變世界。「理性」成為當時哲學家歌功頌德、頂禮膜拜的神明。人們之所以崇尚理性，乃是由於十七世紀理性創造了自然科學輝煌的業績，自然科學獲得豐碩的成果。於是自然科學的成就引導人們進入一個嶄新的境域，並由之認識一項新穎的宇宙觀。依照這項新的宇宙觀，世界是根據自然法則，有秩序、有組織地建構起來。人們只要肯利用自然科學（特別是物理學）的概念與技術，不難創造一個符合理性與真實的新世界。於是在這個時代中，追求真理，遂成為思想家、學者的中心目

標。不過這個眞理，不再是依賴上天的啓示或訴諸權威、或訴諸傳統的眞理，而是立足於理性與觀察而獲致的眞理（註6）。

　　既然科學揭示了物理中自然法則運作的情形，人們逐進一步地發問：是不是在社會界與文化界中，同樣地也可以找到類似物理界的規則呢？這一疑問，促使啓蒙時代的哲學家，著手考察人類社會生活的諸面相。他們開始研究與分析有關政治的、社會的、宗教的、文化的與道德的典章制度，並以理性的眼光，一一予以批評，於是凡屬不合理或違反理性的典章制度都在攻擊批判之列。在這種批判精神的嚴格要求下，幾乎絕大多數的傳統事物，都被目爲戕害人性、妨礙人類成長的非理性事物。傳統的風俗習慣中，凡屬迷信、專橫、怪誕不經者，固然難逃批判，就是窒礙思想自由的審查制度、妨害工商階級發達的苛捐雜稅，乃至封建社會中的種種不公平的法規命令，也成爲人們急於摧陷廓清的對象。要之，啓蒙時代的思想家一方面肯定了當代發現與累積的知識之成就，他方面卻以懷疑的、批判的、世俗的眼光，來重新估計一切事物。因此，基本上他們對理性與科學的信仰是鼓舞他們認眞工作的動力。同時，這種信仰也使他們重新重視人道、推崇人本、發揚人文、對人類懷抱樂觀，而充滿自信。

（二）啓蒙思想的特質

　　上述有關十八世紀歐洲思想界的現狀，可說是一般學者的共同看法。當然也有人獨持異議，像貝克爾（Carl Becker 1873-1945）便指出：啓蒙時代的哲學家之心態，更接近閉鎖式的中古時代，他們很難從中古基督教思想的桎梏中解放出來。他們如有所成就，絕非正面的肯定某些價值，而是反面的撕毀某些價值、重估某些價值。他們甚至「摧毀聖奧古斯丁的神聖之城，而以當時流行的看法代之，重建神學的內容」（註7）。這種觀點也受到德國新康德學派的

哲學家卡西勒（Ernst Cassirer 1874-1945）的支持。卡氏說：十八世紀的哲學家雖然很少意識到他們的思想係繼承自前代，但事實上，他們的學說卻是前代學說的踵事增華。「他們把早前的文化遺產加以整理、改變、發展、澄清，而不是汰舊換新，有所創見」。儘管在內容上，十八世紀的哲學家未能推陳出新，但卡西勒至少也承認他們對形式方面的翻新不無貢獻（註8）。因為他們的思維工作，是立基於十七世紀大思想家笛卡兒（Réné Descartes 1596-1650）、斯賓諾莎（Baruch Spinoza 1634-1677）、萊布尼茲（Gottfried W. Leibnitz 1646-1716）、培根（Francis Bacon 1561-1626）、霍布士（Thomas Hobbes 1588-1679）與洛克（John Locke 1632-1704）等體大思精的學說之上。顯然地，啟蒙運動大師的思想，便由重新詮釋前代學者之思想體系，而獲得新穎的意義與嶄新的觀點，於是哲學思考變成與前代完全不同的思維操作。

　　十八世紀的思想家，對於前一個世紀所流行之閉鎖的、自足的、玄妙神祕的思想體系，缺乏信心，他們也不耐於將哲學工作，視為偉大體系的定律、公準之架構或引申。此際，人們認為哲學乃是發現的活動，亦即從事有關自然現象或精神現象的發現工作。卡氏說：「哲學不再與科學、歷史、法哲學、政治學分家。反之，只有在哲學的氣氛之下科學、歷史、法哲學、政治學才能存在與發揮」（註9）。這時所強調者乃是考察與研究，而不是窮思與冥想。啟蒙思想所思維的是創造性的功能與批判性的功能，目的在於給予思想以一種塑造生活的權力與塑造生活的使命。這時哲學思考不再是靜態的思辨活動，不再是抽象的思維，而是積極的、動態的世俗批判。它要批判各種典章制度的缺陷，特別是典章制度違反理性與自然的那部分。哲學思考要求把這類古舊的典章制度更換成合乎理性、順乎自然，而又能滿足人們需求的新秩序、新制度。新秩序的建立無異為真理的顯露。從上面這一敘述，吾人不難獲知：啟蒙思

想既有其負面的與批判的功能，也有其正面的與積極的貢獻。因此構成啓蒙運動的哲學思想，不僅是某些思想體系、原理、理論等，還包括化腐朽爲神奇的批判力量。這種建構與批判兩種力量的合致，是啓蒙思想的特徵。可是法國大革命之後，這兩種力量卻儼然分開，而各自演成勢如水火、互不相容的哲學原則。

對於啓蒙運動的思想家而言，人們生活與勞動的各方面都應受到嚴格的檢驗，是以不同的科學、宗教、玄學與美學，也必須一一予以徹底的考查。這時代的思想家感受到來自各方面的壓力，這種壓力驅迫他們對一切事物重新估計。他們不但考察本身的思云言行，也考察其所處的社會與時代，甚至思想的功能等。由於他們能夠瞭解、認識與掌握他們所處的時代脈動，因而能夠運用這種力量去控制其方向。於是透過科學與理性，人們乃能獲致更大程度的自由與完善。理智的進步也成爲推動人類各方面進步的動力。

（三）牛頓的科學觀

在思想界中最明顯的事實，是十八世紀的哲學家，已不再使用前代嚴密、而又系統性的「演繹法」（deduction）來獲取新知。反之，卻運用當時自然科學的進步概念來分析社會與人文現象。總之，笛卡兒抽象綿密的演繹體系，已被牛頓（Sir Isaac Newton 1642-1727）重視檢驗事實與觀察現狀的「歸納法」（induction）所取代。牛頓所注重的是「事實」，是經驗的資料。他研究的原則是構築在經驗與觀察之上，亦即是經驗基礎之上。牛頓研究的假設，是物質世界中萬有的秩序與律則。經驗的事實並非毫無關連的、分離的元素之凌亂拼湊；反之，事實乃是元素之間組合的模式，他們展示了特定的形式、規則與關係。宇宙本身是含有秩序的，而秩序是可以藉觀察與資料的歸納處理而被發現的。牛頓這項概念，便成爲十八世紀方法論中之特徵，而使那個時代的想法與十七世紀的想

法，有了根本上的區別。

　　牛頓的萬有引力定律，並不是空思冥想的產品，也不是無計畫的觀察或任意的實驗所可獲致。萬有引力定律之發現乃是嚴謹應用科學方法而成的典範。牛頓總結了早先偉大的科學家，如哥白尼（Nicolaus Copernicus 1473-1543）、克卜勒（Johannes Kepler 1571-1630）、伽利略（Galileo Galilei 1564-1642）等人有關天體現象的勘查探究，而予以解析與綜合。

　　哥白尼以地動說來取代太陽繞地球運轉的常識說法，也就是以日心說來取代地心說。伽利略發現空中的墜落物，其下墜的過程是以加速度在進行的，而克卜勒則證實行星和太陽的距離與行星繞日的速度（日期長短）之間有一定的關係。綜合伽利略與克卜勒的發現，牛頓遂發現了一條定律：太陽對於行星的引力是與該行星的質量成正比，而與其距離的平方成反比。終於牛頓發現了宇宙間的物體，藉著萬有引力的作用，皆有其位置與運動。使星球在天體中移轉的力量，也會使地球上的物體下墜。此一引力定律遂在宇宙間運作不歇。有限的宇宙變成了無限的機器，靠著本身的力量與機能，而永恆轉動。造成宇宙轉動的外在動因，明顯的是不含任何的目的性，也不含任何的意義。空間、時間、質量、運動、力量等乃是組成機械式宇宙之基本因素。人們只需應用科學的律則與數學，便可以領悟這個宇宙的全體了。這種看法對啟蒙時代的知識分子，產生了無可估量的影響。顯然這種新的觀點無異是理性與觀察的一大勝利，它揭示一種嶄新的方法，亦即使用觀察方法做合理的解釋。解釋如屬正確，則會引導觀察者進一步去發現新的事實（註10）。

　　啟蒙時代中若有任何新奇與獨創的見解之處，便是全心全意地接受牛頓物理學的方法模式。不僅對牛頓的說法加以誠意接受，還進一步把這種科學方法在物理學界與數學界的應用，擴大到人文與社會的領域來。是以在任何的現象觀察中，都可以應用這種科學方

法。

（四）理性哲學與經驗哲學

　　對於人類理性的看法，十八世紀的學者也與十七世紀的思想家不同。後者認為理性源之於人類的本質，是先於經驗的、先天的「天賦的理念」。前者視理性為人類認知活動中獲取知識的能力，而不是得之於前代的遺傳。理性僅由其擁有者的種種表現中顯露出來。

　　理性既不向粗糙的現實低頭，不向簡單的經驗資料低頭，更不向啟示、傳統、權威的「證據」低頭。反之，十八世紀的理性是與觀察法運用，來尋求真理。就是著名的法國「百科全書」的學者，也認為他們的職責，不只在提供人們知識與消息，而是主要在改變人們傳統的思想方式。從分析現象到綜合見解，理性應可發揮它的活力，而不失為人們認識周遭事物的利器。

　　我們可以說，「十八世紀的哲學家都體會了早一個世紀中，兩股哲學思潮的分別存在。其一為理性的哲學，其二為經驗的哲學」。前者為笛卡兒所創，後者則由洛克開啟其端。這兩派不同的思想體系，終於在十八世紀中獲得合致的機會。因此我們把融合這兩種思潮的功勞，歸之於啟蒙運動的大師，是有其道理的。

　　笛卡兒認為對於一個命題效力的懷疑（當效力無法證實時）是哲學思考的起點。不過，儘管哲學家不停地懷疑，但有一事實是不容懷疑的，那就是自我的存在，因為「我思故我在」（*cogito, ergo sum*）。笛氏強調清楚與明白的思想之重要，且以理性做評斷真理的標準。

　　洛克在《人類理解論》中，一反當代的看法，而主張人類並無與生俱來的理性。人誕生之時，心靈如一張白紙，只有經由耳濡目染，在生活經驗中吸取理念、見解、常識、知識之屬。心靈的功能

在於把五官輸送而來的資料加以蒐集、整理。因此心靈的功能是消極的，而無原創或組織的能力。即便是有原創力、組織力，也屬有限。

其後洛克支持科學家的研究方法，集中注意力於可資計量的事物之研究上，而忽視被考察的事物之其他面向。因此，他主張事物具有兩種不同的屬性，其一爲本原屬性，其二爲附麗屬性。凡事物可資直接經驗到的那類屬性，諸如其外延、數目、移動等是該事物之本原屬性；反之，事物的顏色、聲音等，除了存在於觀察者的心靈之外，不復存在他處，是爲事物的附麗屬性。洛克的認識論，導致了英國的唯心論與懷疑論，也促發了法國的唯物論（註11）。

（五）洛克學說的影響

在英國的柏克萊（George Berkeley 1685-1753）主教便認爲洛克有關事物本原與附麗屬性之分別，似嫌模糊與脆弱。這兩類屬性除了存在於觀察者的心靈中，別無他處可存。此即說明物質不存在，或物質的存在還找不到證明。柏克萊認爲只有精神是存在的，而此一精神無他，乃上帝之謂。於是宗教的主題之一的精神（spiritual）便用來作爲反對科學的主題之物質。到了休姆（David Hume 1711-1776, 休謨），他更主張心靈除了認識其自身之外，不識他物，這可說是唯心主義（觀念論）的極致。人的認識只限於感覺、知覺的範圍內，在感覺、知覺的界限之外，是否有客觀實在，那是不能知道的，也是無法知道的。

在法國，洛克的觀點則被轉變成爲科學的唯物論。此一發展與法國嚴密的、但又反覆無常的專制政體與教會有關，唯物論成爲對抗教會之有效的精神武器。康第拉（Etinne B. de Condillac 1715-1780）闡明與發揮了洛克有關人類知識源起的理論。

歐爾巴（Paul H. Holbach 1723-1789）拒絕一切精神動因的說詞，

而把意識與思想還原爲物體分子的運動。康第拉修正其他唯物論者
的過激說詞，而賦予心靈以創造與積極的角色。一旦人們心中的思
想與推理能力被喚醒，人便不再是消極、不再是被動地適應環境，
或便利生存。思想甚至能夠對抗社會實在，能夠考究社會實在。在
〈論感覺〉一文中，康氏甚至認爲社會學應成爲一種科學，其方法
在於教導吾人認識社會中「虛擬的事體」，這類虛擬的事體係由彼
此相互影響的部分構成。因此，即便是在最簡單的知覺動作中，判
斷與理性也具有不容忽視的力量。換言之，人不管是在觀察自然現
象，還是社會現象，都要借助於判斷與理性。單靠五官，我們無法
產生吾人意識中認識的世界。因此，五官與心靈的配合，對於認識
事物是絕對有其必要的。康第拉的這種綜合性的看法，後來經過德
國康德（Immanuel Kant 1724-1804）的補充修正，而成爲理性與經驗
兩種主義的折衷合致，也成爲集其大成的哲學體系。

（六）啓蒙思想與社會學思潮的源起

我們把啓蒙思想當成社會思潮起源的出發點，是有其道理的。
因爲啓蒙時代爲科學方法出現之時，單靠理性既無法掌握實在，只
訴諸於實驗與觀察，也不能認識實在（reality, *Wirklichkeit*）。因此，
有關社會的、以及自然的實在底知識之獲致，遂仰賴科學方法中理
性與觀察的合致並用。啓蒙時代的思想家，對社會、歷史與自然都
感同等的興趣，而社會、歷史與自然遂被視爲一體。在研究自然──
包括人性在內──時，人們不但發現到自然是什麼？還發現自然發
展的可能性。同樣地，在考察社會與歷史的過程中，人們不但發
現既存事實的秩序之操作，並且也發現到存在於社會與歷史當中的
發展潛能。瞭解這些現存的秩序，俾助益人群的生存與繁榮。這些
基本的假設，亦即這些思想的出發點，在其後社會學的思潮中，或
被接受而繼承發展下去，或受修正而改弦更張，或遭揚棄而乏人問

津。總之，西方兩百多年來的社會學思想，實無異爲啓蒙運動思潮
的一種反動或反響。

五　社會科學的誕生

具有現代科學實證與批判精神的社會科學，要遲至十七世紀
乃至十八世紀中葉，也就是正當歐洲自然科學蓬勃發展之際，才醞
釀而成。和自然科學的成就相比，社會科學誕生較遲，而成就也顯
得遜色不少。不過這段社會科學醞釀時期當中，也有幾位傑出的思
想家爲現代的政治、法律、社會等科學，奠下基礎。例如英國霍布
士以嚴密的邏輯與心理分析，來闡明統治者與人民之間的關係，而
倡說社會契約論。洛克主張人類享有自然權利（可稱天賦人權），
認爲政府係受人民委託，以謀公共福利，國家最後及最高的主權應
屬人民。在法國十八世紀上葉，出現了社會與政治思想家孟德斯鳩
（Charles Louis Montesquieu 1689-1755），他倡導立法、行政、司法
三權分立說，而成爲當今民主國家憲法的張本。他在有關政府與法
律的論述中，常留意到社會的、地理的與人文的因素，是一位以多
角度與多面向來治學的博學者。比孟氏稍後而產生強烈的啓蒙作用
的法國學者盧梭（Jean-Jacques Rousseau 1712-1778），他倡說天賦
民權與公共意志論。總之，屆至十八世紀中葉爲止，歐洲哲人所討
論的社會思想，仍脫離不了臆測與玄思的哲學味道。因此他們的學
說，可說是社會哲學，而不是近世嚴格意義下的社會科學。

不過，社會科學經過了這段醞釀之後，開始發生基本上的變
化。過去那種專事演繹推論的玄想，逐漸爲新的思想方法所取代。
也就是藉歸納方法與經驗事實的檢驗，來印證社會理論與社會現實
之間是否符合。於是注重實證、注重經驗、注重證據的社會科學，

方才由醞釀而發酵。此一發展與法國大革命以及產業革命後，歐洲
各國政治、社會、經濟發生劇變有關。特別是大革命後舊秩序爲新
秩序所替代，整個社會發生空前的改變，加上城市化帶來的政治、
經濟、社會問題，特別是工業化的影響，例如人口激增、工作條件
惡劣、貧富差距益形懸殊、市鎮人口膨脹、擁擠、貧民窟形成、投
票權分配不公平等等——在在都需要學者針對社會突發的種種弊
端，提出救治之方，或是對新興資產階級的崛起，提出解釋或辯護
的說詞。換言之，十八世紀末葉在法國與英國發生了兩次革命（大
革命與產業革命）的浪潮，在十九世紀便瀰漫了整個歐洲與北美。而
在二十世紀則泛濫到亞、非、大洋洲及世界其他地區，大大地改變
整個人類歷史的面貌。這種人類歷史上政治、經濟的大變化，不啻
爲社會科學的誕生與茁長，提供助產與催生的作用（註12）。

　　於是福爾泰（François Marie Voltaire 1694-1778）的社會進步
觀念；亞丹·斯密（Adam Smith 1723-1790）的國富論；馬爾薩斯
（Thomas Robert Malthus 1766-1834）對人口問題之檢討；李嘉圖
（David Ricardo 1772-1823）的地租論與勞動說；康德以理性的觀
念來闡述政治公平與永久和平；黑格爾（Georg Friedrich Wilhelm
Hegel 1770-1831）的具有目的性的歷史哲學；邊沁（Jeremy Bentham
1748-1832）的最大多數人最大快樂論；孔德（Auguste Comte
1798-1857）的實證論；穆勒（John Stuart Mill 1806-1873）的邏輯
學；馬克思（Karl Marx 1818-1883）的歷史唯物論與資本論；斯賓塞
（Herbert Spencer 1820-1903）的社會進化說等等，都是這個社會與思
想激盪的時代底產品。

　　在這段時期中，社會科學業已奠立，並與自然科學以及人文
學科，鼎足而三、分庭抗禮。不過社會科學有異於自然科學的所
在，在於對自然現象的理解，依賴因果的說明；反之，對社會現象
的理解則在於人們的行動之動機與理由（註13）。原來自從社會事

實變成一種客觀的現象，供人們研究之後，加上方法學上統計、數據之被應用於社會現象之分析，使這些有關社會各項事實之研究，更富有科學性質，從而使社會科學不但脫離哲學與其他人文學科的羈絆，還要符合現實、接近社會實在。不但脫離哲學的羈絆，還要符合現實、接近社會實在（註14）。不但社會科學的成長能夠獨立自主，更重要的是社會科學範圍內的各個分支與學科，像經濟學、社會學、人口學、政治學、心理學等逐次脫離母體，自立門戶（註15）。

註　釋

註1　「社會」一詞的英文為society，德文為*Gesellschaft*，法文為*socié*，俄文為（拉丁化拼音）*obschestvo*。在日常使用時，「社會」一詞含有多種的用法，最常用的意義為：1.建立在共同生活上人們的結合與關係，是具有一般與抽象的性質；2.包含家族與國家在內的廣泛意義下之社會集團；3.以地域為單位的領域團體；4.人類社會史上特定發展階段中的社會制度，例如封建社會、近代社會等；5.近代民間社會興起所造成的意識。日本人初譯社會學為「世態學」，明治維新之後逐漸改用社會學一詞。中國滿清後期，翻譯西書，有關society一詞都譯為「群」，因此嚴復譯Herbert Spencer的*The Study of Sociology*為《群學肄言》（一九○三）。以上參考福武直「社會」一詞的解釋，刊，福武直、日高六郎、高橋徹編：《社會學辭典》，東京：有斐閣，1974，第324-327頁。

註2　Berger, Peter, 1966, *Invitation to Sociology*, Harmondsworth: Penguin, p.140-141.

註3　參考洪鎌德，1997，《人文思想與現代社會》，臺北：揚智，第七章與第八章，以及洪鎌德，2008，《人本主義與人文學科》，臺北：五南，第九章與第十章。

註4　參考魏鏞，1970，〈社會科學的性質及發展趨勢〉，刊：《雲五社會科學大辭典》，第一冊社會學，臺北：臺灣商務印書館，第11-13頁。

註5　Hunt, Elgin F. and David C. Colander, 1990, *Social Science: An Introduction to the Study of Society*, New York: Macmillan, 7th edition, pp.3-4.

註6　以上參考Zeitlin, Irving M., 1968, *Ideology and the Development of Sociological Theory*, Englewood Cliffs, N. J.: Prentice-Hall, Inc., pp.3-10.

註7　Becker, Carl, 1932, The Heavenly *City of the Eighteenth Century Philosophers*, New Haven: Yale University Press, pp.29-31.

註8　Cassirer, Ernst 1951 *The Philosophy of Englightenment*, Princeton, N.J.: Princeton University Press, p.vi *ff.*

註9　*ibid.*, p.vii.

註10　Zeitlin, *ibid.*, pp.6-7.

註11　*ibid.*, p.8.

註12　Nisbet, Robert A. 1974, "History of Social Sciences," in: *Encyclopedia Britannica*, Vol.16, pp.980-990; Nisbet, Robert A., 1967, *Sociological Tradition*, London: Heinemann.

註13　Winch, Peter, 1990, *The Idea of Social Science and Its Relations to Philosophy*, London and New York: Routledge, 2nd edition, p. xi.

註14　Sayer, Andrew, 2000, *Realism and Social Science*, London et. al.: SAGE Publications.

註15　以上參考孫本文，1968，《社會思想》，臺北：臺灣商務印書館，臺第二版，第十一章以後，第71頁以下。此外參考Shoemaker, Pamela J. *et. al.*, 2004, *How to Build Social Science Theories*, Thousand Oaks *et. al.*: SAGE Publications, ch.1.

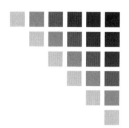

第二章
社會科學的範圍、對象、性質與分類

（一）社會科學與自然科學

　　在第一章我們曾經討論了人類爲社會動物的事實。有史以來人們一直經營群居共處的生活，在集體生活中自然而然地組成了社會。我們發現人類對於和人事距離較爲遙遠的天然景觀，像日、月、星球的運轉，與閃電疾風的現象，最先發生驚奇與興趣，因而加以猜測、探究，並且藉由神話、哲學而科學逐步予以描寫與解釋。至於對與我們本身反而有密切關係的人事與社會現象，雖然很久以前便加以留意，並有種種常識或猜測的說法，但有組織、有系統而又符合邏輯與經驗事實的科學研究，卻遲到十七、十八世紀自然科學發達之後方才出現。因此，我們可以說社會科學的成立，比起自然科學來得較遲，而其發展的步伐也較爲緩慢。

　　社會科學的成立，無疑的是受到自然科學發達的影響。因此一開始，社會科學的創始者，都努力模仿自然科學的作法。不僅如此，就是在其後兩百多年的發展史上，社會科學也不斷地以模仿與接近自然科學的精確爲能事。原來自然科學最大的特徵，在於能夠描述、解釋和預測自然界發生的種種現象。無論是描述、解釋還是預測都力求做到精確、簡捷、直截了當的地步。人們甚至把科學理論應用到工藝技術的文明之上，而製造了各種現代人類生活必須的利器。於是自然科學所造就的工藝文明，遂爲促成人類進步與幸福的大功臣。換句話說，自然科學所發現的學說、定理、規律，能夠與工藝技術緊密結合，也就是能夠應用到人類求生與繁榮是賴的器物製作之上，變成了科技（technology）。這是自然科學爲人們歌頌崇尚的原因，也是社會科學所以亦步亦趨，急欲仿效的理由。

　　社會科學與自然科學不同的所在，主要是研究對象與研究範圍之相異，而較少是由於本質或研究技巧方面的不同所引起的。粗略地說，自然科學研究的對象是不具理智、意志、情感的自然界事

物，而社會科學研究的對象剛好是具有理智、意志、情感的人類與人類社會。這麼一說，有人便要問，人體的生理學、人類遺傳學、醫學等，牽涉到人類，是不是應該算作社會科學呢？我們認為，凡把人類的身軀或心理活動，看成為生物體的結構與功能，因而分析其底細的學問，都是屬於自然科學的範圍。在這個意義下，生理學、人體醫學、遺傳學、生理心理學、臨床心理學，都可以看成為自然科學。不過，話又說回來，由於自然科學與社會科學之間的界限並非十分嚴格，因此，也有些科學是可被界定於社會科學與自然科學之間，譬如說，社會醫學、精神病學、生態學、都市地理學等等（註1）。

　　換言之，與自然科學相對的是精神科學，也就是我們常說的人文學科。精神學科狹義來說，可以說是歷史學，它研究的對象包括一個國家的歷史、文化史、美術史、文學史等。另外還有一些較為抽象的學問，它們專門研究人類精神生活的特殊現象，如語言、法律、經濟、社會、美術、宗教等意義、分類、體系和法則等，這些也都屬於精神科學的領域。有人則把精神科學分類為社會科學與人文學（humanities）。人文學包括哲學、倫理學、美學、神學等（註2）。社會科學則涵蓋政治學、社會學、心理學、人類學、經濟學、法律學、歷史學、地理學、教育學、語文學、新聞學等。

　　上面我們所說的語言、法律、美學等學問，都是人類精神能力（理智與理念）的產物。德國哲學家狄爾泰（Wilhelm Dilthey 1833-1911）把這類產物稱為「客觀化的精神」（*objecktiver Geist*），這些產物把個人的、群體的，或是歷史上一定段落的特殊精神多少地顯露出來。因此，我們藉著它們也可以多少地接觸並體會那些精神實體的存在（註3）。

　　研究自然的科學方法，是把大多數現象歸源到一些法則之上，因此有人稱它為「律則科學」（nomological science）。精神的產物

是由自由而具意識的人所產生的，因此不表現出自然規律、始終一致的規則性，而富於個體的特殊性質；再者，精神事物因為具有獨特的個性，無法藉規律或法則來研究其行為與狀態，只能用表現的方式，來描述其特異之點，所以又稱為意識形態的科學（ideological science）。是故，認識它們的方法與自然科學所運用者，大不相同。另外，又有把研究普遍現象的律則科學之自然科學，來與研究單一而無從反覆出現的歷史現象之特性科學（idiographic science）做對比，以顯示歷史學之獨特。以下我們要討論的就是有關社會科學研究不同學派的思想背景及其演進過程。

二　社會科學的哲學爭辯

　　社會科學雖然儘量要擺脫與社會哲學的牽連，但卻剪不斷、理還亂，常常不自覺掉入哲學的泥淖中而不克自拔。更何況社會科學的研究常要依靠邏輯以及哲學思辨，而對這些社會有關的科學背後的哲學思想——社會科學的哲學——之存在，也無法否認。不但無法否認這一哲學，還不時在方法上、在研究過程上、在研究目標上多方指點社會科學的進展，儼然成為社會科學的形而上學，是故討論社會科學的哲學大有必要（註4）。

（一）實證主義與反實證主義

　　實證主義與反實證主義兩者的對立，存在於對自然科學和社會科學研究方法底假設之思想模型所構成的原則之上。前者不認為有所謂嚴格意義下的自然與社會現象之分別，從而反對科學分成自然科學與精神科學，又認為研究自然科學的方法與社會科學的方法是相同的。既云科學方法，則只有一種而已，亦即

科學的邏輯（scientific logic）、科學哲學、或稱爲科學的方法論（methodology），以奧地利的維也納學派爲代表。至於後者，反實證主義卻認爲這兩種科學的研究方法是有所不同的。實證主義者認爲用於分析自然世界的方法，也可以用之於分析社會現象。這些方法在說明自然科學和社會科學的邏輯是相似的。反實證主義者則認爲「瞭悟」（*Verstehen*）與「認識」（*Wissen*）之間是可劃出一條界限出來的。他們堅持研究自然科學的方法，即使經過修正，其實質對於社會科學的研究，也是不適宜的；因爲自然科學的知識是永恆的、經驗的、和計量的，而社會科學獲得的認知都是短暫的、推理的、質的描述，而非量的計算。

反實證主義者把經驗的和非經驗的世界劃分開來，經驗界的事物底現象是經由人的感官去認識，亦即客觀事物的外在世界，係由經驗以識得；反之，在非經驗的世界裡，特別是人群活動的精神表現，則由直覺與內省（introspection）去理解、去憬悟。總之，觀察與實驗（experiment），是研究自然事物的途徑，而直覺與內省卻是把握人文現象的路數。

反實證主義者認爲「概括」用在自然科學和社會科學時，也呈現不同的特徵。自然科學家相信通過不斷的觀察與實驗，可以得到可資計量的資料，例如一些統計規則或數據。一般而言數學方程式在自然科學的應用方面是最爲廣泛而深入。社會科學者則必須費盡心思，在一個謹愼的內省底基礎上，建立他本身的假設或理論。也就是說通過別人的經驗，再靠本身的直覺與反省，兩者融會貫通後產生出來的理念。所以，理解對社會科學來說，是素質（qualitative）甚於度量的（quantitative）。

實證主義者根本上就反對上述的區別。他們認爲這些差別是不存在的。如果勉強認爲有所分別的話，那種分別只是程度上的差異罷了。他們堅持在社會科學的研究裡，觀察、實驗、計量與數據的

知識，即使不是決定性的因素，也是相當重要的先決條件（註5）。

（二）唯心與唯物之爭論

在西方思想裡，實證主義與反實證主義兩者的矛盾是很深的。與這項矛盾關係極為密切，甚至或可視為其根源之一的則是對於心靈與物質（mind-matter）的辯論。在古希臘時代，就有了這些辯論。柏拉圖（Pareto 429-349B.C.）和他的追隨者認為理念的事物（ideal object，或稱理型世界）底知識比起自然界事物（或稱感官世界）的知識更富有完美性。

中古時代神學家們也把物質與心靈對立起來。如靈魂是屬於精神的，肉體是屬於物質的；神聖是屬於性靈的，世俗是屬於物慾的等等。

近代西方的哲學，從笛卡兒開始，也沒有解除唯心唯物的難題。笛卡兒把人類的思想理性結合在幾個主要的範疇裡：

1.純經驗的（empirical）；

2.神學的（theological）；

3.倫理的（ethical）。

他的名言「我思故我在」（*cogito, ergo sum*），是認定思維的個體（thinking individual）本身為毫無疑問的前提。原來人們儘管對外在事物的存在有所懷疑，但在懷疑的當中，必須使用思想，既然要思想，便須有思想的主體。於是由思想，而證實自我的存在，然後用邏輯性的演繹法及一些數學的演算去證實其他事物包括上帝的存在。是故所有的知識，包括實在，都存在於我們的心靈中。

笛卡兒也因為認定心靈與肉體，在本質上有所不同而碰到困難。原來心靈與肉體是互相影響的，但它們彼此之間怎麼互相影響呢？笛卡兒認為這可能是腦中松果腺（pineal gland）的功能。在他的時代，松果腺的作用還沒有被當代的生理學家所發現。笛卡兒又指

出可能是因為人類有著「野獸的精神」（animal spirits），而使心靈與肉體產生感應與對立（註6）。

康德企圖用綜合法（synthesis）來解釋這個問題，他嘗試把理性主義（以理智為中心）與經驗主義（以感覺為中心）綜合起來，而鎔鑄成現實主義。他把宇宙分為：感覺的世界（*mundus sensibilis*，就是對於經驗事項的研究）、道德和事物本身的世界（*mundus intelligibilis*，此乃為超越時空的世界，只有憑藉形而上學的的純粹理性，予以認知），以及宗教的世界（*mundus religiosi*）。他認為理性的精華為對宇宙作出判斷的能力。他又認為如果將判斷準則由一個範疇移至另一範疇時，會產生矛盾。經驗的世界的事物是由機械式的因果律所規範的；而道德的世界是由自由意志的原則規範著，不同的原則移到不同的範疇自然會產生矛盾。

其實，康德主義者的綜合法並不能真正分析這些不同的範疇間之實際互動。康德主義者只是另一種「偶起論」（occasionalism）者。所謂偶起論者乃為笛卡兒的追隨者，堅持心與物、靈與肉之間交通是由於上天偶然的刺激引起的，亦即感覺產生於上帝隨意地觸動人們的神經，從而促成心靈與肉體的互動。

當哲學家們在處理心靈與肉體的問題上糾纏不清時，其他的學者就跟隨著去探討去研究。有些注重在「心靈」方面，有些注重在「物質」方面。如對於歷史、文化的研究，這是屬於「心靈」方面，也就是思想方面。而對於自然事物、化學物質、或地球表面物質的研究，則是屬於「物質」的。有時這兩種不同範疇的研究會相互混合，或找出一原則來溝通兩者；但通常兩者的界限是分割得很清楚的。

（三）新唯心主義和新康德主義

新唯心主義（包括黑格爾、舒萊業馬赫Friedrich E. D. Schleiermacher 1768-1834等人）和新康德主義是兩派組織良好的反實證主義者。他們對於實證主義派依賴歷史與採用自然科學的研究方法來研究歷史資料表示極大的懷疑。這兩派的代表學者是狄爾泰與李克特（Heinrich Rickert 1863-1936）。狄爾泰是追隨柏林大學歷史教授特洛以森（Johann Gustav Droysen 1808-1884），主張自然和人文科學之間的主題應嚴格分劃。他們所致力研究的重點為人類經驗不斷改變的生存過程。生活的主要特徵在於它所持有的意義。前者可以說是對意義的追求。這些意義係存在於每個人的經驗當中，而可被別人同情地予以理解。但如要完全地瞭解，則要「重生」。當生命正步向明智的綜合時，其意義永遠不會完盡。所以，要通過理念的類型，來把捉生命的程序。這理念的類型就表示推向完美的邏輯活動途上的一站。

　　李克特就像康德及新康德學派，強調的是先天的形式與內容的對照，而與狄爾泰不斷改變過程的想法有很大的不同。他進一步反對狄爾泰在人文科學與自然科學之間劃分界限。他認為不管是社會現象或自然現象，科學是一種現象的研究。實證主義者曾建議以歷史作為內容，以自然科學當作方法來研究社會科學。關於此，李氏認為是不恰當的。他以為歷史學與科學是兩種不同的方法用以理解自然。科學是專門處理循環往復的因果關係，而歷史是處理特定的獨立現象。我們可以說屬於人文學範圍的歷史是一種「特性學科」（idiograghic discipline），而自然科學則是一種「規律學科」（nomothetic discipline）。特性學科（如歷史學）所重視者，是事象的重大意義，以及每一事象獨一無二的個性。在判斷個別事象的特性之重要意義時，就得瞭解此一事象在整體的歷史或宇宙所佔的地位。反之，自然科學的法則要求，則是依賴概括的方法，去掉個別事件的特性，而求取相似事象的共相，以及這些共相的再現，從而發現其因果關係之規律性質。

顯然，新唯心主義和新康德主義者也都把重點放在心和物的二分法之上。他們都抗拒實證主義把心靈轉化成自然。他們都嘗試恢復心靈至其適當的地位之上，而成為經驗科學的研究對象。為達此目的，新唯心主義是在尋覓有關其研究對象的分門別類，而新康德主義者是在找出方法學上的差異。在這一意義下「瞭悟」（Verstehen）一詞對新唯心主義者與新康德主義者有不同的含意。對新唯心主義者而言，瞭悟乃思想的一環，由個人的經驗出發，以同情的心態，藉著概念的類型，理會他人的種種切切，從而掌握事象的意義。對新康德主義者而言，瞭悟包含價值的形成範疇之隔離，而容許將歷史上個別事件以及重要變化，提升到更複雜、更駁雜不純的整全之中（註7）。

（三）社會科學研究的對象

前面既然提到社會科學研究的對象是人，而不是物，那麼我們就要進一步追問，到底什麼樣的人，或人的哪些部分，人的哪些方面，是屬於社會科學研究的重點呢？「有關人的一切事項」，是對於這些問題的答案。在時間上「人」將不限於現代的人，也包括過去與未來的人類；在空間上，也不限於某些國度、某些地區的人，而是全球所有的人類。進一步說，不僅是張三李四，某些特定的、具體的個人，還包括人群，以及由人群組成的各種團體。此外，社會科學研究的對象，也包括人與其周遭的環境之間的關係，亦即包含人與物的關係。這麼一來，我們似乎得把社會科學研究的對象分成三類：

第一是研究人類的個體的行為；第二是研究個人與他人的關係，亦即通稱的人際關係；第三是研究人與其生活環境的關係。我

們且加以簡單說明如下。

第一，所謂的個人行爲，主要的是研究個人的心理狀態（例如感受、記憶、學習、動機、人格等）、體質結構、與別人交往所表現的個性、個人在群體所扮演的角色等等。這主要是心理學、體質人類學、社會人類學，以及社會學研究的中心課題。

第二，由於人們極少離群索居，反而成群結黨，營集體生活，因此考察個人的集合體，像社團、群體、社會組織、社會制度，也是社會科學關心留意之所在，特別是由於集體生活而產生的集體行爲，包括信仰、價值、規範、控制等文化問題，成爲文化人類學、社會心理學、社會學、政治學、經濟學、法律學、大眾傳播學的研究主題。

第三，人類要生存、要繁衍，不能不開物成務、利用厚生，所以人與物、或人與地的關係是非常的密切。這裡所說的物或地，也就是天然資源與自然環境的意思。是以研究人類及其生活環境的關係，也是社會科學所不容忽視的。生活環境，包括資源的分析與調配，動、植、礦物的勘察利用，水域與陸地的關連，人類社區的形成，人口分布與流動，交通運輸的發展等，這些是地理學（特別是經濟地理學）、人口學、生態學所研究的對象（註8）。

總結以上關於社會科學研究對象底論述，我們可以獲致一項結論，那就是說：社會學是圍繞著「人」這個對象，而尋求解答的問題之學問。無論研究的對象或中心，是個人的行爲，是群體的行爲，還是人與環境的關係，都脫離不了「人」這個事實。在這一意義下，我們不妨爲社會科學提供一個簡單的界說，也就是下達一個定義：「社會科學是研究個人行爲、人際關係，以及人類與其生活環境的關係，而又符合邏輯推理與經驗事實的有系統底知識」。

四　社會科學的性質

　　從上面這個定義，我們似乎把科學看成為「符合邏輯推理與經驗事實的有系統底知識」。根據《韋伯斯特新國際字典》的定義，科學是「任何累積與被接受的知識。這種知識係牽涉一般真理之發現或涉及普遍定律之應用。是以科學為被系統化與列舉出來的知識」。至於科學所以是一種被公認、被接受的知識，其主要原因，是由於科學研究的對象是我們藉感官與經驗可以認知的事物，而不是超驗的「怪力亂神」之類。更何況科學知識的獲得必須遵循一定的步驟與方法，由觀察、實驗、推理、檢證等研究過程，循序以進。任何科學知識的綜合、列舉、展示，都必須符合邏輯的原理與定律。是故科學為符合邏輯理則與經驗事實而又有系統、有創建的知識。

　　如果我們用這個科學的定義與標準來衡量社會科學，那們人們也許會覺得有點失望。原來社會科學裡頭的分支，並不都樣樣符合這個嚴格的要求。有些分支，像經濟學、心理學，的確頗為接近自然科學的精確程度而又無愧科學的美譽。有些分支像政治學、社會學，則離嚴格意義下的科學還有一段距離。如果我們把歷史學也看成社會科學，而不視為人文學的話，那麼它所包含的科學性質似乎更少。不過一個學科所包含科學的性質少，並不等於該學科是不科學，乃至反科學。再說，社會科學仍在不斷發展中，一度成為社會科學主流之行為主義或行為科學，就致力於把社會科學建構成像自然科學那樣地嚴密、精確，縱使不能達致百分之百的準確。因此，目前不夠科學、或含科學性質低的那些社會科學的分支，有朝一日，由於研究技巧的進步，新學理學說的發現，或將向前躍進也說不定。

　　一般人對社會科學的科學性質，有所懷疑，有所批評，主要的

原因，在於社會科學研究的成果，不能像自然科學那樣地簡括爲數學的方程式，或物理、化學的公式，也不能夠立竿見影，馬上把知識運用到實務上去。要之，認爲社會科學難以用精確的數理符號，表達研究的成果，以及缺乏實用性。這種看法未免有點機械論與功利主義的味道。殊不知，社會科學研究的重心是人，而人是有情感、有意志、有好惡、有判斷，而且具有學習能力的動物。

人一旦被當成研究的對象，而本身又意識到這項研究正在進行時，其行爲的表現，便大異其趣。這絕對與天上星球或其他生物之被觀察、而毫不介意者完全不同。不僅觀察上兩者殊異，就是實驗上也大有分別。我們可用天然事物或生物做化學分析、或生理解剖的對象，並且藉增減某些變項，而觀察其變化，這也就是所謂的實驗——製造人爲的環境，俾與天然環境下，事物原來的樣子、或行爲做一比較。在適用到人以外的事物，包括其他當作實驗對象的生物，我們較少發現有多大的困難。可是應用到人群時，便會發現困難重重。也許個人或很小單位的群體，勉強還可以做心理學、社會學的實驗對象。大一點的團體，例如某個村落的居民、或整個大工廠的工人，要做爲實驗的對象，就不太容易。

這就是說明社會科學研究的對象，難加以操縱與控制。反之，化學家可以把各種化學藥品任意調配混合，而觀察其變化，生物學家也可以盡情把老鼠、兔子加以擺布，以觀其反應。但社會學家卻不能隨便操縱與控制人群，使他們俯首聽命、爲所欲爲。

再說，從事社會研究的學者，本身也是人；以人研究人，則研究者的心態也難保客觀公平。研究者不僅受其個人人格的結構、教育的水平、社會的背景、階級的利益、價值的觀念——總之，受其宇宙觀、人生觀、認識觀等等的影響，也常受科學界（scientific community）、甚至政界的觀感所左右。在這一意義下，社會科學比起自然科學來，更容易受到非學術性事物的干擾，也容易沾染學科

以外的色彩。

當代法國著名的社會學家卜地峨（Pierre Bourdieu 1930-2002）認為社會學的任務在於發現深藏在不同的社會界下面的結構。社會界具有「雙重生命」，亦即包含「第一級的客體」和「第二級的客體」，前者為物質財貨、權力及其分配；後者則為社會行動者分門別類的感覺。簡言之，社會是由兩個體系構成的：其一為權力體系；其二為意義關係體系。要瞭解社會這雙重生命，就要運用反思社會學（reflexive sociology）的方法，讓社會學者自我反思、不斷反省，才能接近真理（註9）。

又英國另一著名的社會思想家紀登士（Anthony Giddens 1938-），在檢討了社會學的傳統之後，發現社會學既非自然科學，也不是哲學，而是一門對其研究的對象進行反思的特種科學，他稱之為反思社會學。社會科學碰到雙重詮釋的問題，亦即遭遇「意義的雙重架構」。一方面是普通行動者所建構的有意義的世界；另一方面是社會學家、或社會理論家對社會的理解與解釋。換言之，在社會現象方面，理論家必須既要解釋常人對世界的看法，也應該解釋專家的說詞，這也是反思社會學的職責（註10）。

近年來，有些學者（像舒慈Alfred Schutz 1899-1959）強調社會科學的特質，反對實證主義、行為主義與語言分析等學派，硬把社會科學當成自然科學來看待。這些學者雖然也同意把人當成社會科學研究的對象，但反對把人只當做一個生物體看待。人是有意識的，因此除了表面上可被觀察的行為之外，還具有內在的意識。正因為人的行動是有意向（意識與動機）的性質，人的每一行動，對行動者而言，皆有其主觀的意義，或至少行動者本人賦予每一行動以意義。人的行動或行為既有這種特性，社會科學考察研究的對象，便不該只侷限於外在可被觀察的行為。實證主義與行為主義所稱的感官經驗，只是吾人整體經驗的一部分。另一重大部分的意識之被忽

略，使社會科學的研究不夠完整。因此理想的社會科學應該同時考察人們內在的意識與外在的行動（註11）。

再者，社會現象研究的關鍵所在，不是像自然科學在尋找因果關係、建立因果法則，而是要去掌握身邊以外動態的社會過程中之人類行動底意義。此外，社會現象雖然可用實驗、計量、統計、公式，甚至電腦程式來表達，但許多有意義的行動因素是不易或不能用這些數據來處理的。因此任何過度高估計量與實驗價值的看法，是犯了「泛科學主義」、或「唯科學主義」（scientism）的弊病，這不是社會科學所應盲目效法的。以上數點也可以說是社會科學最近的發展中所強調的特質（註12）。

五　社會科學的分類

截至目前為止，我們所討論的社會科學，好像是單獨一個學科（field of studies），其實它乃是包括許多學科合成的知識之總稱。在英文中social science（單數）與social sciences（複數）是同時並用的。與社會科學相對的，除了前面所敘述的自然科學（又分成物理科學與生物科學）之外，尚有所謂人文科學（human science）。有人認為人文科學的主題為宗教、倫理、哲學、藝術、文學等等涉及主觀與評價性質的學問。這與追求客觀、互為主觀的自然科學與社會科學，完全不同，所以應稱之為人文學科（humanities）才對。又有人把人文學與社會科學，合併成人文社會科學或精神科學（Geisteswissenschaft）來看待。我們認為把人類的知識分成自然科學、社會科學與人文學科，應是比較妥善的分類法。

至於這三大種人類知識中，各自又包含了很多更為精細的分科（disciplines）或稱之為分支。社會科學每隨學者見解的不同，而有

不同的分科。一般而言，作為社會科學核心科目的有：社會學、人類學（特別是社會人類學或文化人類學）、心理學（特別是社會心理學）、政治學、經濟學。此外尚有：社會地理學與經濟地理學（或合稱人文地理學）、社會統計學、法律學、歷史學、教育學、工商管理學、大眾傳播學、社會工作、精神治療學、生態學（ethology）、語言學、區位學、生態學（ecology）等等，也可以併入社會科學的範疇中，而各別成為其分科之一。

在這麼多不同的分支中，有些科目，自稱為社會科學最重要、或發展最進步的旁系，例如經濟學稱為社會科學的皇后，而政治科學又稱為主科（the master science）。不過，一般來說，理論性的社會科學最重要的分支，仍舊為社會學、文化人類學、社會心理學、政治學與經濟學。其中前面三科（社會學、人類學與心理學）又自行構成行為科學的核心。美國學者一度傾向於把行為科學與社會科學合併看待。例如一九六六年，美國國家科學院（National Academy of Science）與社會科學研究會（Social Science Research Council），聯合設置一個行為與社會科學調查委員會（The Behavioral and Social Sciences Survey Committee），便將行為科學與社會科學當成一大學科來處理。在該委員會的報告中列舉九項分支，按英文字母排列，計為人類學、經濟學、地理學、歷史學、政治學、精神治療學、心理學、社會學，以及行為與社會科學中使用的統計學、數學與電腦學（註13）。

對於社會科學而言，歷史可以說是社會歷史。儘管他們常常把它細別為政治史、經濟史、宗教史等等。歷史學是對過去發生的事故之描述與解釋之學問。早期史學的任務，在於忠實地記錄與描述獨一無二、且又無法重複演出的（idiosyncratic）歷史事件，而非在許多歷史事實中求取一般性的客觀規律。在這一意義下，歷史學可以說是接近人文學，而與社會科學較少關連。不過自十九世紀以

來,以德國藍克(Leopold von Ranke 1795-1886)為主的史學家,力倡用科學方法來重整、分析、記載與說明歷史事實。自此以後,歷史學便具有科學的性質,而成為社會科學的一個分支了(註14)。

總之,社會科學的分支,所以未能確定,固然與學者分類的主張各各不同有關,也與社會科學不斷的進步與研究範圍的擴大有關。例如區位學、人口學是由社會學分離出來,而生態學則為社會心理學與生理學衍生而來的。這些例子在說明隨著人類社會的工業化、都市化、現代化、全球化的到來,社會科學也不斷地蛻變與進展,這是現時我們研究社會與行為科學所應加留意的。

再說,人類處在二十一世紀危疑震撼、驚慌失措的複雜社會之下,如何把社會科學與辯證法結合,使社會科學富批判性、彈性(consilience),而迎接新世代社會複雜性之挑戰,也是值得吾人深思(註15)。

註　釋

註1　關於社會科學與自然科學的不同，一度爲英哲穆勒（John Stuart Mill）以及新康德學派諸家（狄爾泰、溫德爾班、李克特等）討論的重點。這些十九世紀乃至二十世紀初英、德的哲學家，強調與自然科學相對的科學，不是社會科學，而是所謂精神科學（moral sciences, *Geisteswissenschaften*），或稱人文科學（human sciences）、人文學（humanities）、或稱文化科學（*Kulturwissenschaften*）。後來有人（像韋伯）始將社會科學列爲與自然科學相對的「實在科學」（*Wirklichkeits wissenschaften*）。關於此，請參考洪鎌德，1977，〈社會科學與理念類型〉，《思想及方法》，臺北：牧童出版社，第278頁；洪鎌德，2001，《21世紀社會學》，臺北：揚智，第20-21，46-47頁。此外，參考Benton, Ted and Ian Craib 2001 *Philosophy of Social Science*, Houndmills and New York: Palgrave, ch.2-4; William, Malcom 2000 *Science and Social Science: An Introduction*, London and New York: Routledge, pp.49-69, 142-149.

註2　參考洪鎌德，2009，《人本主義與人文學科》，臺北：五南。

註3　Dilthey, Wilhelm, 1923, "Einleitung in die Geisteswissenschaften: Der Aufbau der geschichtlichen Welt," *Gesammelte Schriften*, Bände I und IX, Leipzig: Tübner.

註4　Winch, Peter, 1990, *The Idea of a Social Science and Its Relation to Philosophy*, London and New York: Routledge; Rosenberg, Alexander, 2008, *Philosophy of Social Science*, Bouldor, CO: Westview Press; Benton, Ted and Jan Craib, 2001, *Philosophy of Social Science: The Philosophic Foundations of Social Thought*, London: Palgrave; Lawson Clive *et.al.* (eds.), 2007, *Contribution to Social Ontology*, London and New York: Routledge; Wisdom, J. O., 1993, *Philosophy of the Social Science*, Aldershot *et.al.*: Aveberg, 3 vols.,

19, 1986, 1993.

註5　參考Martindale, Don, 1968, "Verstehen," in: David L.Sills, (ed.), *International Encyclopedia of the Social Sciences*, N.Y.: The Macmillan Co. & The Free Press, Vol.16, p.308 ff.

註6　*Ibid.*, p.309.

註7　Martindale, *ibid.*, p.311; 亦可參考洪鎌德，1998，《從韋伯看馬克思：現代兩大思想家的對壘》，臺北：揚智，第23-24, 192-194頁。

註8　參考：魏鏞，1971，〈社會科學的性質及發展趨勢〉，刊：《雲五社會科學大辭典》，第一冊社會學，臺北：臺灣商務印書館，第3-6頁。

註9　洪鎌德，1995，〈卜地峨社會學理論之析評〉，《臺大社會學刊》，24：22-25；洪鎌德，2006，《當代政治社會學》，臺北：五南，第12章。

註10　洪鎌德，1996，〈紀登士社會學理論之述評〉，《臺灣社會學刊》，20：199-200；洪鎌德，2002，前揭書第11章。

註11　參考洪鎌德，1997，《社會科學與政治理論——當代尖端思想之介紹》，臺北：揚智出版社第一章。

註12　高承恕，〈社會科學之特性〉，刊：《哲學與文化》，第14期，1975年4月1日，第27-33頁，特別是第28-29頁。

註13　關於美國社會科學與行為科學發展的情形，可參閱高希均主編，旅美中國學者所執筆的《現代美國行為及社會科學論文集》，臺北：學生書局，1973，該文集收有地理學、歷史學、法律學、語言學、大眾傳播學、哲學、精神醫學、心理學、社會學、都市計畫學、經濟學與政治學計十二學門。其中哲學與歷史學被目為行為與社會科學，與傳統分類不合，法律學與都市計畫學似屬於應用社會科學之範圍。此書為集體寫作性質，故各科的體制與份量、形式與內容、程度與水準，都未齊一，作為初淺介紹讀物則可，作為深入研究的工具書或 handbook，則離理想尚遠。魏鏞對該書評價未免過高，評語見〈評介《當代美國行為及社會科

學論文集》〉，《中副》，1974年2月24與25日。

註14　藍克重要的著作為《拉丁與條頓民族史》（*Geschichte der romanischen und germanischen Völker von 1494 bis 1514*）出版於1824年，其餘著作共錄為五十四卷，包括教皇史、德意志宗教改革史、英國史與普魯士史等。其著作為現代史提供科學基礎。

註15　King, Ian T., 2001, *Dialectical Social Science in the Age of Complexity*, New York *et.al.*, The Edwin Mellen Press, ch.2.

第三章
現代社會科學的發展情況及其趨向

（一） 二十世紀的年代

　　二十世紀是人類文明最發達的一個世紀，也是有史以來人類經歷最大變化的一個世紀。在這個世紀中民主革命與工業革命像洪水似地，氾濫世界每個角落。這種革命勢力震撼著向來的文化價值，也改變了傳統的生活方式，它不僅使西方社會幡然改貌，更使非西方的地區面目全非。過去一向習慣於閉關自守、安貧樂道、與世無爭的農業社會，如今面臨著工業、科學技藝、世俗思想與個人主義的衝擊，於是在西方，民族主義、資本主義跟著抬頭，而在東方，反殖民主義的種族革命，也是如火如荼地展開。反封建與反帝國主義的鬥爭與民族解放戰爭交錯產生，此外新殖民主義的崛起，再加上不只個別國家社會變遷迅速激烈，連寰球的政治、商貿和經濟也有重大的變化而形成擴張主義（註1）。擴張主義發展的極致，就是殖民主義與帝國主義，造成了二十世紀人類兩次空前的大浩劫——世界大戰。

　　戰後國際新秩序的重建，新國家的獨立，極權體制的誕生，加上各國內政的更新，經濟的安排，科技的應用，促成大眾社會的產生。在大眾社會中，人們不但生活有所改善，教育與知識程度相對提高，更重要的是由於大眾傳播媒介與交通電訊器具的發達，促成廣大地區間群眾的心智交流。於是人際關係不僅是量的增加，更是質的加深，因此也就日趨複雜化（註2）。

　　隨著人們生活程度的提高，新的慾望與期待也跟著升高。於是二十世紀中寰球性政治、經濟、社會、文化等方面的變動與紛擾，便是由於人們節節升高的願望、需求、期待等所促成的。正如美國史學家兼社會學者，倪士弼（Robert A. Nisbet 1913-1996）所稱：「在所有的革命勢力當中，影響最為重大的，當推節節升高的期待之革命（revolution of rising expection）」（註3）。因為一旦這種期待的革

命爆發，進而獲致勝利，於是勝利的成果，像權利、自由、安全的獲取，便會鼓舞人們得寸進尺，冒險去贏取更多更高的價值與可欲之物。因此心智的革命是導致人們拋頭顱、灑熱血爭取其他革命成果的原動力。至此，我們發現在二十世紀與二十一世紀開頭中，人的本身已發生心智上的變化，進而促成人與人之間關係的變化，乃至人與其所處環境的變化。

（二）　人類心智的變化

毫無疑問地，人類由於本身心智的變化，而企圖改善其環境，改善人與人之間的關係。反過來說，當人們所處的環境與人際關係有所變化，也會影響個人心態的改變。所謂「衣食足而後知榮辱」，當人們初步或基本的需要獲得滿足之後，自然會進一步去詢問人生的意義與目的。這種說法，可以用當代歷史哲學家史賓格勒（Oswald Spengler 1880-1936）及湯恩比（Arnold Toynbee 1899-1975）有關歷史的意義與目的之考察，而取得答案（註4）。

二十世紀中主宰人類行為的進步思想——啟蒙運動所鼓吹的說法——雖然尚未消失，但卻遭遇了另外一種相反的悲觀論調之挑戰。上述歷史哲學家有人主張西方文化是趨向沒落的，也有人主張人類歷史是循環演變的，而非直線上升的。因此反映當代人類思潮的看法，便是錯綜複雜。一方面我們看到頌揚人類地位的抬高，物質生活的改善，精神生活的加深，合群性的發揮等；他方面我們聽到現代人孤獨無依、失序（*anomie*）、疏離（alienation）、社會的解體（disintegration）、群體生活的麻木不仁等等。要之，現代人是矛盾而又相互衝突的人性底產品。

近數十年來，由於全世界不少地區戰火連綿，擾攘不安，而

使有心人士懷疑理性在人事處理上所扮演的角色。這一懷疑，剛好與二百年前社會科學萌芽時人們所鼓吹的理性主義，成一絕大的對比。換句話說，當代的思想家，已看出人不單單是一個理性的動物。人的非理性部分，唯我獨尊的思想，主觀的色彩，在在都影響人們的言行。因此個人的寂寞、自由的落空、憂懼的瀰漫、靈智的淹沒、生存的渺茫、抉擇的猶豫等等都成為當代哲學思想——特別是存在主義——的主題（註5）。

乍看起來，人類心智的恐懼以及人生的失實，與社會科學的研究是風馬牛不相及。但是我們如果仔細去考察，便會發現這些現代人的心態，是當代社會科學發展的境遇（contexts and ambiences）。蓋「失落的個我」不僅是當代哲學或文學關心的對象，也是二十世紀社會科學不容忽視的主題。特別是疏離、異化、失序、認同危機（註6）、違規（estrangement from norms）等概念，都是當今文化人類學家、社會學家、社會心理學家、政治學者津津樂道，而又致力尋求解答的謎題（puzzle）。

顯然有關文化與社會現象的研究，都離不開對人類文化的考察，而考察文化的途徑，除了社會科學之外，應輔以哲學、文學、神學、美學、倫理學等人文學科。社會科學是研究人與人關係的科學，是研究人與其棲息的環境之間的科學，是研究個人思言云行的科學。既然當代人際的關係，人與自然的關係，人與人的行為都發生了劇烈的變化，且趨向複雜，那麼有關這類對象的研究，也自然水漲船高跟著產生變化。因此，我們可以說，二十世紀與二十一世紀的社會科學是社會科學發展過程兩百多年當中，質與量變化最劇烈的時期。

社會科學產生在歐洲，卻在美國開花結果。美國對社會科學的研究有後來居上的趨勢。這固然由於二十世紀以來美國國力的壯大，成為西洋諸列強的龍頭，也是由於第二次世界大戰前後，歐洲

優秀的社會科學家紛紛走避納粹的迫害，而赴新大陸謀生與發展的結果。不過第二次世界大戰結束後，歐洲大陸的社會科學也在戰火餘燼上重新興建，其研究結果直追十九世紀，而有更輝煌的成就（註7）。

（三）馬克思學說與凱因斯革命

根據倪士弼的說法，二十世紀的社會科學受到兩個人的影響最為深遠。一個是馬克思，另一個是佛洛伊德，兩人都是猶太人的後裔。馬克思雖然是十九世紀的人物，但他的學說，在二十世紀由於俄國革命的成功，加上列寧的鼓吹，而變成共產主義的教條，並支配著東方共黨陣營的意識形態，直至一九九○年代才趨向式微。其間也因為毛澤東、胡志明（Ho Chi Minh 1890-1969）、金日成（Kim il-sung 1912-1994）的宣揚，遂把馬克思主義應用於東方落後的社會（註8）。

在西方，或所謂的自由世界，馬克思的學說，對社會科學並沒有直接的影響，而只有間接塑造了一些與社會研究有所牽連的心態，例如一度活躍於歐、美的極端性政治運動，或新左派思潮（註9）、學潮與新社會運動等。

撇開馬克思過激思想的觀點——例如階級鬥爭、無產階級革命等——不談，那麼他的學說中，比較可取的是有關社會建設的指引，亦即社會計畫。這類有關中央政府出面干涉人們和私人活動，進而改造社會的念頭，強烈地影響了英國經濟學家凱因斯（John Maynard Keynes 1883-1946）的學說。凱氏的學說通稱凱因斯主義，係就資本主義一般危機時代，明確指摘市場經濟與個別經濟的合理性之矛盾，並欲在修正的資本主義下，消除這種矛盾。蓋若個別經

濟始終為追求最大利潤而行動，則必然會導致不充分就業。

　　與古典經濟學派假設社會處於經常性的充分就業之條件相牴觸，在一九二〇年代末出現長期且大量的失業，不同於過去認為失業僅止於摩擦性失業（例如轉換職場）或結構性失業（產業升級）。凱氏認為，由於生產力過剩，使社會陷入窒息狀態。此即個人經濟的合理性，未必為社會經濟的合理性，然而個人主義的資本主義之根本矛盾，如何才能消除？據凱氏的想法，惟有國家出面干涉，運用增加政府預算與相對應的金融政策，始能拯救資本主義的危機。亦即將失業人口以公部門建設增加的方式加以宣洩，一方面創造就業機會，另一方面能夠推動戰爭後復員承平時期的較低生產水平之局面，雖然當中得要付出通貨膨脹的代價。

　　凱氏這種國家干涉的觀點，不同於過去古典經濟學的無為而治、自由放任（*Leissez-faire*）的政策，政府部門加入經濟生產與分配的流通圈中，此種態樣被通稱為「凱因斯革命」，對當代西方的經濟運作與民主政治有深遠的影響。從此之後，西方國家的中央政府（或中央銀行）等國家機器開始過問向來屬於人民私人的自由的經濟活動，而使經濟體制更能發揮其功能，因此，凱因斯之名與民主的計畫經濟相牽連，實無異馬克思之名與共產經濟政策相聯繫（註10）。

（四）　佛洛伊德對當代社會科學的影響

　　就心態與性格而言，佛洛伊德對當代文化與思想的影響，絕對不在馬克思之下，他有關潛意識、孩童與成人性心理、本能、衝動等理論，對心理分析與精神治療而言，不僅為金科玉律，其影響還遠超於此一範圍，而及於當代社會科學各學科的領域。換句話說，

當馬克思以宏觀的、巨視的方法來剖析資本主義的社會之弊端，而提出解答的藥方之際，佛洛伊德卻以微觀的、微視的心理分析，來指出現代人內心的夢魘，企圖治療心靈中潛意識的創傷。

根據佛洛伊德的看法，社會行為與人們的態度，並非僅為外界環境刺激的反應，而常是滿足孩童時代的需求——例如承認的需求、權威的需求、自我表現的需求等。這些需求與慾望在幼童時代不為社會所接受，因而被驅出意識層，而潛入下意識之中，但在那裡仍活動不輟。此種下意識的活動，採取種種方式，尋求出路。因此，夢、失言、無意識的活動，乃至於文藝、科學活動等，都是表現的方式。心理分析即在專家指導下，任由觀念的自由聯想，並藉由語言以表達下意識慾望，從而醫治心靈創傷的一種療法。這種醫療法後來逐演展為醫學的一個分支，亦即精神醫療學。

關於心理分析與社會科學的關係，佛洛伊德在其所著《非專業者的分析》（*Die Frage der Laienanalyse*）一小冊中，曾經說：「我們不認為把心理分析交給醫學去包辦是妥善的。……當作深度心理學（*Tiefenpsychologie*），潛意識學說對於涉及人類文化及各種制度，諸如藝術、宗教、社會秩序等底產生有關之科學，是有極大的助力」（註11）。的確，佛氏的真知灼見對當代社會科學的發展，有不可磨滅的貢獻。例如，人類學家即曾應用佛氏的概念去考察原始的文化，而估量潛意識是否普遍存在於人心之中。政治學者利用佛氏的觀點，去闡明權威的性質，特別是剖析極權主義的大權獨攬，源於對絕對安全之渴求。

自從二次世界大戰結束之後，許多學者對人類的侵犯性、核子戰爭的陰霾、國際政治行為與外交政策決斷過程等問題，甚至恐怖主義推行者的信仰與心態，都採用心理分析或精神醫療學的觀點，來加以解析研究。因此我們可以說，二十世紀的社會科學的確受到佛洛伊德重大的影響。

五　現代社會科學趨向

在討論過二十世紀社會科學的思想潮流，特別是社會科學所受馬克思、凱因斯與佛洛伊德的影響之後，我們打算在本節考察一下現代社會科學發展的基本動向。

二十世紀社會科學發展的趨向，大約可以歸納成以下數點：社會科學發展質與量的劇增、各種社會科學分支的專門化（specialization）、社會科學工作者的專業化（professionalization）、經驗主義（empiricism）的抬頭、社會科學方法的刷新、科際交融（cross-disciplinary approaches）與統合，以及社會科學新理論的建構等。

（一）社會科學質與量的劇增

社會科學雖然是西歐十八、十九世紀產業革命與民主革命所激發的文化與思想底產物，但隨著這兩大革命潮流的汜濫，社會科學運動不旋踵遠播至北美，乃至東方的日本與中國。在二十世紀中我們也目擊西方社會思潮在亞洲其他地區、中東、非洲、大洋洲、拉丁美洲等地澎湃激越，而成為這些廣大地區的民眾追求國家肇造、經濟發達、社會進步與文化興盛的動力。

固然在西歐、北美、大洋洲等西洋文化凝聚中心地帶，社會科學得以蓬勃發展，而蔚為壯觀。就是極力講求工業化、現代化、城市化的日本與前蘇聯也急起直追，而使社會科學的質量產生激增的現象。新興國家或所謂的第三世界，特別是印度、巴西、墨西哥等國為了拋棄落伍的恥辱，迎頭趕上西方先進國家，因此在立國之初，除了大力提倡自然科學與工藝教育之外，也逐漸重視社會科學的發展。這些地區與國度有關社會科學推進的努力，雖然尚無石破天驚的成就，但其發展的潛能卻不容低估。

　　總之，二十世紀與二十一世紀的世界是社會科學發達的溫床。我們不僅發現各國高等教育的極度擴展，因而促成從事社會科學研究人員激增與素質提高，更欣見國際的機構（例如聯合國教科文組織UNESCO 所屬社會科學部）（註12），或國內工商私人企業對社會問題與學術思想研究團體之研究的資助、鼓勵。詳言之，各國當局不但大力擴展大專學校社會科學研究的設備與規模，並與私人機構合力提供各種獎助金，獎勵社會科學的研究，於是不但社會科學研究者人數激增，其撰寫的專文，編印的雜誌、期刊、研究報告也水漲船高，聲勢浩大。事實極為明顯，二十世紀以來，人類有關其本身個人的行為，有關人際之間的關係，以及有關人類與其生息活動的環境之關係，所獲致的知識之豐富與精確，絕非十八與十九世紀兩百年累積的知識所可以比擬。

（二）社會科學各分支的專門化

　　二十世紀的社會科學界，其研究與教學的內容，不僅擴展至日趨複雜的社會之各方面，並深入社會的各階層，俾做徹底無遺的現代社會之探究。此外，社會科學的分工愈細密，各種專門性質的分支也愈益形成。例如人文與社會地理學之細分為政治地理學、經濟地理學、都市地理學。而政治地理學本身又因研究對象之不同，可細分為國別的政治地理學、區域的政治地理學或寰球性的政治地理學，或是分為政治區域與政治事件（政治現象的地理分布或地緣因素）等。又如社會學一學科，也因研究重點之不同，而分別考察社會組織、文化、社會化、社群、社會階層化、人口及各種社會制度。其中涉及人口方面又可專門地敘及有關人口數量的研究，是即為人口學（或人口計量學，人口描述學demography）。

　　這種科學專門化的產生，大部分歸因於學者對某一部門專精的分析、解釋所導致。但也有些部門是由於新的研究方法而產生。例

如以前擔任哈佛大學國際關係科目的教授竇意志（Karl W. Deutsch 1912-1992）氏研究政治的情報與訊息之交通，亦即研究政府當作全國神經中樞（nerves of government）之功能，而提出政治溝通（political communication）的理論，更將這種理論與方法論中的控導學（cybernetics）聯繫在一起，於是形成了政治控導學（political cybernetics）一門學問（註13）。再如，藉數學推算而預言從事賭博或遊戲者之策略及行為的博奕論（game theory 賽局理論），即可被應用於經濟學之上，也可以作為研究外交政策中決策者行為的理論基礎，這些都是社會科學研究日趨專精的顯例。

（三）社會科學工作者的專業化

現代社會科學發展的一個特質，是指從事社會科學研究人數的眾多，與研究者的專業化。所謂的專業化是指社會科學研究工作者心無旁鶩，完全以社會科學的研究、教學為其專門職業。例如在學術機關從事教育、講學、研究為主旨的學術人員，或在政府及私人機關擔任分析、設計、計畫、檢驗、諮議、顧問等的研究人員，都是社會科學專業工作者。

專業化之產生與社會分工愈趨細密有關，也與社會科學各分支專門化、分殊化有關。更重要的是社會科學不但是人類理論性的思維活動，它還具有相當程度的實用性。是故大廠商、大公司行號聘請經濟學家、市場學家、品質分析專家，從事有關生產、銷售之規劃以改善產能；雇用律師，法學者研究與產銷有關的法令規章問題；聘用社會學家、社會心理學家，研究員工勞動心態與效率等問題，這些實例都是吾人熟知的。至於政府引用學者專家擔任政策顧問，形成智囊團（Brains Trust），也屢見不鮮。

隨著第二次世界大戰結束後，大批學者專家之擁有專職，並參與公眾事務，使社會科學所造成的形象（image），有了極大的改

變。一向被視爲空中樓閣、或畫餅充飢的社會科學，一躍而成爲牽涉政策制訂（policy-making）的實用科學。特別是全世界一度處於核子戰爭陰霾下，人間到處各種各類的衝突（人際、群際、國家、地域、乃至集團的爭衡對抗）層出不窮時，亟需社會科學家加以分析，提出解決途徑，俾供當權者抉擇時參考。在此一意味下，近五十多年來，社會科學的研究，幾乎凌駕於其教學之上，這也是其近年來發展最明顯的趨勢之一。

（四）經驗主義的抬頭

西方社會科學的發展中，本來就有所謂經驗性科學（empirical science）與規範性科學（normative science）之分。前者重視感知與推理，強調社會科學研究的成果，既須符合經驗的事實，又須不違邏輯的理則。此一論調，比較接近自然科學的觀點。後者則認爲社會現象不僅是客觀或稱互爲主觀（intersubjective）的描述、分析、尋找因果關係而已，更重要的是評估其價值，判定其是非，規定（perscribe）人們應有某些行爲，指陳此一科學發現與國計民生之關連（relevance）、或重大意味（significance）等。此外，社會科學又因東西集團之對峙，而分爲共產陣營的馬列社會科學與西方民主國家的市民階級的社會科學，直到「蘇東波變天」，這種東西兩陣營的對抗與意識形態的對立，才逐漸消失。近年來由於寰球性的經濟危機，導致世界南、北兩極的對抗，亦即貧窮國家與富裕國家之間的對立。在此情形下，貧窮國家所發展的一套社會科學（例如早先Fanon 1925-1961及「新左派」的論調，以及解放神學、綠色運動，少數民族運動、東方主義的剖析，便是替第三世界國家或第四世界國家撐腰），勢必與富裕國家的社會科學大不相同。

不管當今社會科學的派別如何分殊，凡直接承受西方文化衝擊的地區，率以經驗性的社會科學爲主流，因此在社會科學中，經

驗主義特受重視，其地位也較崇高。經驗性科學受重視的結果，便是大量資料（data）、證據（evidence）的蒐集、整理、分類、排比、解釋。於是科學研究遂成為牽涉到事實（fact）的資據（資料與證據）之處理程序。其目的在於建立科學無徵不信、無驗不靈的客觀標準。不過因為太重視資據的關係，終於造成資料的氾濫（inundation of data），以及學者之過分瑣碎（triviality）、或零碎（fragmentation），這是極端的經驗主義所造成的流弊（註14）。

（五）社會科學方法的刷新

　　正因為二十世紀的社會科學重視經驗主義，因此資料的蒐集、證據的求取、事實知識（factual knowledge）的獲致，都成為科學工作者競相獵取的目標。為此調查、訪問、問答、對話等方法遂成為社會科學的主要研究方法、手段與途徑。有關調查、訪問等技巧的改善、刷新、精緻，也獲致相當的進展。

　　在科學方法的改善中，以數學、統計學、電腦、計算機、網際網路、影音通聯等計量方法之引用，最為卓著。我們也可以說，自從第二次世界大戰結束以來，社會科學之所以突飛猛進，實在拜受資料標準化、規格化、數量化、精確化之賜。號稱社會科學的皇后之經濟學，因大量使用數學符號、公式與統計資料，而有非凡的表現。數理經濟學與計量經濟學（econometrics）便成為這門科學尖端發展的標誌。當今社會心理學、社會學、人類學與政治學也紛起效尤，企圖藉數理、統計的資料來奠立各門學科的科學基礎，但東施效顰，成效不彰。

　　過去四、五十年時間中，社會科學的研究更借用電腦的操作，俾進行高速而複雜的計算，並利用電腦來處理資料（包括打孔、歸類、分析、製作圖表）、儲存資料、利用資料（透過電腦與網際網路使儲存的資料重新提供訊息〔information retrieval〕）。此外利用

代數的機率論、解析幾何、向量分析及微分方程、差分方程、變分學，乃至拓樸學、集合論、線性代數與非線性代數、線性規劃（linear programming）、馬可夫鏈（Marchov chains）、時間序列（time series）等來分析社會事象。如今這方面的努力也獲得重大的成就。社會科學此一量化的發展與二十世紀的行為科學（behavioral science）所懸宗旨不謀而合，因此也可以說是社會科學中行為學派的抬頭，或稱社會科學的行為運動（behavioral movement），也無不可。

（六）科際的交融與統合

今日科學的研究最忌閉門造車，自以為是。不僅某一專科研究的結果應公諸同一學界的實證檢驗，亦即與其他同科系的學者交換研究心得，尚且應與其他不同科學部門的學者討論與溝通。原來學問的分類與界限都是便利研究者專精而設的暫時性措施。社會現象，既是百般複雜，而又瞬息萬變，更是總體表現，則研究者勢必不能劃地自限，亦即不可把任何社會現象勉強分割為屬於社會學的範圍，還是經濟學的範圍。相反的，很多社會現象應以多種的角度，多種的面向，多種的層次，來深入考察，並將來自不同學科的考察予以綜合活用，甚至強調理論與實踐的合一（註15），才能獲窺研究現象之全貌，亦即獲取對總體社會實在完整的知識。

基於上述的事實，現代社會科學最重要的一個特徵，便是它屬下各分支之間科際的交融與統合。我們不僅應採取多種學科的（multi-disciplinary）方法，也重視學科之間科際統合的（inter-disciplinary）方法。在此意味下，我們發現了許多學科的混血兒，像政治人類學、消費心理學、工業社會學、地緣政治學，是由兩種或三種以上不同的社會科學所構成的。此外，我們還發現由地理學、社會學、生物學等衍生的環境學（或譯生態學、區位學ecology），由

神經生理學、神經學、社會學、人類學與心理學等衍生的精神醫學（psychiatry）等。這些學科不僅介於社會科學各分支科際之間，甚而還包括了自然科學的某些部門，由是足證科際交融與統合在現代社會科學發展上所扮演角色的重大。

（七）社會科學新理論的建構

科學的活動，包括對所考察的現象加以客觀的描述（description），對其因果關係加以合理的解釋（explanation），同時也對該現象未來可能的演變，提出可靠的預測（prediction）。不管科學活動涉及的是描述、解釋抑或預測，都需要持之有故，言之成理。因為科學活動的目的，在於提出一項有關現象的通則來。至於如何才能提出適當的通則，又通則是否可靠、有效，能否經得起事實與邏輯的考驗，這便涉及到所謂「理論型塑」（theory formulation）的問題了。

社會現象因為變項（variable）較多，而變項難被駕馭、難被控制，因此，社會科學所建構的理論也就缺乏放諸四海而皆準，俟諸百世而不惑的效能。

現代社會科學逐漸放棄大而無當的「偉大理論」（grand theory）（註16），也不用頭痛醫頭、腳痛醫腳的「權宜（因應）理論」（ad-hoc-theory），而多半採用美國社會學家梅爾頓（Robert Merton 1910-2003）所稱的「中程理論」（theory of middle range）（註17）。所謂中程理論即介於偉大理論或稱一般理論（general theory）與權宜理論之間的特殊理論（specific theory）。這種特殊理論只討論到某些學科中的某些部門。例如經濟學中的廠商理論（theory of firm），社會學中的乖異理論（deviance），政治學中的溝通（communication）理論，社會心理學中的態度形成（attitude formation）的理論，文化人類學中的不同發展（divergent development）的理論。在所有的這些個別而又特殊的理論中，能夠牽涉到全部學科的理論，除了經濟學外，尚不多見。

　　不管如何，社會科學中程或特殊理論的建構，也可以說是這門科學在二十世紀中發展的一種趨勢，這是值得我們留意的。而近年來由於紀登士等人大力推動大力推動社會理論（Social Theory）取代傳統社會科學（Soial Science），因之，社會理論的著作激增、討論的範圍與對象，包括個人、自然、文化、行動社會結構與價值等（註18）。

　　而近年來由於紀登士等人大力推動社會理論（Social Theory）取代傳統社會科學（Social Science），因之，社會理論的著作激增，討論的範圍與對象，包括個人、自然、文化、行動社會結構與價值等，尤其在掌握社會的（the social）全景，而非僅僅是社會體（society）之研究（註19）。

（六）　當代社會研究的主要問題

　　在過去四、五十年間由於新的社會科學的哲學之產生，以及由於對以往研究途徑、方法論、理論觀點之爭議，而形成新的典範（paradigm）。每一研究法和理論觀點自成一個傳統，而每一傳統總有其創立者、支持者與批評者，於是形成百花齊放、百家爭鳴的局勢。在此情形下，學者欲瞭解現代社會科學的發展情勢，或採取某一典範或理論觀點，而討論它與其他典範、其他理論之異同，以比較和尋源的方式去瞭解該典範或理論之特質；或是採取折衷、綜合的方式，把各家之言加以採擇、去蕪存菁。但這兩種方法的採行，卻愈來愈困難。特別是在各種選擇可能性中作一俯瞰式的綜合概覽，也因為理論與典範之眾多、範圍之廣大，而發生掌握的困難。

這不僅對新手是件難題，就是老練的社會研究者也未必能夠掌握全局，對社會全貌繪出客觀眞實的圖像。

　　基本上，學者們的討論仍離不開對社會科學作爲科學的學術地位（status）之質疑與反思。這包括社會科學究竟是什麼樣的科學？自然科學的方法可以應用到社會科學嗎？自然科學中以何種研究途徑爲適宜？社會科學要討論的實在（reality）具有何種的本質呢？什麼樣的研究問題可以提出？研究由何處出發？理論該具有何種形式？如何建構？常人的語言與專技語言的關係如何？研究者與研究對象有何關係？如何使研究的結果客觀化、無偏見而又有效？

（一）社會科學的性質

　　至今仍無直截了當的答案來回答社會科學是怎樣的一門科學。反之，過去兩百多年來哲學家與社會學家便一直在爭論社會科學的性質。首先主張社會科學是科學的人（如孔德、斯密、馬克思等人）只關心用什麼方法來研究社會實在，可以使社會科學變成「眞實的科學」。

（二）自然科學的方法之應用

　　一些社會學者強調社會科學研究對象之特殊（研究人的精神、文化之特色、歷史的一次出現和獨特性、研究人的心向、瞭悟）所以不認爲使用自然科學方法可以理解社會實在。特別是認爲社會現象是人的意志、決斷、行動所造成，是具有「自由意志」的人群交互行動之產品，與自然現象之必然演變有異。但有人則認爲社會現象仍舊可以被觀察、測量、計算、解釋，這是無法從科學方法中逸脫的社會事實。界於上述兩種觀點之間的是主張自然科學與社會科學雖然由於研究對象的不同，而採取不同的研究方法，但何謂方法？自然科學的觀察和實驗方法在運作上未必能夠完全令人滿意，在科學方

法論的層面也未必能放諸四海而皆準，俟諸百世而不惑。換言之，就算是嚴格的科學理論，其方法也是科學界暫時公認可取的典範，在過一段時期後，可能會發生改變，是故這批人主張社會科學同自然科學一樣並沒有方法上的差異。

（三）自然科學適當的方法

事實上，迄今仍無法爲唯一可取的科學方法做一個人人都可接受的「規定」（prescription）。所謂適當的方法可分成三類：其一，科學方法始於純粹的觀察、終於概括化和理論的塑造；其二，科學方法始於暫時的假設，它被觀察所檢驗爲符合事實，或違離事實；其三，觀察的對象所呈現的規律性是由於隱藏的機制所產生，因之有必要建立機制的模型，俾爲機制之存在找出證據。嚴格而言，不少自然科學家在接受訓練與教育時，毫無自我意識地採取某一研究方法，有時連選擇方式也是在無意間進行的。由是社會學界也對採用何種自然科學的研究法爭議不斷。

（四）社會實在的本質

社會現象的複雜，正說明造成社會現象的社會實在（reality; *Wirklichkeit*）是經常脫逸人們思想、理論、典範、方法的掌握。正因爲社會實在的本質難以掌握，則號稱對此實在的理解之知識，便令人啓疑。一個普通的假設是認爲實在獨立存在於研究者活動之外，因之，可由觀察者五官的感知而掌握。另一假設則認爲實在不過是概念和理論來描述、解釋的東西，亦即由理論家、觀察員的理念所建構的。因之，要理解實在，必須先理解該類概念、理論、觀點。這便是涉及本體論與知識論的問題。與此相關的是檢討研究過程，亦即研究的程序是如何展開，這便涉及社會實在的知識如何取得的問題。

（五）研究問題的提出

　　社會研究是涉及社會世界各種面向的探討、描寫、理解、解釋、預測、評價、改變等。研究者便可以基於研究的旨趣，而提出下列三個主要問題：「何物」（what）、「為何」（why）與「如何」（how）。「何物」的問題，涉及研究對象是什麼，亦即對現象的探討和描述。「為何」的問題涉及現象的因果變化關係之因由的解釋和理解。「如何」的問題則涉及實際的結果，亦即改變現象（或稱社會問題）的方式與作法。

（六）研究工作的開始

　　首先解決「什麼」現象、什麼問題有待吾人去發掘、去探討？一旦決定研究的對象，才進一步採取有關的資料，蒐集相關的情報，並去尋覓藏在研究對象背後的機制。接著必須對我們所觀察與描述的現象進行分析，蓋描述中滲有觀察者參與觀察的主觀意見，因之在研究過程中，必須弄清楚才會知道人們在研究「什麼」？但要回答現象演變因由的「為何」卻是非常不易，這便涉及假設與理論提出的問題，只有當這些問題一一克服之後，最終才能考察與解決「如何」的問題。

（七）理論的型塑與建構問題

　　理論外觀上呈現出甚麼樣的樣子？好的理論來自何處？有無必要建立新的理論以取代舊的理論？理論要怎樣檢驗與證明有效？這類問題一向牽連到科學方法的邏輯。對社會世界的研究途徑與研究策略之不同，也就對上述諸問題提供不同的答案。與此相關的為研究者對世界（社會界）的看法與普通人的看法之不同，而使理論及其研究途徑呈現歧異。

　　近年來有人主張科學理論的建構不再重視對社會現象的解釋、預測、或控制，而對造成吾人社會經驗的諸種過程之現實理解（註20）。再說，現代社會理論應重視種族、性別、階級，以及理論、範例（the canon）和其變化（註21）。

（八）俗人語言與專家語言的關係

　　對社會生活的描述是否只依賴俗人一般使用的日常語言、概念，還是只有專家學者的技術語言、概念才算數？有些研究者喜歡採用由上而下，以專家學者的語言來建構理論，因為他們擔心常人的語言不夠嚴謹，或無關連。但有些學者卻認為應反其道而行，主張由下而上，認為所有涉及社會生活的日常用語，正反映社會實在的本質，為了捕捉社會實在，日常生活及其普通的語言，正是建構社會理論殿堂的磚石。

（九）研究者與被研究者之間的關係

　　社會研究者本身為人，而社會研究的對象也是人，因之有人認為社會研究是人對人的研究。研究者為了人的目的，也是與人相處，而對人進行研究。不過研究的結果主要在使研究的人得到知識，得到好處，被研究者所得的好處可能有限。第二種情況是研究者受到某一群落（政黨、基金會、政府）之委託而進行某項社會研究，研究者可能與委託者同屬一群，也可能互不隸屬。第三種的情況為被研究者要求研究者進行考察探討，俾改善其社會生活，或提高其生活素質。在上述諸情況下，研究者究竟要介入，還是保持中立不倚、不下價值判斷，而追求客觀真理？這是研究者的基本態度，也是涉及其專業倫理的問題。

（十）研究成果的客觀、不偏不倚、有效

　　社會研究可否獲致客觀的結果，一直是爭議不休的問題。一般的說法是認為自然界與社會界的運作，有其客觀真理之存在。只要作者摒棄主觀好惡之情，嚴守研究過程的規則，就會獲得客觀中立的研究成果。另一個相反的看法是有關自然界與社會界的知識都是臨時性的和假設性的，人們可能會接近真理，但卻不知何時、以何種方法發現了真理。現存理論隨時都有被更佳理論取代的可能。因之，科學的目的在尋求更佳的理論。吾人的知識有限，蓋社會實在無法藉觀察直接獲得，只有靠概念和理論間接知悉。概念與理論一旦改變，則實在也跟著改變。一項更為極端的看法是認為對世界、特別是社會界的知識都是受時空限制，而呈現相對性。此派否認有絕對真理之存在。社會生活的律則並非普遍現象，它隨時間與社會環境的變化而呈現不同的形式。是故並無客觀知識之存在，只有人類主觀的經驗之存在而已。

　　以上便是近半世紀以來社會科學家提出的重大問題之枚舉。這些問題的反覆爭辯、考察和省思有助於人們對複雜的社會現象之研究提出適當的方式與策略來（註23）。

註　釋

註1　關於現代世界各個社會及寰球經濟的變動，請參考 Russell, James W. 1995 *Introduction to Macrosociology*, 2nd edition, Englewood Cliffs, NJ: Prentice-Hall. 也參考洪鎌德，1999，《人文主義與現代社會》，臺北：揚智，第十四章。

註2　關於現代大眾社會的特徵，可以參考宋明順，1975，《現代社會與社會心理》，臺北：正中書局，作者自序，及該書第一篇第三章、第四章。

註3　Nisbet, Robert A., 1974, "History of Social Sciences," in: *Encyclopedia of Britannica*, Vol. 16, p.986.

註4　關於史賓格勒的歷史哲學，請參考其著作1918, *Der Untergang des Abendlandes*, 2 Bände, München, 有中譯本。至於湯恩比的歷史哲學，可參考洪鎌德〈湯恩比歷史哲學評述〉，原文載：新加坡，《星洲日報》，文化版，1975年11月22日。

註5　關於此，可參考洪鎌德〈當代歐洲哲學思潮〉，原載：新加坡，《南洋商報》，1975年10月12日與10月19日。

註6　請參閱洪鎌德〈自我的失落與尋求〉一文，原載：新加坡，《南洋商報》，1975年1月5日；現載同作者，1977，《思想及方法》，臺北：牧童出版社，第101-108頁。

註7　關於近一個世紀以來歐洲社會理論，轉變爲美國社會科學的情況，請參考Seidman, Steven, 1994, *Contested Knowledge: Social Theory in the Postmodern Era*, Albany, New York: University of New York in Albany, 第三章。至於歐洲近半個世紀以來社會科學突飛猛進的情形，則參考Dierkes, Meinolf and Bernd Biervert (eds.), 1992, *European Social Science in Transition: Assessment and Outlook*, Frankfurt a. M.: Campus-Verlag, pp. 11-26.

註8　參考洪鎌德，2003，《馬克思》，臺北：東大（第二版，初版1997）；
洪鎌德，1997，《馬克思社會學說之析評》，臺北：揚智；洪鎌德，
2002，《馬克思主義》，臺北：一橋；洪鎌德，1996，《跨世紀的馬克
思主義》，臺北：月旦，第五章。

註9　關於美國新左派的經濟思潮，可參洪鎌德，1976，《經濟學與現代社
會》，臺北：牧童出版社；新左派的政治與哲學思潮，則參考洪鎌德，
1995，《新馬克思主義與現代社會科學》，臺北：森大出版社，第41-64,
157-200頁。

註10　關於介紹凱因斯經濟學說的著作，可謂汗牛充棟，比較著名的為Klein,
Lawrence R., 1963, *The Keynesian Revolution*, N. Y.: Macmillan, first ed.
1947; 亦可參考本書第八章。

註11　Freud, Sigmund, 1926, *Die Frage der Laienanalyse*, Wien; 1959, *The
Question of Lay Analysis*, trans. James Strachey, New York: Norton, p.23.

註12　UNESCO: Teaching in the Social Sciences, Paris, 1954ff.聯合國教育、科學
與文化組織（簡稱聯合國教科文組織UNESCO）發行有季刊：《國際社
會科學彙報》（*International Social Science Bulletin* 1949-1958）。自1959
年之後，該刊改為《國際社會科學學報》（*International Social Science
Journal*，簡稱*ISSJ*），每期選擇社會科學一專題，由國際知名學者撰文
加以討論。此外編有1968, *The Social Sciense: Problem and Orientations,
The Hague/Paris: Mouton/UNESCO*，和1970 *Main Trends of Research in
the Social and Human Science, Part I: Paris/The Hauge Mouton/UNESCO*.等
書。

註13　Deutsch, Karl W., 1966, *The Nerves of Government: Model of Political
Communication and Control*, New York: The Free Press, 1st ed. 1963; 之
前cybernetics對社會科學的影響參考Wisdom, J. O. 1993 *Philosophy of
the Social Science III: Groundwork for Social Dynamics, Aldershot et.al.*:
Avebury, pp.106-125.

註14　Easton, David, 1969, "The New Revolution in Political Science," in: *The American Political Science Review*, Vol. L XIII, No.4, Dec., pp.1051-1061.

註15　關於理論與實踐的分合或統離不只在社會科學中出現，更應該溯源於哲學的討論，參考洪鎌德，2006，《當代政治社會學》，臺北：五南，第二章；洪鎌德，2007，《從唯心到唯物──黑格爾哲學對馬克思主義的衝擊》，臺北：人本自然，第115-117頁。

註16　此爲米爾士對Parsons等學者所建構的大理論之批評，參考Mills, C. Wright, 1959, *The Sociological Imagination*, New York: Oxford University Press, pp.23, 25-49, 124ff.

註17　Merton, Robert K., 1982, *Social Theory and Social Structure*, New York: The Free Press, 1st ed. 1957, pp. 3-72.

註18　參考 Parker, John, *et.al.,* 2003, *Social Theory: A Basic Kit*, Houndmills, Hampshire: Palgrave Macmillan; Joseph, Jonathan (ed.), 2005, *Social Theory: A Reader*, Edinburgh: Edinburgh University Press; Baert, P., 1998, *Social Theory in the Twentieth Century*, Cambridge: Polity; Archer, M.S., 1995, *Realist Social Theory: The Morphogenetic Approach*, Cambridge: Cambridge University Press.

註19　Woodiwiss, Anthony, 2005, *Scoping the Social: An Introduction to the Pretice of Social Theory*, Maidenhead, Beckshire: Open University Press.

註20　Manicas, Peter T., 2006, *A Realist Philosophy of Social Science*, Cambridge: Cambridge University Press, p.1.

註21　Reed, Kate, 2006, *New Dictionary in Social Theory: Race, Gender and the Canon*, London *et.al.*: SAGE Publications, pp.94-117.

註22　Blaikie, Norman, 1993, *Approach to Social Inquiry*, Cambridge: Polity Press, pp. 1-6.

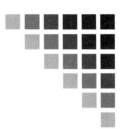

第四章
社會科學的研究方法

（一）　社會現象的複雜

　　社會現象既然是極端複雜，而又瞬息萬變，我們要掌握它、捕捉它都嫌不易，更何況要把這些紛然雜陳、變動不居的現象，加以分門別類，細加考究，這無異是難上加難。不過自從人類出現在這個地球之日起，一直到今天，人們始終不斷地努力去嘗試解開宇宙與人生之謎。於是猜測、忖度、意會、比擬、流傳都曾經是初民探測宇宙與人生奧秘的策略。這些屬於前科學——科學方法使用之前——的玄思或直覺，與科學方法雖然有異，但這一種差異，也只是程度上的差別，而不是本質上的迥然不同。換句話說，嘗試與科學知識之間的距離，不是我們所想像中的遙遠，在這一意義下，瑞典社會學家兼經濟學家米爾達（Gunnar Myrdal 1898-1987）——一九七四年諾貝爾經濟獎得主之一——遂指出：科學只不過是把常識加工精製，俾便利人們系統的認知而已（註1）。

　　不管是常識，還是科學知識，都是企圖把複雜而又劇變的自然與社會現象，加以捕捉、加以掌握，然後化繁為簡，化難為易，而成為人們日常生活的見聞，或科學認知活動之中心。事實上宇宙間萬事萬物的變化，不是像初民所想像的雜亂無章，而是呈現某種程度的秩序與規律。因此，自然科學固然在努力發現各種自然現象的規律，就是社會科學也是企圖在社會現象之間，理出一個秩序或探取一些規則來。

（二）　社會科學研究對象之爭論

　　社會科學的研究對象是人群，以及人群的行動與關係所交織

的社會現象，可是社會現象卻是錯綜複雜，而又瞬息萬變，使人們目迷五色，不易掌握。加之，由於人群所經營的社會生活，是世代積累而具歷史傳統與文化價值，更隨地理分布的不同而呈現多姿多彩的文物與民俗精神，因此十九世紀的英哲約翰・史都華・穆勒（John Stuart Mill 1806-1873）遂稱，研究此等現象之科學爲道德或精神科學。在同一世紀中德國著名的學者像狄爾泰（Wilhelm Dilthey 1833-1911）與李克特（Heinrich Rickert 1863-1936），也紛紛討論社會科學的性質、研究對象、範圍與方法學等問題。

這批十九世紀的德國學者——所謂的新康德學派——反對穆勒有關道德科學之落後是由於沒有採用物理科學的方法之說詞，而確認社會科學自有其特性與特殊研究方法。依據狄爾泰的看法，社會科學所研究的是人們內在的精神與心靈的活動，而自然科學所研究的對象則是外在的理化過程。是故，社會科學應稱爲精神科學（*Geisteswissenschaften*）。

溫德爾班（Wilhelm Windelband 1848-1915）指出：自然科學與社會科學不同之處，在於前者爲掌握自然界的實在（*Wirklichkeit*），而求其普遍廣泛的規律法則，是即爲律則（*nomothetisch*）科學；後者，特別是歷史學，乃爲注重特殊與個別的現象，重視社會現象獨一無二、不再復現的特性，是即爲所謂特性（*idiographisch*）科學。

李克特不贊成狄爾泰稱社會現象之研究爲精神科學。反之，他主張使用文化科學（*Kulturwissenschaften*）一詞。他指出：人文與社會現象研究之標的，並非精神、或心靈、或思想之屬，而是人類文化活動的產品和制度。亦即社會科學研究的對象爲文化產品與文化制度，以及這些產品與制度所涵蘊的意義。據此，他續稱：藉著抽象的律則把資料加以整理組織，便是自然科學。反之，藉著瞭悟或理解（*Verstehen*）的過程，把個別、而又具體的情狀加以掌握，進而明瞭其意義，則爲文化科學追求的目標。不過，文化科學

如要理解文化活動與制度的意義時，則又需要考察各個文化的價值
（*Wert*）。價值云云，並非可以觸摸、而又真實的事物，它是超越
於現實之外的效準（*Geltung*）。在此一意義之下，價值與現實是一
體兩面，也是針鋒相對。吾人要瞭解現實，甚而將有關現實的認識
加以組織而成為一門學問，便有賴價值的助力。因為價值決定了我
們研究現實時所採取的態度與把持的立場之緣故。

　　李克特這種瞭悟的論調，對韋伯的想法有強烈的影響。韋伯也
同樣認為對社會現實中尚未予以組織的複雜現象進行觀察時，研究
者的觀點對事象的理解，具有極大的影響，而研究者這種觀點，又
受其本人抱持的價值、利益、志趣等所左右，這便是觀察者的認知
旨趣（*Erkenntnisinteresse*），或稱為認識關心之所在。

（三）社會科學方法論的產生

　　社會科學領域的爭論，不僅是自然科學與社會科學異同的問
題，也涉及生物社會學、或社會生物學、人口學與地理學，以及社
會學、實證經濟學、政治學、語言學、文化學（culturology）、歷
史學、社會科技學（socio-technology）、法律學、管理技術、規範
性經濟學等等問題。當然社會科學的方法論之爭議是否採理性選擇
（rational choice）理論，也引發很大的爭議（註2）。

　　那麼要為社會現象理出一個秩序來，並去發現期間的因果律
則，便須仰賴一些方法。是故研究方法的問題，也自成一門學問。
這便是所謂的社會科學的方法學（methodology of social science）。
社會科學的方法學是模仿自自然科學的方法學，力求研究方法的精
確、簡易與有效。正如我們以前所討論過的，自然科學的出現與發
展，都較社會科學為先、為快；因此，方法學方面的進步，在自然

科學方面也優於社會科學。從而社會科學方法學之發展，是朝自然科學方法學亦步亦趨，並且加以踵事增華。

　　社會科學的方法學或稱方法論，一度也稱做科學學說（*Wissenschaftslehre*）。它是由歐洲大陸的實證主義與英國經驗主義，加上美國的實用主義（pragmatism）相激相盪、相輔相成的產物。它又名科學邏輯（*Logik der Wissenschaft*）（註3）。有人又稱它為社會科學的哲學。

　　雖然方法論的研討，可以追溯到十六、十七世紀培根（Francis Bacon 1561-1626）的名著《新工具論》（*Novum Organum*, 1620），但含有現代經驗性研究的方法學之討論，卻是十九世紀下半葉與二十世紀上半葉德國學界倡導而展開的（註4）。今天，方法學既可單獨成為社會科學的一支，也可以個別地作為政治學、社會學、人類學、心理學、經濟學等分支的一個部門，由而形成為社會科學各個分支的導論之主要成分。

　　很明顯地，方法論所涉及的是社會現象考察的過程與手續、研究成果的評價與溝通、理論和實踐的聯繫與檢討等。這是屬於科學形式或程序的一種，與社會科學各分支研究現象本身的實質（material）或本質（substance）不同。正因為方法論牽涉到研究的技術層面，因此用了認識論、邏輯學、辯證學（dialectics）、數學、電腦學、統計學、控導學（cybernetics）（註5）以及心理學中有關覺識（perception）與認知（cognition）等方面的知識。正如古人所言：「工欲善其事，必先利其器」（語出《論語》〈衛靈公〉篇），必待工具、手段、方法使用正確，吾人才能徹底瞭解社會現象，而社會科學才得以名正言順地成為研究社會現象的真正科學。

　　不過第二次世界大戰之後，社會科學過度崇拜科學方法，造成科學主義（scientism）的氾濫，也引起學者的關注與憂心，因而對社會科學方法論產生新的討論（註6）。

（四）社會研究的步驟

一般社會科學的工作者，在進行社會現象的研究時，通常都要經歷一些步驟，這些步驟乃是研究過程的階段。有些學者會嚴格地遵守工作程序的規則，逐步推動研究，但有些學者，則按照自己的才能、興趣與經驗，踏上研究之途。這時他研究的步驟，可能與一般人相異。不過無論如何，他仍能達到殊途同歸的目的。總之社會科學還沒有發展出一套「放諸四海而皆準，俟諸百世而不惑」的研究程序來。因此下面有關社會研究的步驟，不能視為社會科學工作過程的金科玉律，而毋寧說是反映了筆者個人的看法（註7）。

(一)選取研究的對象，發現懷疑的問題。因此，能夠找出問題（problem），能夠指出問題意識（problematique），能夠提出適當的問題，是研究達致成功的的一大前提；

(二)問題選擇後，便要蒐集有關資料，加以研判，以瞭解其他學者對此一問題的看法與他們著手研究的進度；

(三)對別人有關此一問題的論述，提出個人的意見，或表贊同而附和；或表反對而駁斥；或予以補充而修正；

(四)把贊同或反對、或補充的意見或個人獨創的觀點，列舉成特定的命題；

(五)闡釋命題中牽連的概念之意義，給概念下達一個或操作性定義（operational definition 運作定義）；

(六)解析概念中之變項；並分別其究為密切相干的相依（依賴）變項（dependent variables），還是相干程度較低的獨立變項（independent variables）；

(七)自各個變項之間抽繹出其關連，而形成假設；

(八)透過邏輯的檢驗與事實的檢驗，來檢驗假設能否成立；

(九)假設若能成立，即為證實，而可被接受。假設若不能成

立，便遭拒斥，則必須另覓其他合適的假設；

　　(十)被證實的假設，實無異爲一項新的理論。此一理論的形成（formulation）便是科學的一個發現（finding）；

　　(十一)科學的發現，應公諸學界（scientific community），或其他各界（public 公共論域），亦即藉發表（出版、演講、通訊、報導等）而與他人溝通與共享研究成果；

　　(十二)理論能否轉化爲實務，亦即能否「爲世用」，是一項應用的問題，也是實踐的問題。科學研究也應該謀取理論與實踐的合一。

　　事實上，上述研究的步驟，不僅侷限於社會與人文現象，也可以應用於物理與生物等自然現象，乃至純粹數理、邏輯及哲學、神學等的研究之上。

五　社會研究的技巧

　　除了研究步驟之外，科學的研究尚有賴一些技巧（techniques）或方法（methods）（註8）。

（一）觀察法

　　觀察法是依靠感官有計畫、有系統地對社會現象做持續性的探究，以明瞭現象的結構與功能。例如人類學家到蠻荒地帶去做田野調查，觀察原始部落的風俗習慣，社會學家到社區去觀察居民的生活情形，政治學者去旁聽議會中的論戰等等，都是實地的觀察。

（二）調查法

　　學者利用語言、文字、符號等溝通媒介，去詢問他人，目的在

探明被詢問者的意見、態度、願望、希冀、憂慮或企圖等。這是有系統蒐集第一手資料最有效的方法。當今先進國家（包括日本在內）的民意調查、市場調查即屬此種研究方法的廣泛運用。調查法可分為文字（郵寄問卷、面交問卷）、電話與口頭（面訪）等三種不同的研究法。

（三）實驗法

這是指學者把其研究的對象，置於依特殊安排的環境中，俾做有控制的觀察。此法的特質為：研究者可以操縱或控制一部分或全部的變項，同時研究者對研究對象，可以比較精確地予以度量。為了使實驗成為可能，學者首先應選定兩組數量與性質極為相似的研究對象（人或物）。把其中的一組——名為實驗組——暴露於刺激物（例如特殊的環境、藥物、宣傳品、教室等）之前，另一組——名為控制組——則不受暴露的影響，然後比較兩組的變化情形。在社會科學中實驗法多用於社會心理學。政治學則利用模擬法（simulation）與博奕法（game theory 賽局理論）來探究國際政治外交政策。

（四）討論法

這是群體集合藉人際交通與互相關係來討論人們的行為及其動機之方法。它們常被應用於市場調查與民意調查之上。此法如能夠與古希臘亞理士多德的集思法（topics）（註9）連用，則效果更佳。近年來學者研究法庭斷案與陪審團意見之綜合，而指出人們日常生活中實際的推理方法（practical reasonings）之重要。終於產生一種新的理論，亦即俗民方法學（或譯為約定俗成法 ethnomethodology）（註10）。俗民方法學之產生，可以說是分析討論內容而獲得的成果。

（五）考據法

　　對社會現象中牽連的事與人物，做徹底無疑的考察，亦即尋找有關此一事件之史料檔案、資料、文獻、記錄，以及涉及的人物之日記、回憶錄、自傳、傳記等。因此又分為文件分析（document analysis）與個案研究（case study）。近年來在考據中，出現了一種新的傾向，即內容分析（content analysis），係對傳播（communication）的訊息之內容，予以有系統、客觀的分析，並製成數據或電腦資料，而加以處理。

　　其他尚有資料處理、數學模型、統計分析、測驗、標度法（scaling）、選擇法、因素分析、趨向分析等，因篇幅關係，我們無法再詳細加以說明（註11）。總之，社會科學的方法或研究技巧，儘管種類繁多，但學者運用之妙卻出乎一心。

六　韋伯的「理念類型」

　　韋伯（Max Weber）強調社會科學是一種實在的科學（*Wirklichkeits wissenschaft*）。藉著社會科學「吾人欲將環繞在吾等生活之實在，以及其特質加以理解，亦即一方面理解這種實在所呈現當前個別的現象之關連程度與文化意義（*Kultubedeutung*），另一方面探究這種實在何以是這般情狀，而不是其他的樣式之原因。吾人加以深思，則吾等今日遭逢之生活上的種種切切，乃是不斷出現在吾人「身內」與「身外」的龐雜事象。這種事象龐雜的情形持續不斷，絕不因吾人選擇某一單純的研究「對象」——例如具體的交易行為——而稍減」（註12）。然則，吾生也有涯，而知也無涯，吾人要認識周遭龐雜的事象，只好大海一勺、淺嚐輒止，而無法獲窺全貌，也

不可能窮究事物每一方面的精密細緻處。因此，科學所把握的對象，常是事象有限的一小部分。這一小部分剛好也是吾人「值得認識」、或稱「認識價值」（*Wissenswert*）的那部分。所謂值得認識的那小部分，事實上正是指事象演變中有軌跡、有步驟可尋，而又足以解釋因果關係之規則性（*Gesetzmässigkeit*）而言。

　　顯然，爲了暸解萬般複雜而又變動不居的社會現象，韋伯遂提議使用「理念類型」（ideal type; *Idealtypus*）。所謂的「理念類型」乃是研究者心中的造像，思想的圖畫（*Gedankenbild*），並非眞實的世界中確存的事物。例如人類經濟活動的歷史上，一度出現過而當今又普遍存在於西方世界、乃至於第三世界的「市場經濟制度」，便是歷史現象的「理念」之一。「市場經濟制度」這一理念，所提供人們的理念圖像，乃是藉市場的助力而實行交易，並伴隨著自由競爭與營利爲目的之理性行爲等。我們也可以說「市場經濟」這一理念乃是把歷史上發生過的、或現在仍在風行的人際關係與事象加以綜合，而鎔鑄成一思考之關連的總體（*Kosmos gedachter Zusammenhänge*）。在內涵裡，這種思想結構本身帶有烏托邦的性格。它是藉實在的某些要素之思想上的強調或提升（*gedankliche Steigerung*）而獲得。換句話說，在現實社會中，或歷史實在裡，我們找不到完整的、十全十美的市場經濟之典型的存在。但個別的、具體的、零散的市場、自由交易以及以營利爲目的之理性行爲，卻隨處可見、俯拾皆是。爲了要給這種人際之間貨務（貨物與勞務）交易的事情與關係，一個適當的名目，我們遂稱之爲市場經濟，或市場經濟制度。由是可知，理念類型是一種概念的操作，也是一種命名的作法。

　　同樣地，歐洲中世紀的「城市經濟」（*Stadtwirtschaft*）也是一種的「理念類型」。這種類型之獲得，依據韋伯的話，是經由：

一個或數個觀點（*Gesichtspunkte*）單方面的提升或強調，以及經由一連串渙散、而毫無關連的個別之現象之凝集，而此類個別現象，乃增添於被強調的觀點之上。由之，形成統一的思想結構體（*Gedankengebilde*）。這種思想結構體之概念的純粹性方面，無法在經驗實在中尋得，它只是烏托邦而已。歷史研究之課題，厥為在每一個別的案件中，確定這種理念類型與事實之間或大或小的距離，亦即某一城市必須具有怎樣的經濟性格，方可被目為「城市經濟」云云。（註13）

韋伯首先提到理念類型，而加以詳細闡釋，是在一九〇四年彼接辦《社會科學與社會政策學刊》（*Archiv für Sozialwissenschaften und Sozialpolitik*）所發表編輯方針：〈社會科學與社會政策認知的「客觀性」〉（Die "Objektivität" sozialwissenschaftlicher und sozialpolitischer Erkenntnis）一文（註14）。此時韋伯對歷史的研究具有濃厚的興趣，故此所提的「理念類型」，其實是社會現象歷史瞭解的手段之一。

可是韋伯所提的「理念類型」卻缺乏清晰的界定與一貫的內涵，正如美國社會學家帕森思（Talcott Parsons 1902-1979）所指出的，此一學說「欠缺同質性」（lack of homogeneity）（註15）。雖然如此，我們仍然可以綜括韋伯對理念類型的一些基本看法：

(一)理念類型，原文前綴字所使用的理念，並非理想、模範、典型等意思，而是牽連到概念、觀念等之上。換言之，科學的概念是無法窮究具體的實在。反之，卻是由變動不居、龐雜難御的實在，只能選擇與抽離其一小部分而成為概念。因之，由概念構成的理念類型並不是實在，在經驗實在當中，也找不到其存在，它剛好是與實在類型（*Realtypus*）針鋒相對的。

(二)理念類型的獲致絕非學者主觀上的臆測、玄思、直覺之產品，也不是由概念與概念之間的演繹而成。事實上，理念類型係獲自事象所處歷史與社會變遷（*historisch-soziale Konstellation*），並參酌事象所以引起學者追究之認知興趣而強調該事象之獨特、典型的因素，從而構成了統一形象與思想單元。由此可知，研究者主體的認知興趣，或稱為主體的認識關心，對概念的形成，假設的提出，乃至理論的建構產生極大的影響。換言之，研究者的觀點決定了理念類型之塑造。誠如日本研究韋伯學說權威學者金子榮一所正確指陳的：「*Idealtypus*的*Ideal*乃於可能性中考察事物之謂。所謂可能性，即無矛盾，能有之意。利用理念〔類〕型以說明或敘述社會事象，即是以『能有』為媒介以探明『現有』之謂。理念〔類〕型的方法特色，即在透過可能性以認識現實性」（註16）。

(三)理念類型既非假設（雖然它可能為假設的提出，提出應走的途徑與可行的方向），也非實在的描寫或反映，更非分類的標準，甚或代表某一事象的類屬概念（*Gattungsbegriff*）。此外韋伯又認為理念類型與平均類型（*Durchschnittstypus*）或頻率類型（*Häufigkeitstypus*）有別，蓋後面這兩種類型牽涉到量的計算，而非如理念類型一樣，只具有質的描述。

(四)韋伯認為社會科學方法論上的基本設準（*Postulat*），便是瞭悟法，乃是設身處地，以心比心，瞭解行動者所賦予其社會行動之主觀意義（*subjektiv gemeinter Sinn*）。由是構成行動者主觀意義之動機，無非是其行為的意念、理想、規範與價值等概念。這類動機所牽涉的都是心理圖像，而非具體實在，是以有關社會行為——社會科學研究的重心——之理解，只有藉助於理念類型的建構與引申。

(五)在社會學的認知方面，理念類型提供三層思想上的協助手段，俾將實際經驗分門別類、妥善安排：1.描述個別事象的理念類

型，在於為具體而不再重複出現的個別事項之關聯，提供解釋的方針；2.描述具體一般性格的事象之理念類型，則掌握客觀的、可能的事象關聯，俾發現其反覆出現的典型；3.理念類型而具有社會學普遍規則的性格者，則為事象的因果關連，提供清楚的說明（註17）。由是可知，韋伯的理念類型實際上包含二項性質相反的範疇，其一為個別化的（*individualisierende*）概念，其二為概括化的（*generalisierende*）概念（註18）。

　　一九一三年之後，韋伯的興趣，逐漸由歷史學的考察轉向社會學的研究。自此之後，他已不再留意某些社會過程——諸如資本主義的緣起，或現代官僚體制的形成——所包含「文化意義」（*Kulturbedeutung*）。反之此後他致力於各種社會現象有系統的分類、描述、解釋與理解，目的在於建構理念類型的概念之體系，俾不論具有何等歷史淵源之任何社會現象，皆能被納入此一概念體系當中（註19）。

（七）　理念類型與價值中立

　　至於理念類型與「價值中立」（*Wertfreiheit* 價值祛除）之間的關係如何，似乎也值得我們略加研討。韋伯既然認為社會科學或精神科學所涉及的為具有「文化意義」與人文價值的社會現象。因此，社會現象之染有一時代與一地方的色彩——「文化意義」——是在所難免。另一方面，科學所要求於學者的，卻是研究過程中的客觀化、中立化，亦即摒棄學者個人的偏見、性癖、好惡之情，而力求實事求是，不偏不倚，亦即要求學者在研究過程中保持價值中立的立場。社會科學的研究對象既是具有文化意義的社會現象，更何況社會學者由於個人認知興趣的緣故，而研究某一現象，

採用某一研究方法，又在研究過程中，知所取捨、知所選擇，則社會科學者又如何可以免除下達價值判斷呢？換句話說，價值牽涉（Wertbeziehung）與價值中立是兩項完全迥異、乃至相互對立的原則，韋伯如何能夠要求社會科學研究者，同時能夠遵循這兩項彼此矛盾的原則呢？為了要解除這項兩難的窘境（Dilemma），韋伯遂求助於「理念類型」，蓋理念類型的方法本身含有價值的觀點，但不必藉價值判斷的下達，逐便利學者妥協而能有普遍地敘述事象。

　　原來理念類型的方法在邏輯上來說，是可以分辨「評價的」（wertend）與「價值牽連的」（wertbeziehend）判斷。換言之，「理念類型」應該能夠把具體的、社會或歷史現象之「最後價值」加以指明，而本身並不介入認知過程的價值判斷之中。根據韋伯的看法，理念類型的概念係參酌經驗實在的資料，而形成為一抽象的稱謂，必能統攝這一具體的經驗事實。再者，理念類型也顧慮到一些價值與文化理念，而這些價值與文化理念乃由「文化意義」所賦予研究對象者。只要把社會實在所涉及的這些因素加以強調，將有助於社會實在（社會現象）的指陳，也有助於研究對象所具有「文化意義」的標明。顯然韋伯堅稱其所倡導的「理念類型」並不損害價值中立的原則，蓋最明顯的理由之一為：理念類型本身僅具名義上的性格，而不含實質上的論斷。韋伯曾經說過：「不管理念類型所具有的內涵如何——是否包含倫理的、法哲的、美學的或宗教的信仰規範，抑包含技術的、或經濟的、或法律政策性的、或社會政策性或文化政策性的原理，或是以任何理性的形式所作的『評價』（Wertung）——其在經驗考察的範圍內結構之唯一目的，在於與經驗實在相『比較』，與經驗實在做對照，或確定與經驗實在之間的距離或接近程度，俾藉儘可能清楚明白的概念，來描述經驗實在，或瞭解與解釋經驗實在的因果歸屬的關係」（註20）。

　　因此，韋伯相信，只要能夠發展適當的理念類型，並把理念類

型符合目的地加以建構，那麼對精神科學與社會科學的探究而言，任何研究對象與「價值」之關係遂能確立，而又無須在敘述過程中刻意下達實質的價值判斷（註21）。

八）韋伯方法論的影響

由於韋伯理念類型既含有個體化與概括化兩個極端的作用，又具有事象個別、特殊，而兼一般普遍的縮寫，亦即一面是歷史學的方法，他方面是社會學的方法，再加上事象的的客觀與觀察者的主體之融合，故造成此一理念類型之矛盾與不純。這也是理念類型引起學界爭議的原因。韋伯在其晚年，有感於理念類型所引起的紛爭，故改用純粹類型（*reiner Typus*），又稱結構類型（*konstruktiver Typus*）、或邊際情況（*Grenzfall*）（註22）以求彌補，這也有踵事增華的作用。

至於受韋伯理念類型說詞的影響，因而建立的類型學說（*Typenlehre*），散見於形態學（*Morphologie*）、性格學（*Charakterologie*）、建構學（*Konstitutionslehre*）、心理學、心理分析學、病理學、動物學諸科中。最近，甚至有人把理念類型學說也應用到民俗學、人類學、考古學以及歷史等的分門別類，而發現理念類型的確具有解釋事象的功效（註23）。

在應用上，理念類型可以發揮三種不同的功能，即術語的（*terminologisch*）、分類的（*klassifikatorisch*）與發現的（*heuristisch*）效用。至於某一理念類型究應隸屬於何種功能，並非由概念本身的名目來加以決定，而是由該概念所引發的思想上之關連而獲知。就術語方面的功能而言，理念類型的塑造，在於提供綿密精確的概念（*prägnante Begriffe*），俾能夠藉此等概念之助力，來

表達事象明白確實的一面。至於分類方面的功能而言，理念類型只要能夠符合意義（*Sinnadäquanz*），而無違於分門別類所設定的標準，也可以界定事象隸屬的關係。最後，就發現方面的功能而言，理念類型可供真實現象的經驗性決定之用，同時也為個別情況的因素歸屬之查明，提供說明的樣式（*Deutungsschema*）。由之，促成具體的假設之提出，而謀求經驗事實之印證（註24）。

　　總之，本章最後三節旨在探討韋伯的方法論，特別是簡介其中所涉及的理念類型一學說。由於此一學說係產生自韋伯對社會科學當作實在的科學之看法。因之，為了捕捉實在，有賴特殊的方法才能奏效。繼而指出理念類型的定義與內涵，以及理念類型與價值中立之關係，最後指出這一概念之應用情形（註25）。

註　釋

註1　Myrdal, Gunnar, 1970, *Objectivity in Social Research*, London: Druckworth, p.3; Ernest Nagel雖然指出科學與常識的不同，但也認為科學產生自常識對日常生活的關心，參考其著作：1961, *The Structure of Science*, New York, Harcourt, pp.3-5; 又參考Turner, Roy (ed.), 1974, *Ethnomethodology*, Harmondsworth: Penjuin Books Ltd., pp.21-26.

註2　Bunge, Mario, 1998, *Social Science under Debate: A Philosophical Perspective*, Toronto *et.al.*: University of Torlonto Press, pp.1-60; Van den Berg, Axel and Hudson Meadwell (eds.), 2004, *The Social Science and Rationality: Promise, Limits, and Problems*, New Brunswick, NJ: Transcation Publishers.

註3　洪鎌德主編，2003，《哲學與文化》，第354期《社會科學的哲學專題》，2003年11月，第1-6頁。

註4　關於社會科學方法論發展的情形可參考洪鎌德，1988，《現代社會學導論》，第五版：臺北：臺灣商務印書館，初版1972年，第23頁以下。洪鎌德，1998，《21世紀社會學》，臺北：揚智，第五章。

註5　Wiener, N., 1948, *Cybernetics*, New York: Wiley; Wisdom, J. O., 1993, "The Hypothesis of Cybernetics," in: *Philosophy of the Social Sciences III: Groundwork for Social Dynamics*, Aldershot et.al. pp.106-115.

註6　Mancas, Peter, 2007, "The Social Science Since World War II: The Rise and Fall of Scientism," in: Outhwaite, William and Turner S. P. (eds.) 2007 *The SAGE Handbook of Social Science Methodology*, London, New Dehli & Singapore: SAGE Publications Ltd., pp.7-31.

註7　以下有關研究步驟，可參考魏鏞，1971，〈社會科學的性質及發展趨勢〉，刊；《雲五社會科學大辭典》，第一冊，《社會學》，臺北：臺

灣商務印書館，第71-72頁。

註8　技巧、方法與途徑（approach）是研究過程中所使用的手段。技巧重研究細節方面，爲具日常性與機械性，而少創發性的應用技術；方法則涉及資料證據處理的方式，亦即獲取資料與處理資料的操作（operation）或活動。方法可分爲觀察法、調查法等，或是綜合法、演繹法、分析法等。至於途徑不僅包含資據（資料、證據）取捨的標準，還涉及問題注重的層面，那些問題應該列入考慮之中，那些問題應予棄置，亦即牽連到問題與資據選擇的標準。因此，van Dyke主張研究途徑包括傳統研究途徑、行爲研究途徑（甚至後行爲途徑post-behavioral），或西方研究途徑、馬克思學派研究途徑等。更可以依各種學科（academic disciplines）之不同，而區分爲經濟學、社會學、心理學、地理學、哲學、歷史學等研究途徑。參考Van Dyke, Vernon 1960 *Political Science: A Philosophical Analysis,* Standford, CA.: Standford University Press, pp.113ff.

註9　參考洪鎌德，1970，〈集思法及其在人文科學研究方面的應用〉一文，刊：《新時代》第十卷，第一期與第二期，1970年1月與2月，第15-16，27-29頁；收於洪鎌德，1977，《思想及方法》，臺北：牧童，第225-237頁。

註10　參考Garfinkel, Harold, 1967, *Studies in Ethnomethodology*, Englewood Cliffs, N.Y.: Prentice; Turner, Roy (ed.), 1974, *Ethnomethodology*, Harmondsworth: Penguin, Cicourel; Aron V., 1973, *Cognitive Sociology, Language and Meaning in Social Interaction*, Harmondsworth: Penguin, pp.99-140. 又參考本書第十二章第三節第五段。

註11　參考洪鎌德，1998，《21世紀社會學》，第五章。

註12　Weber, Max, 1973, *Gesammelte Aufsätze zur Wissenschaftslehre*, Tübingen: J.C.B. Mohr (Paul Siebeck), 4. Auflabge, S.170-171。以下引用本書時，註明爲Weber, Max, *GAW*並附頁數。關於韋伯的科學論文集，只有三部分（計三篇論文）譯爲英文，此即*Max Weber on the Methology of the Social Science*s,1973: translated and edited by Edward Shils and H. A. Finch, Glencoe, Ill.: Free Press, 1949.

註13　Weber, Max, *GAW*, S 191, 此段華文翻譯已經由本書作者爲之，現略加以修改，請參考洪鎌德，1988，《現代社會科學導論》，臺北：臺灣商務印書館，第五版，第212-213頁。

註14　見Weber, Max, *GAW*, S.146-214.

註15　Parsons, Talcott, 1968, *The Stucture of Social Action*, Vol. II: Weber, New York: The Mcgraw-Hill Book Co., 1st ed. 1937, p. 602.

註16　參考金子榮一著，李永熾譯，1969，《韋伯的比較社會學》，臺北：水牛出版社，第68頁。

註17　以上參考 Winckelmann, Johannes 1969 "Idealtypus," in: Wihelm Bernsdorf (hrsg.) *Wörterbuch der Soziologie*, Stuttgart: Ferdinand Enke Verlag, S.439-440.

註18　Von Schelting, Alexander, 1934, *Max Webers Wissenschaftslehre*, Tübingen: J.C.B. Mohr (Paul Siebeck), S.329ff; T. Parsons, *op. cit.*, p.604.

註19　Mommsen, Wolfgang, 1974, *Max Weber. Gesellschaft, Politik und Geschichte*, Frankfurt a.M.: Suhrkamp, S.222-223.

註20　Weber, *GAW*, S.535-536.

註21　Mommsen, *op.cit.*, S.224.

註22　Weber, Max, 1964, *Wirtschaft und Gesellschaft.Grundriss der verstehend Soziologie*, hrsg. von Johannes Winckemann, Köln & Berlin: Kippenheuer & Witsch, S.3, 11, 14, 18f; 此書之英譯本爲Weber, Max, 1968, *Economy and Society: An Outline of Interpretative Sociology*, ed.by Guenthr Roth and Claus Wittich, N.Y.: The Bedminster Press.

註23　參考 Winckelmann, *ibid.*, S.440.

註24　Wincklemann, *ibid.*, S.440.

註25　Winch, Peter, 2008, *The Idea of a Social Science and Its Relation to Philosophy*, London and New York: Routledge, 3rd ed. (first ed. 1958), pp.104-112; Benton, Ted and Jan Craib, 2001, *Philosophy of Social Science: The Philosophic Foundations of Social Thought*, London: Palgrave, pp.76-82.

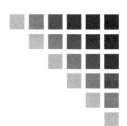

第五章
新馬克思主義與當代社會科學的互動

（一） 原始馬克思主義和社會科學

　　具有現代特色的社會科學，其在歐洲的興起不過是兩百多年前的事。費居遜（Adam Ferguson 1724-1816）的《文明社會論》出版於一七六七年；亞丹·斯密（Adam Smith 1723-1790）的《國富論》出版於一七七六年；孔德（Auguste Comte 1798-1857）的《實證哲學》共六卷則分別在一八三〇年至一八四二年次第刊行。這幾位社會思想家都是早於馬克思成名之前，從事民間社會的性質和發展之研究。差不多同一時期烏托邦社會主義（其代表人物有聖西蒙Claude Henri de Rouvroy, Comte de Saint-Simon 1760-1825、傅立葉Charles Fourier 1772-1837、歐文 Robert Owen 1771-1858等）也出現在歐陸與英國。這種以溫和的手段來消除個人主義、私有財產、社會競爭的社會改革，在原始馬克思主義，馬克思、恩格斯（Friedrich Engels 1820-1895）及其同代的擁護者所宣稱的「科學社會主義」的心目中是不符合科學的要求，因爲它立論的基礎是理論家道德上的命令、個人的理想，而非社會變遷客觀的法則之闡釋與應用。

　　原始馬克思主義理論的出發點，便是展開對當代社會科學與烏托邦社會主義的批判。同時也是展開對十九世紀歐洲工業革命蓬勃發展的民間社會之批判，包括對羽毛未豐的資本主義經濟運作規律的批判（註1）。

　　由是可知馬克思主義一開始便與資產階級的社會科學處於對峙敵視的地位。馬克思主義者批評這類社會科學是唯心的、保守的、傾向於保持資產階級的利益，而無視無產階級的立場。其次批判這類科學是靜態的、描述的、只知肯定現存事實，而缺乏歷史演進與辯證的眼光。再其次指責這類科學，只注意社會的片面、局部等細節，而忽略了社會整體發展的意義。最後認爲這類學說，只是抽象空洞的理論，爲現實利益權充辯護人，是爲護航的學問

（apologetics），而非改變社會舊秩序建立新秩序、創新的、革命的、實踐的策略。

在《費爾巴哈提綱》（一八五四）中，馬克思曾經指出：「至今為止的哲學家（其實也可以說是一般的社會科學家——本書作者解釋）只會對世界作出各種不同的解釋，可是真正關鍵之所在是改變它」（註2）。因此，馬克思主義不能滿足於解釋現世，還要倡導階級鬥爭的手段來對現世進行革命。在與當代社會科學只重認知與理論作一比較之下，馬克思主義是知行合一，是理論與實踐一體的（註3）。

由上所述可知在十九世紀的歐洲，馬克思主義和方興未艾的資產階級社會科學，是站在對立與競爭的立場，企圖對變遷劇烈的工業社會提出它們獨特而排他的見解。因此羅維特（Karl Löwith 1873-1947）遂指稱：「就像我們現實的社會一樣，研究社會的科學，亦即社會科學，不但沒有統一，反而分裂：分裂為資產階級的社會科學與馬克思主義」（註4）。

在這種發展情形下，馬克思主義者，在從事社會解析時，所遵循的是辯證的、宏觀的、唯物的（以經濟因素為主的）、歷史的、批判的、實踐的研究原則。

（二）對馬克思主義的反駁

馬克思主義的理論與實踐，卻在十九世紀末，特別是二十世紀初，遭受來自資產階級社會科學者的反駁。韋伯（Max Weber 1864-1920）認為強調以經濟因素來解釋社會變遷與歷史遞嬗是片面的、不符合科學原則，尤其是違背客觀事實。至於倡導階級鬥爭，以革命行動來改變社會秩序、強調理論與實踐合一，也是混淆「實

然」與「應然」，導致理論違背價值中立的原則。韋伯又指摘馬克思派的社會主義，不但無法達成「無產階級專政」反而造成「官僚的獨裁」（註5）。此外，斯丹木勒（Rudolf Stammler 1856-1936）認為社會的生產關係無法獨立於法律體系之外存在。因之，法律規範是經濟活動的先決條件，他遂摒棄了「經濟決定論」。而涂爾幹（Émile Durkheim 1858-1917）雖然沒有直接地、系統地批評馬克思主義，卻與韋伯一樣，以發展其獨有社會學理論來與馬克思的社會學說相抗衡。他對馬克思仇視分工論認為是「反常的」。在研究家庭制度中，使用「經濟物質觀」是不妥當的。不過他也曾經讚賞馬克思有關社會生活極具創意的解釋方式：不以參與社會生活的個人之想法，而以造成人群結合的「深刻的原因」來加以解釋。

　　早在十九世紀末，經濟學家宋巴特（Werner Sombart 1863-1941）與龐巴維克（Egon Böhm-Bawerk 1851-1914）就批評過馬克思有關資本主義經濟的理論，在邏輯與假設之上不夠圓融，他們批評的範圍牽涉到馬克思的價值論、剩餘價值論、利潤來源、利潤率降低等學說之上。

　　至於馬克思主義陣營中的反叛，像伯恩斯坦（Eduard Bernstein 1850-1932）的修正主義，就指摘馬克思在社會理論錯誤、或過時失效的瑕疵：例如階級兩極化並未產生、中產階級的崛起對革命奪權之不利、遵循改良主義和議會參政路線之穩妥等等。

（三）西方馬克思主義的總體論

　　隨著布爾什維克十月革命的成功，世上第一個共產政權，居然在一九一七年誕生於貧窮落後，而非工業化先進的俄羅斯國土上。其結果造成馬克思主義的制度化、官方化與教條化。它不再是社會

的科學，而淪爲政權的意識形態之馬列主義。

與此官方的、僵化的、教條的馬列主義相對的，則爲倡說開放的、批判的、辯證的西方馬克思主義，這也是當今流行於北美、英倫、西歐新馬克思主義的前身。

西方馬克思主義爲一九二〇年代崛起於歐洲中部（德、匈、義）的馬克思派新潮流。其代表人物爲盧卡奇（Gyorgy Lukács 1885-1971）、寇士（Karl Korsch 1886-1961）、葛蘭西（Antonio Gramsci 1891-1937）、法蘭克福學派、法國與義大利存在主義、結構主義、現象學與新實證主義的左派理論家。作爲西方馬克思主義奠基者的盧卡奇、寇士與葛蘭西三人，都不約而同地強調：馬克思主義的活頭泉水是黑格爾的哲學，特別是黑格爾的《精神現象學》（1807）。有異於馬克思重視下層建築的政治經濟學，他們把注意力放在上層建築與哲學之上。三人所關懷的馬克思學派底課題爲：歷史、辯證法與實踐（註6）。

他們同時認爲馬克思主義不是對社會加以解釋的社會科學，而是無產階級的世界觀，以及其「實踐的哲學」。

盧、寇、葛三人反對把馬克思主義發展爲一個實證的社會科學、或一般社會學。其原因是後者對資本主義的社會結構與經濟運作，只作漠不關心（美其名爲「價值中立」）的描寫和分析，而非喚起無產階級的階級意識與激發其政治活力。在此情形下，他們遂強調社會是一個不容分割成部分的總體在歷史過程中辯證地發展之活生生的事體。

對此活生生、變動不居的社會總體，要加以掌握、理解，不能再倚賴分門別類的經驗科學，因爲它們所帶來的研究結果都是見樹不見林、雞零狗碎的知識片斷。反之，只有採取一門統合的，亦即辯證兼歷史的科學，才能徹底瞭解社會總體的本質。引用盧卡奇的話：

> 歸根結底，馬克思主義不承認法律、經濟、或歷史等獨立
> 學科的存在。反之，只承認一門單獨的、統一的，亦即辯
> 證兼歷史科學之存在。它是把社會的進化當成一個總體來
> 看待的科學。（註7）

　　由是可知盧卡奇主張非局部、非片面地，而是整體與全面地去
觀察事象。對他而言事象的總體性在邏輯上先於事實，它無法由事
實的累積中，也無法從經驗論證中確立起來。他說：事實並不能說
明它們自身，它們的意義只表現在同整體的關係裡。馬克思的革命
與社會主義理論，只能建立在對社會全面理解的基礎上，但這種理
解卻不能藉任何詳細的事實分析而獲得（註8）。

　　寇士把馬克思主義的發展分成三期，在第一期（1843-1848年之
間），馬克思的思想是一種社會發展的理論，是把社會發展當成活
生生的整體來看待。因之，青年時代馬克思的思想，乃是活生生的
整體被理解與被實踐爲社會革命的理論。這個理論，同時也是「實
在」（Wirklichkeit）的部分，是不容分解爲經濟的、政治的、或知識
的。換句話說，這個活生生的整體是沒有必要支解爲經濟學、政治
學、哲學等社會科學與人文科學的分支。顯然，寇士認爲馬克思主
義演進的第一階段，是革命實踐活生生的整體，它本質上已包括了
經濟學、政治學、哲學的知識，也包括意識形態、歷史過程與社會
行動在內（註9）。

　　葛蘭西把馬克思主義當做「實踐的哲學」來看待，他指出：
「包含在它（馬克思主義——本書作者附註）裡頭的是各種各樣基本
的元素。這些元素有必要建構一個有關世界總體與整合的看法……
亦即是能夠賦予一個整合的文明所需的各種東西」（註10）。

　　盧卡奇、寇士和葛蘭西所鼓吹的總體觀，遂成爲其後西方馬克
思主義，以及新馬克思主義立論的主軸。儘管絕大部分新馬克思主

義者似乎偏重於哲學的探討，以及歷史唯物論的闡述，但在他們心目中，馬克思主義所包涵的知識範圍，不僅涉及哲學、歷史學、文藝批評，更牽連到政治學、經濟學（政治經濟學 political economy）、社會學、文化人類學、社會心理學、語言學、人文地理學等方面。

四　實證主義與經驗科學

上述西方馬克思主義三位奠基者早期所以激烈反對實證的科學，顯然是受到十九世紀後半葉以降，對實證主義加以反叛的學風（包括新康德主義的興起）所影響。但隨著一九二〇年代、一九三〇年代維也納邏輯實證論學派的大行其道，實證主義敗部復活，浸浸乎成為科學的哲學之主流，也變做社會科學發展的導向。在此新情勢之下，寇士於一九三〇年代末，已由反實證主義走向經驗科學的探討。他甚至指出：「歷史唯物論的主要趨向，不再是『哲學的』，而是經驗科學方法之一」。在逃離納粹迫害而移居新大陸之後，他一度以教授社會學謀生。盧卡奇在晚年也擯棄他早期對經驗性社會研究的敵視，也放棄認同無產階級為人類歷史發展、自求解放的主體兼客體，而強調對當今資本主義進行客觀解析的必要。

並不是所有「後繼馬克思主義」——繼承馬克思、恩格斯、朴列哈諾夫等第一代的原始馬克思主義之後的學派與信徒都對實證主義和經驗主義加以敵視、奚落。反之，當做後繼馬克思主義一個分支的奧地利馬克思主義，一開始便展開經驗性的社會研究。這一分支的理論家包括包爾（Otto Bauer 1881-1938）、阿德勒（Max Adler 1873-1937）、希爾弗定（Rudolf Hilferding 1877-1941）和雷涅（Karl Renner 1870-1950）等人，曾分別對財政資本、國家機構、帝國主義、少數民族、民族主義等現實問題詳加考察，從而擴大馬克思學

派研究的範圍與視野。

此外，作爲西方馬克思主義主流派的法蘭克福學派，也逐漸批判哲學轉向批判社會學，終於走上經驗研究之途。該派重要理論家的霍克海默（Max Horkheimer 1895-1973）、阿朵諾（Theodor W. Adorno 1903-1969）、賴希（Wilhelm Reich 1897-1957）、馬孤哲（Herbert Marcuse 1898-1979）、符洛姆（Erich Pinchas Fromm 1900-1980）等都深受佛洛伊德心理分析的影響。藉心理分析的概念與理論，來解釋異化和意識形態的問題，兼討論現代資本主義社會個人群眾心理失衡或異常的問題（註11）。

另一方面，近八、九十年來，哲學、語言學、人類學、經濟學、社會學、政治學、地理學等突飛猛進，成就驚人。這與現代社會的急劇變遷，特別是科技的翻新，密切而不可分。連馬克思主義創始人所未曾經歷的各種特殊情況紛紛出現，這包括資本主義的轉型、修正主義的抬頭、改良主義的勃興；也包括殖民主義的瓦解、兩次世界大戰的發生、帝國主義的轉變、民族主義的崛起、法西斯主義的興亡、共產陣營的衰微等等。這些都不是馬克思經典作品中存有答案，而能照章解釋的。在此新情勢之下，新馬克思主義逐與當代社會科學展開辯證性的互動。新馬克思主義一方面吸收了資產階級先進的哲學與社會科學的養分，他方面回應了後者的挑戰，雙方進入百花競艷、雜說紛陳的戰國時代，同時也啓開了華勒斯坦（Immanuel Wallerstein 1930-）所說的「千種馬克思主義」的時代（註12）。從這個角度來看，資產階級蓬勃發展的社會科學學說對新馬克思主義也有一定的衝擊。反過來說，在當代資產階級爲主導的國家，也多少與共產主義社會一樣，在每一社會科學或人文學的分支中，很容易發現新與舊馬克思學說的影蹤。

五　新馬克思主義對當代社會科學的貢獻

　　雖然我們深知新與舊馬克思主義者向來對學術分工不懷好感，也瞭解馬克思主義者對科學統合，乃至理論與實踐的合一耿耿於懷；但爲了敘述的方便，乃按社會科學的分門別類，試行探討新馬克思主義者，在各該社會科學的領域中，所作的貢獻、或影響。

（一）社會學

　　自史達林（Joseph V. Stalin 1879-1953）逝世之後，共產主義的政權與理論中心，由一元變化爲多元。在美蘇由冷戰而轉向和解過程中，東歐共黨國家乘機大力展開自由化運動，再加上青年馬克思早期著作次第刊行，於是馬克思主義又經歷了蓬勃活躍的時期。在社會學的領域中，馬克思主義以批判理論和結構主義兩大面目出現。

　　批判理論是由霍克海默和阿朵諾爲主展開對實證科學的批評，認爲科學的工具性固然使人類征服自然，但過度講究工具理性的結果，便會發展爲官僚與科技階層，最終人對自然的控制延伸到人對人的統御。接著哈伯瑪斯分析了「進步的資本主義之危機趨勢」，歐斐（Claus Offe 1940-）則研究後期資本主義社會政治權力與干預性國家的結構，都是從抽象、概括的哲學批判，落實到具體、個別的事實研究之上。這些研究固然重視意識形態的上層建築對生活的規範性作用，但也不忽視下層建築的經濟運作對意識形態的產生和轉變所造成的影響，尤其是涉及現代資本主義社會的文化，特別是大眾文化與「文化工業」之剖析時，尤爲明顯。

　　結構主義則是與法蘭克福學派完全對立的學說，它溯源於阿圖舍（Louis Althusser 1918-1990）方法學的考察，以及列維‧史陀（Claude Levi-Strauss 1908-）的結構人類學。所謂的結構主義是企圖在人類活動的產品、人們的行動、儀禮、宗教、文物等與社會產品

中尋求其意義。結構主義嘗試解釋隱藏在人際關係背後的邏輯。

　　阿圖舍認爲「社會形構」（*formation sociale*）是一個結構複雜的整體，包涵三個主要的次級結構：經濟、政治和意識形態。這三個次級結構彼此相互作用，但卻各擁有獨立發展的韻律和持續性。在某一歷史規劃中，某一特定的次級結構取得支配其他兩種次級結構的統攝地位，再加上社會形構本身（總體結構）和各個次級結構也存有互動關係，其結果造成社會形構在不同的歷史時期呈現不同的面貌。阿氏這種「結構因果性」導致整個社會結構產生「效果」的解釋方式，目的在於駁斥庸俗的馬克思主義者由下層建築決定上層建築機械性的與片面的說法（註13）。

　　當今新馬克思主義者在社會學中討論的主題爲：第一、探討現階段資本主義的特色；第二、在號稱自由民主的資本主義社會中，國家怎樣淪落爲資產階級的工具、或其利益的保護人；第三、階級關係的變動；中產階級和小資產階級的定位；少數民族、學生、婦女是否已取代工人成爲無產階級革命的後備軍？第四、檢討社會主義國家生產力低落的原因，官僚橫行、特權充斥、異化盛行的因由；第五、發展中國家社會的特質，現代化或西化所遭受的問題；第六、檢討人類成長的極限，研究人與環境的互動（註14）。

　　要之，西馬和新馬集中在批判當今資本主義的生產與勞動、資本主義體系、文化霸權與政治宰制、全球化與經濟危機，以及社會主義（特別是民主的社會主義）諸問題（註15）。

（二）經濟學

　　在經濟學的領域中，一九六〇至一九八〇年代是自由派經濟學家意識形態危機深重的時代。作爲學院中的經濟學，在危疑震撼中反而抬高奧地利學派與芝加哥學派的聲望，但同時也復活了馬克思與韋布連（Thorstein B.Veblen 1859-1929）這兩個極富批判精神的理論

傳統。關於新馬克思主義者（激進的經濟學家）近年的批判活動是指向下列幾項問題：

第一、把一向被主流派經濟學家排斥的勞動價值論加以恢復與發展。原來馬克思在分析資本主義的社會結構與利潤起源時，便借助於勞動價值與剩餘價值的解釋。但這種解說一向爲主流派學者所輕視。即使受馬克思學說影響深遠的新古典派大師史拉發也不是依靠馬克思，而是依靠李嘉圖（David Ricardo 1772-1823）有關勞動價值論，來證實資本主義裡頭的確有所謂的「價值」底存在。可是史拉發並不探討由價值轉爲價格的「轉形問題」（transformation problem），因此，未能發揮馬克思的價值說。

這種情形直到一九七〇年代初期，才被梅迪歐（Alfredo Medio 1938-）矯正過來，他說：「馬克思的剩餘價值論是對新古典學派，有關資本家贏利的起源和性質所作的說明。這種說明無異爲新古典派以外重大與唯一有效的替代學說」（註16）。

第二、暴露後期資本主義制度下勞動過程的枯燥乏味與愚蠢化。馬克思認爲工業化爲人類帶來的不僅是階級的對峙、資本的累積、無產階級的災難，更重要的是分工細膩化與專業化，把一個完人化成零碎的機件，勞心與勞力的分開，最終使工廠中的藍領工人淪爲非人，這就是他早期倡說的勞動異化論。

在一九六〇年代末與一九七〇年代初，布雷維曼（Harry Braverman 1920-1976）全力考察勞動過程。結果他發現在辦公室中從事「勞心」的白領僱員，其工作的性質大多是瑣屑、單調、缺乏創意。這與藍領工人的勞動程序之乏味如出一轍。反之，其較有啓發性、創新性、挑戰性、前瞻性的工作——構想、策劃、考核等職務，卻掌握在人數極少、權力與薪水極高的經理人員手中。他研究的結論是：「隨著經理人員轉入行政職務的過程，勞力的現象遂由工廠擴展到辦公室，而變成廣大僱員任職的特徵」（註17）。由

此，可知資本主義愈發達，勞動者（勞心與勞力）愈受貶損。

　　第三、探討現代資本主義社會的本質。資本家對人性無法摧毀的一部分極具戒心。他們的企圖在於造成沒有主見、聽話、服從、類似自動機那類的工人。況且現代人與人的鬥爭方式常由群體的階級鬥爭轉向個人與個人之間的單打獨鬥。鬥爭或衝突的場所，也由工廠和辦公室移向家庭、學較、官署、社會等方面。

　　在家庭中由於性別與傳統的歧視，導致女性的挫折困辱。女性這一心靈上的挫折壓抑使她們塑造了家庭其他成員卑順白守性格。而卑順的性格正符合資本家的需求。不僅是家庭，就是學校、大眾傳播媒介也塑造不知反抗的順民。要之，發達的資本主義社會，一方面表現在公司行號等個別法人之重視計畫與理性，他方面則又表現在整個經濟之雜亂無章，這是導源於市場毫無節制與缺乏理性之緣故。

　　第四、考察獨占資本主義的內在矛盾。資本主義的階級結構是建立在生產資料獨占之上。可是獨占導致分配不均，不均則造成社會的動盪。凱因斯（John Maynard Keynes 1883-1946）及其後人相信國家的干預可以減低動盪不安。但隨一九六〇年代左派的崛起，凱因斯主義受到詰難。巴藍（Paul Baran 1926-）與史維齊（Paul Sweezy 1910-2004）出版了《獨占的資本》（1966）一書，其主旨為：在資本主義的體制下，「經濟的剩餘」（指一個社會在一定時期中的總生產及其成本之間的差異而言）有漸趨增加之勢。由於收入高度不均，使公司行號難以找到充分的總合需求，結果剩餘無法消化。於是他們說：

　　　　一個無法避免的結論是獨占的資本主義是一個自相矛盾的
　　　　體系。它一再生產愈來愈大的剩餘，卻無法提供吸收這些
　　　　剩餘消費與投資的孔道，因而阻塞了體系平滑的運作。由

於停止生產那些無法消化的剩餘，因之，獨占資本的經濟
常態是不景氣……這表示可資利用的人力與物力經常廢而
不用……如果沒有抗拒的辦法……則獨占資本主義將沈入
經常性的大蕭條而不克自拔。（註18）

　　抗拒的辦法計有公司的推銷努力和政府的大力開銷，包括浪費
公帑於軍備競爭和對外干預（武力外侵與帝國主義）之上。發展中國
家對抗資本主義擴張政策的辦法，就是推動民族解放戰爭與驅逐跨
國公司，來縮小「自由世界」的版圖。受到巴、史兩位影響的有馬
道夫（Harry Magdoff 1913-2006）所撰《帝國主義的時代：美國外交
政策的經濟學》（1969）及刊載在《激進政治經濟評論》（*Review of
Radical political Economy*）上有關帝國主義的經濟分析之文章。

（三）政治學

　　如前所述，奧地利馬克思主義者曾致力於國家學說的研究，因
此可以目爲國家社會學（*Staatssoziologie*）之先驅，也可以說是自列
寧以來，對國家進行系統性的理論闡述。

　　葛蘭西主張階級鬥爭中政治面向與意識面向的重要性，因此反
對經濟決定論。他認爲俄國的革命是「攻城之戰」，先奪取沙皇的
政權，才落實社會的建設、收攬民心。反之，西歐社會的革命是長
期性「攻心之戰」，宜由知識分子藉教育、文化、宣傳來贏取市民
的歸心，由改變其意識形態來達到更換政權的目的（註19）。

　　自一九六〇年代中期之後，左派人士進行一系列有關「資本
主義國家」性質與運作的激辯。其討論的重心爲：從封建制度邁向
資本主義過渡期間國家所扮演的角色；也涉及先進工業國家中國家
牽涉到社會與經濟事務糾葛的程度；以及在寰球資本主義經濟體系
下，無法獨立自主依賴性的國家之性質與角色等等。

　　總之，新馬克思主義者也辯論資本主義的國家所擁有的社會兼經濟功能之外，尚有無其他的角色可資扮演？有人視這類的國家爲階級統治的工具；有人視它爲生產關係或經濟累積的客觀保證人；另外有人則視資本主義的國家爲政治性階級鬥爭的戰場。

　　對資本主義國家首先加以系統性研究的爲英國人米立班（Ralph Miliband 1924-1994）。他的兩本著作：《資本主義社會中的國家》（1969）與《階級權力和國家權力》（1983），在闡述資本主義的國家成爲資產階級的工具，因此可以說是「工具論」的代表。與此觀點相異，而又對立的則爲希臘裔法國人的朴蘭查（Nicos Poulantzas 1936-1979）的「結構論」。這是藉資本主義國家的結構來分析其特質。朴氏於一九七三年出版了《政治權力和社會階級》一書，也是一部極具創意的馬克思派政治社會學之鉅作。

　　哈佛大學的政治學者史蔻珀（Theda Skocpol 1947-）則認爲新馬克思主義的國家學說計有三派：法人自由主義說、政治功能說、階級鬥爭說。米立班的工具論就是法人自由主義說的代表；透過他在美國的擁護者（J. Weinstein; W. Domhoff; R. Radosh; J. O'Connor），把國家工具論推展爲有遠見而開明的資本家利用國家角色的擴大，來解決資本主義的危機。朴蘭查認爲資本家沒有直接搞政治、操縱國家機器的必要。在資本主義制度下，國家的功能在於保持和增進資本主義式的經濟活動之條件，因此他成爲政治功能說的代表。布洛克（Fred Block）認爲資本家追求的是短期的利潤，因之沒有直接去控制國家機器。反之，透過分工合作的方式讓國家經理、代議士與行政人員去進行管理政治的工作。國家經理執政時，絕不會對抗資本家的利益，反而使用國家去解決經濟矛盾，並把工人階級統合起來（註20）。

　　要之，新馬克思主義者對國家研究的課題爲：第一、何以自稱主權在民的資本主義民主國家居然偏袒資產階級的利益？第二、由

於官員數量的激增、行政業務的擴大、國家干預範圍的增大，造成國家權力的膨脹。在此情形下國家是否獨立於資產階級控制之外，而享有高度的自主，還是朴蘭查所說的「相對的自主性」；第三、以國際政治的眼光來衡量，發展中國家一向受制於資本主義、或工業化進步的社會主義等之國家，是以有依賴論的提出。華勒斯坦則倡說資本主義世界體系論來整合依賴論。華氏提出「中心」與「邊陲」的概念，來說明國與國之間不平等交易（unequal exchange）的關係。資本主義國家藉眾多主權國所形成的國際體系來維持資本主義繼續運作（註21）。由是低度發展國家是否應切斷它們與核心國家之間的依賴關係才有繼續發展的可能？還是只調整它們在體系中的地位？

（四）人類學

一九六〇年代以前，在人類學領域最有創見的理論家多為英、美學人。但自一九六〇年之後，法國人類學家如列維·史陀、葛德利爾（Maurice Godelier 1934-）、梅拉索（Claude Meillassoux 1925-2005）、戴雷（Emmanuel Terray 1935-）聲譽雀噪，成為該門學科的前衛。

列維·史陀的結構人類學提供了有關人們概念活動的理解，因而對人類心靈的研究有所貢獻。其人類學基本上為認知的人類學，目的在藉語文來分析自然與文化的關係。其著作牽涉三個領域：親屬理論、神話解析、原始分類的本質。這三個領域由社會交易而連繫起來。所謂社會交易包括婦女、語言和商品的交易。結構主義者的分析係應用到上述社會現象之上，把社會現象背後的模式、規律、典型孤立起來研究，竟發現這類結構充分反映了人腦生理上與精神結構的特徵。這類特徵並非某一個人、某一群體所獨有，而是放諸四海而皆準、俟諸百世而不惑的人類之共同特徵。換句話說，

結構主義的研究法，是以「系統」爲考察的對象，研究一組事實之間的關連，因之，它的基本概念爲總體、自我調整與轉換。誠如葛德利爾所言，對列維・史陀與對馬克思而言，「結構並非肉眼直接見得到或觀察得到的實在，卻是實在的層次，其存在超越於人們可見的關係之外，但這些結構的作用卻構成社會體系深層的邏輯」。

　　列維・史陀把馬克思主義、地質學、和心理分析三者視爲以相同的步調在一個不同的實在層次上邁進。據此人類學乃在社會科學的馬克思主義和心理分析與自然科學的地質學之間，獨自占有自己的領域（註22）。

　　葛德利爾在《馬克思主義人類學的觀點》（1977）一書中，分辨功能論、結構論與馬克思派不同的研究方法。他把馬克思主義當做結構主義的特殊形式來看待，係受兩個原則的指引：第一、社會科學的出發點不是表象，而是結構的內在邏輯，它存在於可資辨識的人際關係之外。第二、馬克思主義並不詳細考察結構因果性之間的網路，除非首先估量各種不同的結構對社會形構的功能所可能產生的作用；重要的，必須嚴格考慮：馬克思生產方式作爲「最後分析」的決定性因素這一基本假設（註23）。近年來法國人類學界把注意力從結構主義轉向經濟人類學，其研究成績也不容小覷。

　　綜上所述，在當代社會科學中處處都可以發現馬克思的幽靈浮現。固然馬克思及其信從人士無法全盤掌握社會實在，對社會現象的解釋也不免沾染其強烈的意識形態——歷史唯物論，但比起資產階級社會科學的囿於經驗、限於事實、單向度而缺乏歷史卓識來，的確大有借鑑之處。在這一意義下，新馬克思主義與西方社會科學的辯證互動，不僅有助於吾人對社會與歷史的理解，同時也有助於公平合理的社會之建立。

　　除了與當代社會科學有所互動之外，新馬克思主義和現代哲學思潮也產生了辯證上的交往。其中以丁帕納羅（Sebastino Timpanaro

1923-2000）的新唯物論和哈伯瑪斯的唯物論重新建構較引起思想界的矚目（註24）。

　　總之，馬克思主義，不論是原始，或是當代（西馬、新馬、後馬），對社會科學，尤其是政治、政經與社會之影響至深且大，其貢獻包括指出資本主義至今爲止仍含有重大且不易克服的矛盾；其次資本主義的本質以及其維持，全靠壓榨與剝削，這種本質迄未改變；無論是國內，或是國際方面，社會、政經、資源、利益、文化等方面之不平等都是有目共睹之事實。因此，馬克思主義對資本主義之抨擊成爲當代社會討論的議題（註25）。

註　釋

註1　Marsh, David, "Marxism," in Marsh, David and Gerry Stoker (eds.), 2002, *Theory and Methods in Political Sciences*, Moundmills and New York: Palgrave Macmillan, 2nd ed., pp.153-159.

註2　Marx, Karl and Friedrick Engels, 1969, *Selected Works*, Moscow: Progress Publishers, vol.1, p.15.

註3　洪鎌德，2006，《當代政治社會學》，臺北：五南，第59-60頁。

註4　Löwith, Karl, 1982, *Max Weber and Karl Marx*, London: Allen and Underwin, p.12.

註5　洪鎌德，1998，《從韋伯看馬克思：現代兩大思想家的對壘》，臺北：揚智，第91-122頁。

註6　洪鎌德，2004，《西方馬克思主義》，臺北：揚智，第一章。

註7　Lukács, Georg, 1971, *History and Class*, Cambridge MA: The MIT Press, pp.27-28.

註8　洪鎌德，1987，〈盧卡奇論正統馬克思主義〉，《思與言》XXIV, 6，第663-679頁。

註9　Korsch, Karl, 1970, *Marxism and Philosophy*, London and New York: Monthly Review Press, p.57; 洪鎌德，2004，《西方馬克思主義》，第148-152頁。

註10　Gramsci, Antonio, 1971, *Selection from the Prison Notebook*, London: Lawrence and Wishart, p.462.

註11　Jay, Martin, 1984, *Marxism and Totality: The Adventure of a Concept from Lukács to Habermas*, Berkeley: University of California Press.

註12　Walleistein, Immanuel, 1986, "Marxism as Utopias: Evoling Ideologies," *American Journal of Sociology*, XCI, 6, pp.1295-1308.

註13　洪鎌德，2004，前揭書，第260-271頁。

註14　Bottomore, Tom, (ed.), 1991, A Dictionary of Marxist Thought, Oxford: Blackwell, pp.

註15　Brone, Charles A., 2004, *Radical Political Economy: A Concise Introduction*, Armonk, NY and London: M. E. Sharpe, pp.46-161.

註16　Medio, Alfredo, 1972, "Profit and Surplus-Value: Appearance and Reality in Capitalist Production," in E. K. Hunt and Jesse G. Schwartz (eds.), *A Critique of Economic Theory*, Boltimore Penguin, pp.312-346.

註17　Braverman, Harry, 1974, *Law and Monopoly Capital: The Degrading of Work in the Twentieth Century*, New York: Monthly Review Press, p.316.

註18　Baran, Paul A. and Paul M. Sweezy, 1966, *Monopoly Capital*, New York: Monthly Review Press, p.108.

註19　洪鎌德，2004，《西方馬克思主義》，臺北：揚智，第202-203頁。

註20　Skocpol, 1980: 155-201; 1985: 3-43.

註21　柯志明，1986，〈資本主義世界體系與社會主義：伊曼紐·華勒斯坦訪問錄〉，《當代》，4：98-120。

註22　陳其南，1987，〈結構化的馬克思：最近人類學理論的發展〉，《當代》，19：38-48。

註23　Godelier, Maurice 1977 *Perspectives in Marxist Anthropology*, New York: Cambridge University Press; 洪鎌德，1995，前揭書，第148-149頁。

註24　新馬克思主義與當代哲學思潮的辯證互動，請參考洪鎌德，1994: 21-27.

註25　Marsh, *ibid.*, p.171.

第六章
社會行為與經濟行為

（一）社會行為

（一）社會行為的定義

　　德國社會學家瑪克士・韋伯（Max Weber 1864-1920）曾經給社會學一個簡短的定義。他說：「社會學（一個常被使用而含有多種意義的字眼）該是一門科學。它企圖瞭解社會行為（*soziales Handeln*），並對社會行為的過程和效果，做因果性的解釋」（註1）。由此可知，韋伯及其學說影響深遠的德國社會學界，對「社會行為」重視之一斑。德國社會學家一向將社會行為當作普通社會學的基本概念和中心議題來討論（註2）。

　　什麼是社會行為呢？韋伯首先解釋，行為是人們的思言云行，包括內在與外在的行為舉止、忍受等等，含有行為人主觀意義或行為人賦予主觀意思的作為或舉止。其次韋伯認為社會行為乃是兩人以上根據行為人的意思與其他人底行為相交接，並且在行為的過程中，一直以別人的行為，做為自己行為的取向之謂（註3）。我們也可以說社會行為是相互的，超個人的，視所處情境的不同，因應這種情境的價值與規範而採取的行動。社會行為必須有所本、有所根據、有所取向，它可能是取向於別人的、過去的、現在的、乃至未來的行為（例如對過去別人攻訐的報復，或是對現在的攻訐的抵抗，或是對別人未來可能加諸我們的攻訐底預防等等）（註4）。「別人」包括個人或群體，包括熟人或陌生人。並不是所有的人的行為或行動，都是社會行為或社會行動。像宗教活動中，個人的沈思、祈禱、或與神明交通，不牽涉到任何別人，便不是社會行為。又如兩個騎腳踏車的人，無意間碰撞的行為，也不算是社會行為。（不過，在碰撞前，彼此所做閃避躲開的行為，以及碰撞後，所引起的詬罵毆打或和平解決，卻是屬於社會行為）。

　　多數人相似的行為不一定是社會行為。例如街上的行人看見下雨了，因而同時撐開雨傘以防打濕，這不是社會行為。又如群眾集會於某地，因受集體心理激動或影響，而反應出來的狂呼、激怒、如醉如痴或驚慌失措等等，也不被當作社會行為來看待。因此凡是個人獨處不會發生，由於群眾同處因而引發的激情，也不算是社會行為。因為它雖然受到別人的行為所影響，但缺乏一種有意識牽連的主觀意義，所以不是韋伯所界定嚴格定義下的社會行為。不過，韋伯也承認，這類的例子有時也不甚恰當。例如群眾集會，聽煽動家的演說，因而如醉如痴，或同仇敵愾，這表示群眾與演說者之間，仍有某種程度意義上的關連。演說者鼓其如簧之舌，企圖煽動聽眾的情緒。聽眾的激動，便與演說的內容、技巧有關，也表示聽眾對演說者賦予認同、贊同、擁護的意思（註5）。再者，無意識的反射性的模仿行為，也不是他所稱嚴格意義下的社會行為。主要原因，是這類行為所取決於他人行為的導向不清楚、不確定，而且這類行為也缺乏行為者本身的意識之緣故。

　　總之，社會行為實在是一種建立在期待的體系上，發展出來的多種多樣的活動。這種活動對行動者而言，是具有特定意義的。因此，我們可以說，社會行為是二人以上，彼此間相互對對方的行為有所期待（*Erwartung*），而含有影響對方的意圖底行為。

（二）社會行為的類型與表現

　　根據行為的動機（*Motiv*），韋伯進一步把社會行為分成幾種不同的類型：1.目的合理的（*zweckrational*）行為；2.價值合理的（*wertrational*）行為；3.情感的（*affektuell*）或特別是情緒的行為；4.傳統的行為（註6）。

　　1.目的合理的行為

　　就是指估量得失，權衡利害，根據目的手段和附帶效果，以

決定行為的取向。換句話說，就是衡量手段與目的，目的與附帶效果，目的與目的之間的得失，俾理性又謹慎地選取最有利的手段來達到目的，而減少不利的影響。這種社會行為既非感情用事，又不是墨守成規，以舊瓶來裝新酒，而是經過理性的考慮，做合理而又慎重的選擇，及明智的決定。它是在考慮到外間事物的情勢之後，度德量力的行為。

2.價值合理的行為

只因行為者心中有個信念，有所懷抱。例如信持宗教上、倫理上、美學上的價值——真、善、美——而不顧行為所產生的結果，一味去做。純粹的價值合理底行為，乃是不計較行為的得失，只以個人的堅信與確認，而去實踐義務、尊嚴、優美、教諭、虔誠等等價值，亦即行為者根據自己所信持的規範、命令、或自我約束、自我要求，以行事之謂。

3.情感的或情緒的行為

乃是透過當前實際的感情，而表露的行為。常常這種行為是受到日常的刺激，而直接反射出來的。有時情感雖然會有收斂或昇華，但仍舊會因為觸景生情或情不自禁地發洩出來。情緒的行為與價值合理的行為有所分別的地方，只在前者不如後者有計畫性、有貫徹性的取向。否則兩者都相同，亦即不顧及行為之外的結果，而僅在行為中求取發洩、求取滿足。情感用事的行為常是當下即足的行為，亦即凡是追求馬上報復、馬上享樂、馬上犧牲、馬上賞心悅目、立即成聖、立即成佛，或感情上的發洩等等，凡求取片刻滿足的行為皆屬之。

4.傳統的行為

不假動心忍性，不藉轉情換意，就能機械性地舉止的習慣行為。這種行為雖有所本，有所取向，不過其根據、其取向是否具有行為者主觀意思，頗值懷疑。因為這種行為，常是人們對於業已成

為慣常的刺激所做的定型反應，也就是我們所謂的習而不察、安於故常的行為。

以上是有關社會行為動機上的分別，我們幾乎都以韋伯的意見為主，偶然也加上一點闡述。

至於社會行為表現方面的分別，我們也可以指出幾種：1.競爭（*Konkurrenz*）；2.中立（*Neutralität*）；3.附從（*Solidarität*）（註7）。

1.競爭

競爭是以貫徹自己的意圖和志趣，而與對手立於衝突或緊張的地位，並以排斥對方，來達成自己的意願底社會行為。競爭的產生乃是由於可供人類滿足慾望的生活資材、名譽、地位、權勢有限，因而為了獲取它、保持它、擴大它而造成人人的利益狀況（*Interessenlagen*）不但有異，而且相互對立。不單是物質資材有限，就是領導地位、社會特權及隸屬統治階級的身分，也有數量上的限制。此類非物質性可欲之物的獲得、保持或擴大，常是以犧牲多數，來成全少數的。造成競爭的背景，乃是由於人們的社會地位的取得或藉繼承，或依年資，或靠能力，或憑關係，不一而足。人人在競爭的情勢下，力圖適應情境（環境），俾獲取最大的利益。無形中競爭的繁劇，使參與者的適應能力、靈活程度與技巧智慧，也為之抬高。因此，我們常常聽到有人說：競爭是進步的動力。可是直接的競爭常引發人們敵對的意識和態度，而使參與者的想法、觀感，彼此歧異，終至形成對立或敵視。因此，如果一個團體中的份子間競爭頻仍、繁劇，會導致團體的分崩離析。從球場的競賽，到商場的奪利，直至議壇的爭權為止，我們看見社會上各式各樣競爭的存在。競爭關係有賴某些規範或某些辦法來進行，像球賽中的規則，生意場上的規矩，政黨競選中的法規，都有明文或習俗的規定，為參與競爭者所熟知遵守。至於競爭發展為追求生存或重大利

益的衝突,而形成生死的鬥爭,乃為競爭諸類型中的極致。

2.中立

中立是指不介入任何紛爭的雙方,既不偏袒一方,也不敵視他方的社會行為,它對當下發生的爭執認為與自己無關,而採取不偏不倚、不感興趣的消極態度。我們也可以說,中立是在涉及政治的、經濟的、宗教的、倫理的價值爭執下,選擇一項中庸之道,而排除極端的態度,可以說是置身於爭執局外,明哲保身的作法。至於行為者如能洞燭機先,瞭解全盤情勢,因而可能採取別種態度,則非所問;重要的是,在此次爭執中,僅採取旁觀的態度,便符合上述中立的本意。至於中立的典型例子,像兩國發生戰爭時,第三國採取不偏不倚的中立政策;或夫婦爭吵時,友人在場不便置喙;或法官斷案,於排解糾紛之外,中立不阿,都是中立行為的淺例。

3.附從

附從,也可以說是團結一致,是指把別人的意圖和志趣當作自己的看待,因而與別人認同的社會行為。我們也可以說這是個體自認對某一群體的隸屬底感受,是個人自認隸屬於某一團體的意識。像古時整個村莊的人民共同從事打虎捉賊,或救火賑災的行為,不但鄰居卹貧撫孤絕不後於人,還常常有無相通、甘苦與共。又如現代的保險事業,可以說是這種附從團結行為的合理化、社會化和商業化。附從的行為大部分自困厄中產生,例如在天災人禍之後,自動自發的湧現。這大概是孟子所謂,人皆有不忍人之心與怵惕惻隱之心的緣故。正因人同此心、心同此理,共同匯聚醞釀而成此互助團結的行為。不過,這種因一時的困厄所衍生的同情心而形成的團結,如不是行為者都有共通利益的話,也難以持久。此外,共同利益也有導致行為者競相獵致,各自為政,而造成分裂或攜貳的可能。要之,一個群體(團體)所能表現的團結一致的程度,常常是該群體內在凝聚結合力大小的衡量。一個群體中份子之間,不僅有

團結，也有競爭存在。競爭與團結便經常在交互中出現，並且交織成社會體系的整個網絡；在這個社會體系中，每個人皆有其不同的群體利益和不同的利益狀況底存在。

（三）社會行為的模式化

由上述我們可知，當作社會行為者的個人，在其身心上聚合了一大堆相互關連的行為體系。每個人大部分的行動，都可以說是建立在對別人底期待與交互行動（*Interaktion*）之上。於是這些彼此間相互牽連的行動，便具有典型與持久的意味，而成為人格的產品。原來人格是個人的各種習慣、態度、觀念、價值、情緒，而使個人在團體中的行為前後一致的特殊組織、特殊機制。個人求生而牽涉到他人的活動，便是社會行為。由是每人的社會行為也隨他的人格結構不同而相異。

法國社會學家涂爾幹（Émile Durkheim 1858-1917），便認為社會行為所牽涉的「社會」二字，含有下列的幾層意思（註8）：

1.**超越個人的**：貫穿個人，存在於個人之外的。

2.**具有拘束力的**：某一種行為的產生是被強制性規定如此的，是受到「社會強制」（*la contrainte sociale*）的。

3.**具有賞罰作用的**：凡符合規範之要求的行為得到贊可，否則被懲罰。

社會行為既是含有特定的意義，超個人的，而且隨著情境而適應或取向的行為，那麼我們可以說這種行為定向或取向的累積，便形成社會行為者特殊的「態度」。從這種特殊態度產生出來的行為，便稱為行為樣式（*Handlungsform*），或行為範式（*Handlungsschema*）（註9）。由於人人具有這種行為樣式或範式，於是人與人之間的關係和交互活動乃成為可能。交互活動（互動）包含社會行為的整個幅面，也構成每個時間範疇下行動的接觸。在

社會行為中所表露的態度或立場，以及行為樣式或範式，是值得詳予考究的。社會學之所以能夠成為經驗性的科學，不是因為它可以描述和解釋芸芸眾生的一舉一動，而是它可以捕捉超個人的互動所呈現的規則性，亦即在人類共同生活中，指明某些固定的、超個人特質之上、普遍可察知之事物。那麼這些普遍可知之物無他，乃是上述「社會的」樣式（模式、範式）等等。

因此行為樣式或行為範式的功用計有下列數種（註10）：

1.規定人們的行為；

2.使人們的行為牽涉到價值而具有意義；

3.使人們無須處處靠自己的新發明、新發現以從事任何個別的行為；以及

4.使人們有意義、有意圖的行為受到社群或團體的獎賞或處罰（酬報）。

社會的行為範式（樣式）必定是多數人所共通而藉反覆出現以取得社會的重要性。要之，社會樣式具有社會價值、社會壓力和社會流通等三種特性（註11）。

（四）社會規範

對於一個社會群體而言，其特質乃為交互活動的頻繁。至於這類交互活動能夠持久，能夠綿延，乃是因為它以社會規範作為取向的緣故。規範（Norm）乃是公認而習得的行為準據，也是多數人公認遵守的行為模式或行為範式。不但禮法是規範，就是倫教也是規範。規範常是持續較久的群體，代代相傳下來的行為指標。任何社會規範的體系，其主要的任務在於把相似的利益，也就是把競爭變成附從，變成團結一致。於是群體的份子，便由於規範的賞罰作用——對符合規範的行為，予以讚賞、予以認可；對違反規範的行為予以排斥，予以懲罰——而意識到它的存在，並接受它的約束。

從而我們也可以說行為規範含有強制性，它是對個人行為底外加壓力，如個人能夠藉長期教育的潛移默化，把這類規範融會貫通，吸入內心，那麼他對這類規範還不致有扞格不入的感受，此時他的舉止是合乎規矩（「不踰矩」）。否則他必會體會到這類規範的強制性、壓迫性和種種不便（註12）。

在諸種社會規範中，形式最簡單的一種，就是流行或時髦（Mode）。流行是藉著模仿，表面上學得別人的舉止，而成為一種的時尚。比流行更進一步，而稍具拘束力的行為規範是社會習慣。社會習慣是個人自生活環境中學得，而為同處共居的人們所認可的行為，這種規範並非絕對遵守不可，例如出入門口時，讓同行女性先走一步；或與長者相遇時，所表現的謙恭有禮。比社會習慣更具拘束性的規範，則為習俗。這是一種受地域或時間約制的風俗習慣。是某集團（家族、同族、鄰里、村落、社團）傳統上業已淨化了的義務，俾能共同遵守的行為模式。這是大部分人應該遵守的，一旦有所違離，則會受到嘲笑、冷諷或指責等懲罰。拘束力最大的行為規範則為公序良俗（Sitten）。這是法律的規定、宗教的規範或倫理的要求，俾所屬團體的成員遵行無失。是必須遵守，而非應該遵守，更不是單單可以遵守的命令（註13）。

社會規範不但每個時代、每個地方、每個社會不同，而且同一社會，也因為階層的分別，而有不同的社會規範。要之，社會規範是隨時代、社會、文化背景及社會階層而變化的。社會規範有形之於明文的規定（像法條、教規、道德的訓諭等），也有蘊涵而無明文的要求。後者對實際的社會生活影響更為深遠。社會中的很多群體，像同儕、同僚、家庭、政黨，其活動所遵循的規範，多數是沒有明文的習慣與約束。

（五）小結

　　總之，社會行為是人類求生活動之牽涉到他人而具有行為者意圖的行為，是二人以上具有意識和賦予意思，而受特定環境的社會規範和行為模式所導引的行為。在形式上，社會行為者動機之不同，可分為目的合理性的、價值合理性的、情感的和傳統的四種類型。在表現上社會行為則形成競爭、中立或附從。社會行為有所依據、有所取向，這種依據與取向便會形成行為樣式。多數人共通且公認的行為模式便是規範。規範依其拘束力的大小，分成流行，風尚、社會習慣、習俗、公序良俗、倫理道德、法律等數種。有了社會規範的存在，社會方能維繫不墜而不致迅速解體。

二 經濟行為

（一）經濟行為與經濟社會學

　　經濟現象，乃是變動不羈的社會現象之一。它不是靜止不變的狀態，而是川流不息的過程。經濟過程的起步和終點，都離不開人們的行動，這個行動是靠社會規範來指引，而與每個環境相牽連的。我們也可以這麼說：經濟行為是社會行為的一種，是社會關系的一環，社會的其他活動，能夠展開，應歸功於經濟或民生問題獲得解決。既然經濟活動所造成的經濟事實，對社會的建構與形成，具有如此重大的關係，因此，撇開經濟因素的考究，是無法瞭解全盤的社會情況。同樣地，我們也無法不考慮與此經濟現象息息相關的社會局面，而可以分析整個經濟的現象。特別是現代的社會乃是建立在分工精細、市場複雜、貨幣和金融廣泛被應用、科技與資訊

大量流通、風險與叵測變化無常的經濟體系。爲了瞭解經濟與社會的關係，遂有經濟社會學（economic sociology）的產生（註14）。經濟社會學一項重大的任務，在於研究人們在社會中經濟活動的行爲結構。普通要分析人類的經濟行爲，我們可以遵循兩條路徑。一方面嘗試藉由演繹而虛擬的方法，來推論經濟活動的理念類型（*Idealtypus*）來；他方面則以歸納而寫實的方法來描述經濟行爲的實狀。這兩派學說的爭論不休，對經濟行爲的社會學分析，有很大的影響（註15）。

（二）「經濟人」及其批判

古典學派的經濟學者對經濟行爲的特徵，有時也會言之有物、鞭辟入裡。例如重商學派的李維奕（Mercier de la Riviére 1720-1793）就曾經指出：「個人的利益不斷而急迫地驅使每個人，去改善其待售的物品，並使此類物品的數量增加。由於物品的質量俱增，乃使每人藉交換而獲得的享受，也隨之增加」（註16）。由此可知，早期的學者已能夠看出，交易行爲的社會影響，並且看出個人追求本身的利益──贏利──是經濟活動的動機。

亞丹·斯密（Adam Smith 1723-1790）更讚美所謂的「聰明的」經濟活動者。他說「聰明的人在抑制當前的舒適和快樂，暫時忍受辛勞和節儉之苦，以成就來日更大與經久的舒適和快樂，這是贏得旁觀者十分讚美的。聰明的人有此企圖，有所作爲，則非如此茹苦含辛不可，他之所以肯作這樣的犧牲，顯然是經過深思熟慮之後，明智的舉措，而不是一時輕率的決定」（註17）。

亞丹·斯密的這段說法，明白的表示他想要爲普通人的正常行爲做個分類的典型。認爲任何人只要懂得使用理性，就會必然地這樣去理智行事。於是，作爲古典學派之理論基礎的「經濟人」（*homo oeconomicus*）乃脫穎而出。所謂的「經濟人」，乃是指遵循

經濟的理性，而在處理其資產財貨之際，比較不受其他（宗教、道德、政治等）因素束縛的人。這是自由主義盛行的時代，經濟學家的口頭禪。後來曼徹斯特的自由主義勃興，乃將經濟理性，改易爲經濟利益。李嘉圖遂提出「自利」爲一切經濟活動的中心底看法。

　　於是經濟人便成爲追求本身利益的極大化，並且擁有自求多福之權利的人。及至自由放任（laissez-faire）政策的經濟原則施行，乃確認個人能夠藉其理性，以競爭的方式來追求本身的利益。蓋每個人都知道自己利益的所在，而會作最有利於自己的打算。再說，每個人如能獲得最大的利益，這樣綜合起來，就無異整個社會都得到最大的利益。原來當時學者的看法是認爲：人與人之間的利益並不是互相衝突、互相排斥，而是彼此協調、彼此融通的。這種自由主義的思想，推到極致，便會造成種種流弊。特別是這種自由放任、各行其是的經濟政策或社會政策，如任其蔓延滋長，會導致失業或階級鬥爭的惡果，並形成嚴重的社會與經濟危機。馬歇爾（Alfred Marshall 1842-1924）遂指出：這種「經濟人」只是便利經濟科學的研究，而遠離道德與倫理的控制，是一個道地自私自利的人。實際上的人，則必須顧慮其家庭的幸福、鄰里的和睦、社會的共榮、國家的富強，從而其經濟行爲，不單含蘊利己的初衷，也包括了利他的動機（註18）。

　　瑞士的歷史學家兼經濟學者席士蒙地（Simonde de Sismondi 1773-1842）也認爲人們的經濟行爲中參雜很多非理性的成分。特別是每個人從事經濟活動的動機有異，而形式也不同。事實上，「經濟人」只是早期工業化過程中，英國企業家的榜樣，它反映了當時資產階級的形像，也是該時代與該環境的產品（註19）。總之，繼古典政治經濟學家之後出現的新古典經濟理論，幾乎把這種講求信用、具有紳士風度、有基本榮譽感的人，當成經濟人的典型，也就是維多利亞時代英國典型的紳士之寫照（註20）。

　　後來國民經濟當中的歷史學派也曾經批評「經濟人」這個概念。認爲它不符合現實的要求。約翰・穆勒（John S. Mill 1806-1873）爲重新紮實這個搖搖欲墜的古典學說之根基，遂嘗試去解釋「經濟人」，把它當做一種學理上虛擬的結構，而歸根究底指出「經濟人」所依榜的形式原則無他，乃理性之謂。所謂理性的原則應包含下列四種先決條件（註21）：

　　1.數種彼此可以互相代替的行爲類別之存在；

　　2.每種行爲類別均能產生明確的結果；

　　3.經濟主體對行爲產生的結果擁有充分的情報或訊息（information）；

　　4.經濟主體擁有一套確定的偏好順序表（preference scale），好讓他依其所好能夠選擇他認爲適當的行爲類別。

　　接著，邊際效用學派，也以「經濟人」當做理論的先決條件。德國經濟學家郭森（Hermann Heinrich Gossen 1810-1858）就認爲人與人之間從事經濟來往，目的在滿足慾望。凡能夠滿足人們慾望的物品與勞務之力量，就是該物品的效用。物價不是取決於生產成本，而在於效用的大小。既然「經濟人」是一位動用理智思考的人，那麼他在尋找適當的邊際效用的活動時，便得運用「選擇的行徑」（*Wahlakt*）底理論（這一理論係由巴雷圖 Vilfredo Pareto 1848-1913 參酌艾吉沃斯 Francis Y. Edgeworth 1845-1926 與費雪 Irving Fisher 1867-1947 的無異曲線引申發展而成）。至此「經濟人」的理性可謂已發揮到淋漓盡致。不過，理智也好，理性原則也好，都是社會活動的主體（人）與其所處社會的價值制度發生關連的產物。任何經濟行爲是否合乎「理性」，主要受著整個社會制度及社群的看法所左右，也看該社會的行爲標準如何而定。所以理性也受到價值系統與社會變遷的影響。像我們今天認爲「交易」乃是合理的經濟行爲，可是早些時候，某些地區的人們，卻認爲「贈送」才符合理性的原

則（註22）。

　　既然理性受社會文化制約，而經濟主體又無法完全認清理性的存在，美國學人賽蒙（Herbert A. Simon 1916-2001）遂主張以「行政人」（administrative man）來代替「經濟人」（economic man），而視行政人爲有限知識（消息有限）與有限能力（估量有限）的有機體（organism），以從事接近理性的選擇。再說，個人或團體在下達決斷時，常是在一種組織的境況（organizational context）下進行的。因此學者不能捨棄公司行號、或廠商的內在結構、或其他的組織機構不顧，而逕採廣義理性原則，作爲經濟行爲立論的基礎（註23）。

　　總之，經濟學是假定人們在經濟活動中，無論是生產、交換、分配或消費都充滿理性，懂得怎樣待價而沽或精打細算，因而有「經濟人」這一理性原則的提出，這一理念乃是政治經濟學（political economy）興盛的時代，學者用以說明人們如何運用理智，俾能夠以有限的手段，來滿足無窮的慾望，並克服因資財的稀少所造成的困境。事實上，人們的經濟行爲中，不乏感情用事，或缺乏理智的例子。因此，經濟社會學正嘗試彌補經濟學之不足，企圖在人們的現實生活當中，尋出他們實際經濟行爲的模式，瞭解現實生活中，人們經濟行爲的結構。是以有關人們價值的種種情況，應予詳細研究。不但應該研究「經濟人」，也應該研究「習慣人」（homo habitualis）或「傳統人」（homo traditionalis）等等。進一步，由於經濟主體所處的文化背景與時代情況之不同，而指陳個別經濟行爲的歧異。

　　亞丹・斯密的經濟學說不但深刻地影響馬克思及其信徒的經濟理論，更影響到新古典學派的立論。前者（馬派）質疑經濟人及其理性的存在，不認爲個人是經濟活動的主體。反之，人之進行生產與交換完全受到生產方式（經濟結構、財產關係、科技水平等個人之外的外在因素）的制約（註24）。後者（新古典學派）則相信追求自

利和國家對契約遵守的確實保證，是經濟活動的基礎。

　　誠如金提士（Herbert Gintis 1939-）所說，新古典學派理論的「微基礎」（micro-foundation）並非無懈可擊。蓋新古典理論的微基礎建立在兩個假設之上，其一為個人對自利的追求；其二為國家會協助私人，使其訂立的契約隨時可以付諸執行，而不愁中途解約。

　　個人不只是追求自利的動物，有時也是犧牲本身的利益去成全他人的「仁人志士」。更何況，每人對自己利益之所在是否完全清楚理解，也大有疑問。其次，人們遵守契約、履行契約，常常也是基於交易習慣與各種習俗、法律規定而行，並非只相信國家或政府會全力維護契約的履行。是故新古典心目中的「經濟人」並非標新立異之新名詞、新定義，而僅為講求信用、具有誠信與榮譽的英國紳士之翻版而已（註25）。

（三）「經濟人」與方法論的個人主義

　　無論是新古典學派，或一九七〇年代以來的解析的馬克思主義（Analytical Marxism）都使用方法論的個人主義（methodological individualism）來設定經濟人的模型，從而去分析資本主義制度下的經濟現象。換言之，「經濟人」的模型同方法論的個人主義有密切的關連。

　　所謂方法論的個人主義是認為社會現象分析的出發點是個人，只有個人才是活生生的實在，是行動的主體，也是承擔行動的責任者。社會（或其他集體，像政黨、階級、國家等）雖是個人的累積和集合，卻沒有單獨的生命與存在，其活動不過是諸個人活動的累積而已。

　　方法論的個人主義把個人看成為類似物理學界的分子、原子、電子，只有他們在行動或互動。個人之外的家庭、社團、群體、階級、政黨、國家無非是個人的累積。是故在進行社會分析方面，只

有個人，而無集體的單位。原因是集體並無其眞實的存在，只有個人才會做出決定、抉擇和接受行動的後果，負起選擇的責任。

是故，分析任何行動者的社會行爲，必須由其目標、能力、處境、資源、困阨、阻礙作爲研究的出發點。由於個人是追求自利的，且會運用其理智去使其利益實現，因之，方法論個人主義者常常主張人是理性動物。在這種情形下，所有人類的行爲都可以化約爲個人運用理性達到最高自利的選擇途徑。「經濟人」的模型就完全符合這種方法論的個人主義。

與方法論的個人主義相反的爲方法論的集體主義（methodological collectivism）。後者主張人是社會動物，與蜜蜂、螞蟻、海狸一樣經營群居的生活。除了與其他社會動物一樣無法離群索居之外，人有異於蜜蜂、螞蟻、海狸之處，爲人類擁有理性、意識、言語等溝通工具。人在情緒、理智、經濟等生活方面不但相互依賴彼此扶持，還透過不斷的學習、營構文化。文化的出現，是使人類較之其他社會動物更爲優越、更爲超脫。文化是人脫離自然，成爲利用自然、控制自然的歷史兼社會的人造產品。這包括文字、器具、技藝、制度等之總和，也是人類社會行爲與社會關係的產品，透過人類的學習過程積累下來的、傳承下來的寶藏。

方法論的集體主義者批評方法論個人主義者只見樹而不見林，忘記任何的個人都出生、成長與消逝於特定的社會中。個人的動機、價值、能力、行動、行爲模式無一不是從社會學習而得、或取得。社會雖是集體現象，但透過其結構、功能、組織、制度，其存在是不容否認的。

社會結構的存在爲個人的學習提供條件，是故先於個人而存在，且超越個人而長存。是故方法論的集體主義認爲任何的社會分析，都應該由特定的社會關係之確定入手，從而解析何種的社會結構便利個人理性的產生。換言之，在何種既定的規範、價值、報酬

和制度範圍內，個人的理性得以產生與運用。這就是說個人的行為
受社會條件的制約，這種受社會條件制約的個人行為反過頭來創造
社會的制度及其結構。

　　前面提及人是文化的創造者，也是文化的享用者，乃至文化
的產品。每人有其姓名及其認同的標籤，就說明人有異於其他動物
或物理上的分子、原子、電子，每人有其象徵性的認同體。每個人
有其象徵的本身，人所追求、欲求的對象幾乎都具有社會性與象徵
性。由是可知，每人的活動、價值、慾求完全是建立在學習的象徵
事體之上，也是建立在社會上共享的象徵符號之上。因之，任何學
者無法在瞭解行動者對象徵的價值之追求下，奢言人的欲求與理
性。

　　在這種情形下，布朗（Norman O. Brown 1913-2002）提出所謂
「理性人」（rational man）的典範，究其實並非理性、也不合理
（見其所著 *Life Against Death: The Psychoanalytical Meaning of History*,
Middletown, CT: Weslyan University Press, 1959: 234-304）。以上為對濫
用方法論個人主義的方法之批評（註26）。

　　對杭特（Edward K. Hunt）強調人是文化的創造者，也是文化的
產品（被型塑者）一事而言，金提士雖表贊同，但卻認為這是涉及
人的濡化（acculturation 涵化）和社會化（socialization）的問題。不
過人並非盲目地接受其社會的所有象徵性價值，他並非盲目地被濡
化與社會化，而是有所選擇，亦即選擇那些有利於其生涯發展的文
化，而摒棄他認為無用的、或有害的文化（註27）。

（四）經濟行為的動機

　　我們知道，經濟行為是社會行為的一種。社會行為乃是二人以
上互動而具有行為者意圖的行為。這是行為者主觀態度與客觀環境
（情境）交互作用的產物。個人的社會行為，係建基於對別人行為

的期待預測之上。行為的期待，也就是對某人在某種情境下，應具有何種行為，應扮演何種角色的看法。所以社會行為也可以說是人們角色的遂行（*Rollenvollzug*）。經濟社會學主要地在分析經濟主體在各種情況下，所扮演的社會角色（註28）。

首先，應該探究的是，什麼社會因素影響了人們對利益的主觀態度，這便是研究人們經濟行為的動機（註29）。在經濟活動中，人們之所以扮演某種角色（像買者、賣者、或仲介者），乃是與他們的動機結構有關，動機結構產自經濟主體的個人特質與社會環境的相互作用，這種作用乃決定了經濟主體的想法和做法。動機結構雖然是心理的事實，但它不但在個人的態度上表露，尚且在社會的行為方式裡展現出來。個人的動機結構乃藉環境的影響，經由長期的社會化程序而塑成。特別是在個人動機結構中對目標的看法，乃是受其周遭環境的關連體系（*Soziale Bezugssysteme*）所控制，所引導的。

社會環境是一種社會的關連體系，它藉教育或其他的手段，灌注於經濟主體的心目中，而成為經濟主題吸收融化了的社會兼文化性的價值。社會環境也包括由於現時的社會接觸（像社會上的成群結黨，營群居生活），而產生的角色期待——期待何人在何種情況下，扮演何種的角色。因此，我們看到，在經濟活動中，一方面有經濟主體的動機結構（主觀的態度），他方面有經濟主體所處的社會關連體系（客觀的環境）。社會關連體系對動機結構的影響，也就是客觀環境對主觀態度的影響。這種影響常會在某種程度內，呈現經常與穩定的情勢，否則每個人豈不是每分每秒都得隨時找出新的行為方式，來應付其千變萬化的周遭環境？換言之，每個人動機結構是**趨**向穩定的，以減輕個人每次都得提出一套新的目標偏好的麻煩。關於此點，杜森柏里（James S. Duesenberry 1918- ）就曾經指出：收入的改變不一定會導致消費行為的改變，亦即不一定導致支出的改

變。原因是在時間過程中，消費習慣業已養成，一時難以改變這種穩定了的動機結構（註30）。

　　由上所述可知，經濟主體的動機，不單單是追求利益——贏利——一種而已，而還有其他的動機。依據動機結構的不同，我們不妨再以韋伯所提及之社會行為的四種類型，來分別人們的經濟行為。韋伯所提的四種類型是目的合理性的，價值合理性的，情感的與傳統的四種社會行為（註31），來分析經濟行為：

1. 目的合理性的經濟行為，是追尋經濟利益的經濟主體，權衡目標與手段的得失，估量以何種最佳（代價最小）的手段，來達到預先選擇好的目標。這類行為的先決條件，為追求的目標——利益情況——清楚明白和各種手段的仔細衡量。

2. 價值合理性的行為，乃是經濟主體所追求的目標，是其個人深信或確認的價值系統，是受宗教或倫理所影響的。這種行為的特質在於行為本身能合乎教條或道德的要求，而不考慮或很少考慮到行為產生的結果。例如廠商基於人道或宗教的立場，所為之賑濟、跳樓大拍賣、義賣、或聯合勸募等等做法。

3. 情感的或情緒的行為，是透過當前實際的感情，而表露的行為，或是受到日常的刺激，而不經深思熟慮直接反射的行為。例如由於野心勃勃，或與某人結怨，或對某事深懷恐懼而造成不平的心境。這種情緒性的動機結構，在下達購買的決定或投資的決定時，常扮演重要的角色。我們不妨這樣說：人們常會感情用事，一旦事過境遷，或是懊悔煩惱，或是為自己所做所為大事粉飾、辯解。不過這種粉飾、辯解，並無法抹煞感情用事的事實。

4. 傳統的行為，是安於故常、習慣性的日常舉止，常不經思考，不動感情，而隨著積習機械性地行事。在經濟活動中，

我們常囿於傳統或故常的想法。例如我們心中所想到的「正常的」工作成績，「好的」品質，「便宜的」購買等等。這裡所指的「正常的」，「好的」，「便宜的」諸念頭，完全以個人習慣上的想法爲主，不一定是經過深思熟慮之後，所找到的客觀標準（註32）。

當然我們日常的經濟活動中，很少出現上述四種儼然分離的、純粹的動機典型來，常常是這四種類型的交錯混合。正因爲如此，我們對經濟主體的反應行爲，事先頗難正確無誤的預測。

不過現時代的經濟社會中，由於工商業發達，工業生產與消費條件之俱備，促成人們動機邁向理性化，而使從事經濟活動的人們底行爲，接近「經濟人」這個理念（註33）。但與此一傾向剛剛相反的另一種發展，則爲現代經濟生活中情感力量的比例上升。例如廠商藉著耀眼奪目、勾魂動心的廣告或宣傳，而吸引大批的顧客。還有低階層收入的消費者爲滿足虛榮心，而仿效高階層收入者的消費行爲等等，便顯示情緒的動機，在工商業發達的社會，對經濟活動作用之大（註34）。

（五）經濟行爲的情境分析

討論過人們在經濟活動中的動機結構之後，我們應當回過頭來談談經濟主體所處的環境。原因是經濟行爲，乃是經濟主體與情境發生交接折騰後的結果。有關經濟過程的實際描述，必須與具體之情境的分析（*Situationsanalyse*）連繫在一起。每一個情境，對於在此情境下，立於互動關係的經濟主體（個人或人群）都具有挑戰的性格。在正常的情形下，經濟主體多少能夠體認，每一社會情境的存在。個人或群體對此情境的反應，繫之於情境的壓力，以及情境穩定的程度。經濟社會學有關情境的分析，可按照分析的角度和焦點的不同而區分爲巨視（macro宏觀、總體）和微觀（micro細觀、

個體）二種。巨視的分析，當然是以大環境之下經濟制度為主要的
分析的目標。微觀的分析，則集中在經濟互動所牽連的個別問題之
上。例如「購買」——這一經濟行為——我們可以用社會階級或社
會階層的需要情況來考察（巨視），也可以用購買者的家計觀點來
探究（微視）。重要的是我們在進行分析時，不可把分析的事物，
看成是靜態的狀況，而應與時勢相推移，把它看成為動態的過程。
更要緊的是指出造成經濟行為相關連經濟情境的種種特徵；指明在
這種社會情況下，業已客觀化的角色期待為何物。亦即在這種情況
下，周遭的人與物對從事經濟活動的經濟主體，應扮演何種角色，
懷有怎樣的想像，持有怎樣的期望等等。

　　我們還可以進一步，按照經濟情境對經濟主體所施的壓力——
要求經濟主體能夠配合，能夠適應這種環境的壓力——底大小來分
別經濟情境的種類。客觀的角色期待（經濟情境）與主觀的動機結
構分離愈大，經濟主體愈會感受到情境的壓力，也愈想設法躲開這
種壓力。此外，社會情境重要的部分，是它穩定的大小，以及對經
濟主體熟悉的程度與久暫。經濟情境愈不穩定或愈陌生，會使經濟
主體愈難以適應，愈難以控制這種情境所造成的影響。要之，這種
情況對決定過程之分析，尤有舉足輕重的關係（註35）。

（六）經濟行為改變的考察

　　由於涉及到經濟活動的決定過程，因此，近年來歐美學者對
經濟行為的改變之分析，也漸感興趣。這種研究興趣的提高，乃是
對「經濟人」看法有所改變的緣故。原來現代的學者，不敢再苟同
古典理論有關經濟行為的說法。古典派學人，認為經濟主體，能夠
根據一系列的偏好順序表或偏好等級，來權衡利害，來進行選擇的
行徑，來下達決定，俾所選擇的行為，符合最大的效用和最大的利
益。這種古典的看法，對現代複雜的經濟行為改變之情況，無法切

實捕捉，妥善瞭解。因為在工商業發達的今天，經濟情境的出發點，不是可以完全被洞悉的。而經濟主體的各種行為可能性，有待釐定，有待澄清。經濟主體心目中的偏好，常隨時勢改變。再說，現代經濟主體也不是個別一一從事選擇，下達決定，而常是集體性進行經濟決斷。此外，人們除了考慮利害得失，精打細算之外，有時也會情不自禁地、或糊里糊塗地習慣性從事經濟活動（註36）。

對現代經濟行為的動機與彈性，提出較新穎的解釋之理論是博奕論（game theory 賽局理論）。這是莫根斯騰（Oskar Morgenstern 1902-1977）與馮紐曼（John von Neumann 1907-1957）所建構的學說。他們首先假定：人們在兩方或多方，因尋求目的不同，而產生利益衝突時，會在各種可能途徑中，做合理的估計，以預測別人的行動，進而修正自己的行為，並做合理的選擇。基於這一個假設，博奕論乃得分析與說明：從事經濟活動的主體，在面臨某些情況時，如何選擇及應如何選擇（包括預測他方行為，或與他方聯合），始能達到最有利或最適當的收穫（optimum）。這也就是一種求致最有利或最適當的策略（optimal strategy）。博奕論無疑地是視每一經濟行為的改變，乃是一種求取社會適應的過程。因此，我們應分析各種適應行為的決定因素。原來，這類因素常取決於行為主體，對經濟目標的看法，以及他對經濟情況和行為的各種可能性瞭解的程度（註37）。

要之，博奕論主張：行動者在追求個人或群體的目標時，是受制於其掌握而能夠動用的資源，也是受到限制（constraints）的影響，其行動便受到遊戲規則的左右。博奕論的好處在於容許自主的個人可以採取策略性的行動。這點是馬克思主義者與涂爾幹等帶有自由主義色彩，但又採用方法論集體主義者所否認的。但在金提士眼中，博奕論卻是未來社會理論發展的希望所在（註38）。

經濟社會學除了採用博奕論的有利策略之外，尚應考察經濟行

爲中非理性的部分，以及習慣性的日常行爲。只有當經濟主體的動機和他所處的環境，有完整而又有系統的加以分析之後，我們方才可以獲窺經濟行爲的全貌。

近年來學者對博奕論的利弊比較熟悉。其缺陷經鮑爾士（Samuel Bowles 1939-）和金提士的指出，他們兩人爲補偏救弊，提出修正的理論，稱爲「社會博奕論」（social games theory），這一新理論有四大重點（註39）：

1. 社會生活中遊戲規則常是不對等（asymmetric），有些群體擁有優勢，有些則居於劣勢；
2. 社會的博奕（遊戲）是反覆變化的（recursive），行動者不斷在遵守，也不斷在修改遊戲規則；
3. 社會的遊戲是建構的（constitutive），參與者的目標並非事先設定，而是隨著遊戲的展開，在過程中不斷地重新建構著；
4. 社會的遊戲爲重疊的（over-lapping），也就是說在家庭、社群、經濟、國家各種社會領域中，各有其特定明顯的遊戲規則，假使把它們連合起來使用，卻會造成社會生活的衝突、紊亂，這顯示遊戲有共通重疊之處，也有其矛盾衝突之處。

（七）小結

綜合前面所述，可知古典學派所標榜的「經濟人」，是一項虛構的經濟活動底理念類型。它以經濟主體追求利益爲出發點，指出贏利的動機，會導致理性的思考，和選擇的行徑，俾獲取最大的利益和效用（註40）。這種遠離社會現價的構想，有待經濟社會學來加以匡正，加以補充。以描述實狀爲主的經濟社會學，除了考察經濟主體的動機結構（包括理性運用、價值取向、感情用事、或囿於慣常等）之外，尤重經濟主體所處的社會情境。由於社會情境的分析，而特重經濟決斷與經濟行爲轉變的考察。博奕論是以尋覓最佳

策略，作爲經濟行爲的理想準據。經濟社會學則應於理性的分析之外，兼涉情緒性與習慣性的舉止之研討，俾人們更進一步地去瞭解經濟行爲的本質。進一步而言，社會博奕論修正過去經濟學博奕論的瑕疵，而使遊戲規則的分析更接近社會的現實。總之，探究人類的經濟行爲不能囿於傳統的政治經濟學，而有必要邁入經濟社會學的門檻，才能充分理解人類的經濟活動。

經濟學作爲社會科學之一，也是社會科學最頂尖發展的一個分支——社會科學的皇冠，或稱皇后科學，都是集中在有關人的心理與行爲之考察上。因之，經濟學係建立在特別的心理學理論與倫理學理論之基礎上。不過這個理論是明顯地表述出來，還是經濟學內涵的，未曾表述的假設，大部分的古典經濟學理論與所有新古典理論的基礎，無疑地是功利的、享樂的（hedonistic）的人性觀與倫理觀之產物。因之，經濟人這一模型，不只含有理性選擇的本事，也是個人主義的、和享樂主義的人性縮影（註41）。

註　釋

註1　Weber, Max, 1964, *Wirtschaft und Gesellschaft, Grundriss der verstehenden Soziologie*, Studienausgabe, hrsg, von Johannes Winckelmann, Köln, Berlin: Kiepenheuer & Witsch, 1956, erster Halbband, S.3.

註2　參考洪鎌德，1988，《現代社會學導論》，第五版，臺北：臺灣商務印書館，初版1972，頁6以下；洪鎌德，1998，《21世紀社會學》，臺北：揚智，第10-43頁。

註3　Weber, Max *ibid.*, S.3, 4*ff*, 16*ff*.

註4　*Ibid.*, S.16.

註5　*Ibid.*, S.17; 這是韋伯所稱「臨界情況」（*Grenzfall*）。

註6　*Ibid.*, S.17*ff*.

註7　以下參考 Eisermann, G. (Hrsg.), 1969, *Die Leher von der Gesellschaft, Ein Lehrbuch der Soziologie*, Stuttgart: Ferdinand Enke Verlag, S. 133-136.

註8　Durkheim, Émile, 1895, *Les Règles de la méthode sociologigue*, Paris: Alcan, p.6ff.

註9　Wössner, Jokobus, 1970, *Soziologie, Einführung und Grundlegung*, Wien *et.al.*: Verlag Hermann Böhlaus, S.45. 中文譯本涂爾幹著，《社會學方法論》，許德行譯，臺北：臺灣商務印書館，臺二版，1969，第5, 7頁。涂爾幹對社會行為的界定中尚含第四種特徵，即無從避免性，亦即必然性。

註10　*Ibid.*, S.46.

註11　*Ibid.*, S.46-47.

註12　至於教育個人使其對公認價值之「內化」（*Verinnerlichung*, 吸入內心，而潛移默化），參考 Weber, Max, *op. cit.*, zweiter Halbband, S. 894; 日本人翻譯 internalization 為「內面化」，係約束團體成員之自我行為，俾符合團體之規範，而實現團體之價值，參考富永健一：〈內面化〉一文，

刊：福武直、日高六郎、高橋徹編，1974，《社會學辭典》，東京：有
斐閣，第687-688頁。

註13　韋伯曾在其著名的《社會學基本概念》（*Soziologische Grundbegriffe*）
中論述流行、公序、習俗、法律等社會行為的態度之規律性（*Regelm-
ässigkeit*），參考Weber,Max, *op. cit.*, erster Halbband S. 21,22,25.

註14　關於經濟社會學，可參考洪鎌德，1972，1986，《現代社會學導論》，
臺北：臺灣商務印書館，第八章，pp. 204-240; 洪鎌德 1998《21世紀
社會學》，臺北：揚智文化事業公司，第七章；本書第八章；Neil J.
Smelser, 1963, *The Sociology of Economic Life*, Englewood Cliffs, N. J.:
Prentice-Hall; Friedrich Fürstenberg, 1961, *Wirtschaftssoziologie*, Berlin:
Walter de Gruyter, 以下引用本書一概使用 Fürstenberg 1961, 並附頁數；
反之，Fürstenberg 1969, "Wirtschaftssoziologie," in G. Eisermann, *Die
Legre von der Gesllschaft*, Stuggart: Ferdinand Enke Verlag 則附頁數。本章
以下引用時，則用Fürstenberg 1969, 並附頁數，以示區別。

註15　Fürstenberg, 1961, S. 21.

註16　Mercier de la Riviere, 1767, 1909, *L'odre naturel et essentiel des sociétés
politiques*, éd. E. Depitre, Chap. XLIV.

註17　亞丹·斯密的話見 1949, Adam Smith, *Theorie der ethischen Gefühle*,
Neuausgabe von H. G. Schacht, in der Reihe *Civitas Gentium*, Frankfurt a. M.,
S. 265-267.

註18　A. Marshall, 1907, *Principles of Economics*, 5th edition, 1907, Preface to the
first edition of 1890.

註19　Fürstenberg, 1961, S. 22-23.

註20　Bowles, S. and H. Gintis, 1991, "The Revenge of Homo Economicus: Post-
Walrasian Economics and the Revival of Political Economy," *Journal
of Economic Perspectives*, 引自Gintis, Herbert, 1992, "The Analytical
Foundations of Contemporary Political Economy: A Comment on Hunt,"

in: Roberts, Bruce and Susan Feiner (eds.), 1992 *Radical Economy*, Boston, Dordrecht and London: Kluwer Academic Publishers, pp.110-111.

註21　Fürstenberg, 1969, S. 269; 關於「經濟人」的討論可以參考 Goetz Briefs, 1915, *Untersuchungen zur klassischen Nationalökonomie*, Jena; G. Hartfiel, 1968, *Wirtschaftliche und soziale Rationalität*, Stuttgart; 亦可參考洪鎌德，1999，《當代政治經濟學》，臺北：揚智，第十二章。

註22　參考 Bernhard Laum, 1960, *Schenkende Wirtschaft*, Frankfurt a.M.

註23　關於賽蒙的行政行為，參考Herbert A. Simon 1947, 1961, *Administrative Behavior: A Study of Decision-making Process in Administrative Organization*, New York: Macmillan, 2nd ed. 見 Herbert A. Simon, 1968, "Administrative Behavior," in: *International Encyclopedia of the Social Sciences*, Vol. I, pp. 74-79.

註24　洪鎌德，1997，《馬克思社會學說之析評》，臺北：揚智，第五與第六章；洪鎌德，2003，《馬克思》，臺北：東大，第十九章。

註25　Gintis, H., 1992, *op.cit.*, pp.110-111.

註26　Hunt, E. K., 1992 "Analytical Marxism," in: Roberts and Feiner (eds.), *op.cit.*, pp.93-99. 關於方法論的個人主義之解析與批評也可參考洪鎌德，1999，《從韋伯看馬克思——當代兩位社會大師之對壘》，臺北：揚智，第58-59頁。

註27　Gintis, H., 1992, op.cit., pp.111-112.

註28　Fürstenberg, 1961, S. 24*ff.*

註29　關於經濟行為的動機可參考 W. Moede, 1958, *Psychologie des Berufs- und Wirtschaftslebens*, Berlin: Walter de Gruyter.

註30　Duesenberry, J. S., 1952, *Income, Saving and the Theory of Consumer Behavior*, Cambridge, Mass.

註31　參考洪鎌德，1976, 1977《社會科學與現代社會》，臺北：牧童出版社，第七章；洪鎌德，1997，《人文思想與現代社會》，臺北：揚智文

化事業公司，第199-200頁。

註32　Fürstenberg 1961, S. 27-28.

註33　參考Friedrich Lenz, 1969, "Wirtschaftssoziologie," in: G. Eisermann (Hrsg.), *Die Lehre von der Gesellschaft*, Stuggart: Ferdinand Enke Verlag, S. 37ff.

註34　Katona, G., 1960, *Das Verhalten der Verbraucher und Unternehmer*, Tübingen: J. C. B. Mohr (Paul Siebeck).

註35　Fürstenberg 1961, S. 27-28.

註36　*ibid.*, S. 28-29.

註37　Neumann J. V. and O. Morgenstern, 1944, *Theory of Games and Economic Behavior*, Princeton; O. Morgenstern, 1971, "Spieltheorie: Ein neues Paradigma der Sozialwissenschaft," in: Reimut Jochimsen und Helmut Knobel (Hrsg.), *Gegenstand und Methoden der Nationalökonomie*, Köln: Kiepenheuer & Witsch, S. 175-187.

註38　Gintis, H. 1992, *op.cit.*, pp.111-112.

註39　參考Gintis, H. 1992 *op.cit.*, pp.111-112; Bowles, S. and H. Gintis 1986, *Democracy and Capitalism: Property, Community and Contradictions of Modern Social Thought*, New York: Basic Books.

註40　對經濟人是否具有理性，是懂得最大化其利益（或效用）之追求，仍為當今學者爭論的主題，參考 Gauthier, David, 1990, "Economic Man and Rational Reasoner," in Nichols, Jr., James H. and Collin Wright (eds.), *From Political Economy to Economics and Back?*, San Franciso, CA: Institute for Contemporary Studies Press, pp.105-131.

註41　Hunt, K. E. 1993, *History of Economic Thought: A Critical Perspective*, New York: HaperColins, 2nd ed., p.633.

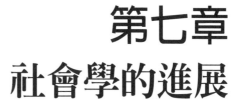

第七章
社會學的進展

（一）社會學的定義與研究對象

社會學（sociology）是社會科學（social sciences）中一個獨立的學門。Sociology這個英文字是由法文*sociologie*轉變而成，首先使用這個字彙的是孔德，他主張對人類社會進行科學的、實證的研究。因之，社會學乃是對個人與群體互動和相互溝通的社會關係之因果加以瞭解的學問。它包括對社會結構、制度、運動、勢力、風俗、習慣之考察，亦即企圖瞭解個人何以成群結黨，經營集體生活，以及群體的組織、群體的生活對個人的性格及個人的行為起了什麼作用等等之社會現象。社會學也研究本國的、他國的、乃至全球的社會之特質，嘗試理解這些社會活動的過程，包括承續以往的傳統和改變過去的習慣等種種變遷。

德國的哲學家、社會學家都喜談「實在」（*Wirklichkeit*），尤其津津樂道「社會實在」（*soziale Wirklichkeit*），因而視社會學是考察與探究社會實在的學問。法國人（尤其是涂爾幹）則強調「社會事實」（*faits sociaux*），把社會事實當做社會學研究的主要對象。社會事實包括社會良知（*conscience social*）與社會想像（表述*représentation social*）。近年來美國社會學界則奢談「日常生活的實在」（the reality of everyday life）（註1）。

比起其他動物來，人類更需要倚賴社會來維持其生命，發展其生活，繁衍其後代。是故制度化的社會形態對人類的行動影響重大，社會學之職責便在於發現這些制度化的社會形態怎樣對個人產生作用，以及這些社會形態是怎樣建立、發展、興衰、消失。在這些重大的社會形態與結構中要屬家庭對個人影響最大，其次則為同伴友群（peer groups），再其次則為鄰里社區與社群，以及職業上、政治上、經濟上來往的人物或組織。即便是宗教機構與軍事組織，對某些個人而言，也是生活攸關的社會單位。當然，每個社會所擁

有的特殊文化，也是社會學家、特別是像阿爾弗烈特・韋伯（Alfred Weber 1868-1958, 瑪克士・韋伯之弟）等文化社會學家所要探究的對象。

至於社會學興起的社會勢力，包括美國獨立戰爭、法蘭西大革命、歐陸一八四八年革命、工業革命、資本主義和社會主義的崛起、宗教的沒落、都市化、科技進步、女性覺醒等等。知識上的淵源則為啓蒙運動和其保守勢力的反彈。是故在學派形成前包括聖西蒙、孔德（給「社會學」定名）、托克維爾（Alexis de Tocqueville 1805-1859）、黑格爾、馬克思、齊默爾（Georg Simmel 1858-1918）、韋伯、斯賓塞（Herbert Spencer 1820-1903）等等都可以當作社會學的奠基者來看待（註2）。

（二）社會學與其他相關學科

雖然東西聖哲很早便討論人與他人、人與群體、人與社會的互動關係，但有系統的研究仍舊出現在古代西方學者企圖揭開人週遭（自然、社會）的神祕面紗之理性探究的知識傳統裡。不過以客觀的方法，摒棄主觀的價值判斷去理解劇變中的社會，則為十八與十九世紀歐洲思想家所肇始的。是故社會學就如同其他的社會科學一樣乃脫胎於哲學。然而其雖由哲學產生，卻反對哲學只靠思辨、冥想、推理，去解析人與社會的關係，因之社會學是對哲學不重視觀察、不重視實驗，只會討論本質、不注重現象之毛病的反彈與抗議。

社會學既然從哲學釋出，也對哲學論述加以批評，它與心理學因而也有共通、或重疊的部分。原來心理學只關心人內心變化的機制，所注重為個人心靈之剖析，但當人與他人發生關係時，其心理

與單個人時的所思所欲不同,是故社會學與心理學便藉社會心理學這門學科架起彼此溝通的橋樑。

社會學與社會人類學、或文化人類學的關係尤其密切。直至二十世紀初葉,這兩個學科有時還合併在同一系所裡講授學習,原因是人類學家對初民社會的理解有助於社會學學習者對人類過去沒有文字的初民生活之認識。這種情況後來不再繼續,於是社會學與人類學遂分道揚鑣。

政治學及經濟學最先也與社會學連結在一起,後來政治學家與經濟學家將其研究的焦點擺在社會的統治機器與物質生產、貨品交易之上,遂與社會學分家,但以全社會的觀點與方式來研究人的政治行為和經濟行為卻也說明社會學對政治和經濟之理解有加深、輔助的作用。

同樣的關係可以發現存在於社會學的一端和宗教、教育、法律、史地、文化等的另一端之間。此外,十九世紀社會學重視社會的演變有如生物的進化,是以生物學成為社會學模仿的對象,進化論一度甚囂塵上。今天社會學雖已不興比擬生物學這一套,但與生態學、行為發生學、人口學、生理學還有藕斷絲連的牽絆。這就顯示社會學的研究需要其他學問來支撐、來輔助,才能夠建構出更為圓滿、更為高深透徹的社會學知識體系。

總之,社會學與哲學、心理學、生理學、文化學、生態學、政治學、經濟學關連密切。它主要解釋的是整個社會體(society)範圍內發生的、全社會(the social)的自我(self),社會結構(social structure)與諸種價值、信仰體系的人間現象,更是文化型塑與教育的工具(註3)。

③　社會學早期的學派

（一）社會進化論

　　達爾文的《物種原始》（1859）主張物種的演變進化，是十九世紀最具影響力與說服力的自然科學學說。其結果影響了好幾代社會學者的思維方式，最著名的有馬克思、斯賓塞、摩爾根（Lewis Henry Morgan 1818-1881），泰勒（Edward B. Tylor 1832-1917）、霍布豪士（Leonard T. Hobhouse 1864-1929）等人。這些社會學家企圖東施效顰，把社會的演變模擬生物的演進。於是社會學中充斥著「突變」、「自然選擇（淘汰）」、「繼承」等生物學的名詞。於是社會由蒙昧、野蠻、文明等不同發展階段，一再往進步之途邁進。其中最適於生存者、強者便可以在社會舞臺上揚威；反之，弱者、不適於生存者則遭社會的淘汰。這便是社會進化論，或稱社會達爾文主義（Social Darwinism）。它是替競爭和自由放任的經濟制度辯解的理論，在二十世紀已告式微。

（二）經濟的、環境的、生物學上的決定論

　　馬克思所強調人的社會存在決定意識、而非意識決定存在之唯物史觀，常被西方主流派社會學思潮當成經濟決定論。其實馬克思也不否認意識形態的上層建築對經濟基礎的下層建築產生之作用。除了馬克思之外，歷史學家畢爾德（Charles A. Beard 1874-1948）也主張歷史的推力為人類經濟上的自我利益，經濟學家宋巴德（Werner Sombart 1863-1941）也持經濟利益掛帥的說法，尤其是當他年輕而信持馬克思學說之時。

　　另外人文地理學家（像Ellworth Hungtington, Ellen Sempel, Friedrich Ratzel, Paul Vidal de la Blache, Jean Brunhes等）強調地理環境對人類

社會生活之影響，這些都可以視爲地理或環境決定論者。即便是涂爾幹認爲社會有其演變形態，因而主張社會形態演變論（social morphology），似乎也是受到環境論、或人文地理學的影響，而產生的學說。

（三）早期的功能論

在釐清社會學同生物學與地理學的分際，俾爲人類的社會行爲建立其獨立的科學研究，亦即爲社會學爭取其學術地位時，涂爾幹的努力與貢獻卓著。他立論的根據是個人與個人的交往當中有其特殊的、嶄新的性質（*sui generis*）之出現，這便是「社會事實」。社會事實是外在於個人，對個人有宰制的力量，這包括集體意識、風俗習慣、社會制度、國家或民族特質等等，這些便是社會學所研討的對象，與心理學只研究個人的心靈或人格結構不同。此外社會成員之間的互動構成一個單元，也就是一個統合的體系而自具生命，對個人如同外鑠的拘束力量，這也是社會學考察的對象。集體對其成員造成的因果關係，給學者研究的勇氣，這也構成社會學成爲獨立學科的原因，這種關係無疑地是早期功能論的說法。

涂爾幹指出，人群所以會結合在一起是基於兩個理由：首先是相同性格者互相的吸引（如友儕、朋輩、志同道合者的結社）；另一個原因則爲基於任務的分配必須合作才能完成職責者，如軍人、工業界、政府等機構。前者爲機械性的團結（mechanic solidarity），後者則爲官能性的團結（organic solidarity）。這種區分不只是涂爾幹的想法，也是他那個時代其他社會學者如梅因（Henry Maine 1822-1888）以及杜尼斯（Ferdinand Tönnies 1855-1936）的看法。前者分社會爲基於地位（status）或基於契約（contract）而分類；後者則以社會（*Gesellschaft*）來和社群（*Gemeinschaft*）做對比。他們都把文明的主要趨向看成是後者的膨脹擴張，以及前者的逐漸式微。

其後人類學家馬立諾夫斯基和賴可立夫・布朗（A. R. Radcliff-Brown 1881-1955）也發展出一套功能論來，強調社會各部分之間的相互關連性，並指出只要有一小部分發生變化，整體也會受到牽連而跟著變化。其結果造成不少人類學家主張對未開化、不識字之初民社會不加干涉，怕任何介入的行動會導致更大的混亂和喪失平衡。

孫末楠（William Sumner 1840-1910）把制度定義爲「概念與結構」，亦即爲達成某種功能的目的而由有組織的人群所設立的事物。韋伯理解（瞭悟）的社會學，便視社會爲制度的產品。至於齊默爾（Georg Simmel 1858-1918）則把社會看成爲過程（process），某些具有功能的事物，因而倡說「形式的社會學」。換言之，他把社會的過程當作眞實的東西看待，而非視爲抽象的事物，由於社會的過程有諸多不同的形式，社會學成爲研討解讀社會形式的學問。

（四）現代社會學研究的重點

十九世紀社會學剛剛崛起時，每一理論家企圖建立自己的體系，而視其他派學說不足取。但經過一段時間之後，社會學關懷的主題逐漸浮現，研究的方向也慢慢確定，每家學說所強調的研究主題和方法不再視爲相互競爭而不搭調。其結果是百家爭鳴、百花齊放，沒有大師級的社會學家在主宰學術殿堂，沒有一代宗師在獨領風騷。

（一）功能主義和結構主義

二十世紀初時幾位理論家（像Charles H. Cooley, Pitirim Sorokin, Talcott Parsons, Robert Merton, Everett C. Hughes）都討論社會組織的

性質，以及這些組織與人群行爲的關連，因之，都嘗試建構宏觀的理論，亦即涉及國家、整體社會等較大的社會系統之理論。索羅金（Pitirim Alexandrovich Sorokin 1889-1968）以統合的觀點來討論文化——文明興衰變化的問題。帕森思（Talcott Parsons 1902-1979）以分析的方式來建立他對社會體系的理論。他認爲每個社會體系爲了能夠繼續存活，必須具備其「功能的先決條件」，由是造成體系穩定成長的結構，包括體系與其環境之關係、疆界、成員之甄拔補充等等。梅爾頓（Robert Merton 1910-2003）也對這些結構與功能大加描述、分類、分析。

由於結構——功能分析研究的主題與方法太廣泛廣包，因之對社會體系的研究、或對組織之考察成爲極爲疏散的科學研究。這種宏觀的社會學理論不免流於空泛不實。是故列文（Kurt Lewin 1890-1947）改以小規模的社會群體（家庭、部隊、職業團體）爲研究對象，從而發掘成員「心理學生活空間」（psychological life space），並比較它與社會空間之大小和關係。由於選擇研究單位較小，所以實驗方法也可資應用，這便是群體動力學（group dynamics）的誕生。

（二）象徵互動論

當代的社會學家終於發現十九世紀本能心理學的用處，尤其對華生（John B. Watson 1878-1958）的行爲主義重燃研究的興趣。華生的行爲主義力求客觀，也是使用實驗的方式去追求研究的成果。象徵互動論便是從上述社會心理學中得到靈感，而加以引用。

社會心理學的開拓者包括杜威（John Dewey 1859-1952）、詹姆士（William James 1842-1910）、米德（George H. Mead 1863-1931）和古理（Charles H. Cooley 1864-1929）等人。他們發現心靈和自我並不是作爲人的生物體與生俱來的內在事物，而是從經驗中產生，也

是在社會過程中建構起來的。也就是藉與別人的溝通而建立起自我的觀念，也逐漸形成自我的心靈。自我和心靈是社會過程的內化產物。它存在於想像當中，也存在於象徵當中，而每個人的自我都是由別人對他的看法中建構出來的。是故自我不斷變化，而非定型，但卻是每個人社會行為的指引者。換言之，人的行動在保存自我，也是保存自己想要的自我形象（註4）。

社會學家托瑪士（William I. Thomas 1863-1947）和其後繼者法利士（Ellsworth Faris 1874-1953）於二十世紀初在芝加哥大學每學期都有講授米德的社會心理學。這更接近芝加哥大學的社會學教授派克（Robert E. Park 1864-1944）和卜傑士（Ernest W. Burgess 1886-1966）所建立的理論傳統。由於這些社會學家重視個人的日記、自傳、傳記與生活資料，使得有關自我以及自我意識的行為成為社會學理論中一個勢力龐大的流派。

米德與布魯默（Herbert Blumer 1900-1986）是象徵互動論的倡說者。其主旨為 1.人是象徵、符號的使用與操縱者；2.社會是充滿活力、彈性、辯證發展的過程所組織成的網絡；3.社會是由成成員互動，「自我」建構與反射組成的複雜體；4.在人群互動，象徵、交往的過程背後存有人際關係的模式。這種互動論卻遭到一九六〇年代學者的批判，認為它忽視社會結構、權力與歷史對社會之衝擊（註5）。

此一象徵互動論加上「民俗方法學」（ethnomethodology）對人們日常行為中的象徵性關連之「瞭悟」（verstehen），也蔚為美國社會學的新流派。

（三）現代的決定論

受馬克思主義的影響，當代有少數社會學家，對社會之階級的對立乃至階級的鬥爭深感關懷，他們甚至把政治體系當做是社會階

層化（stratification）的產品看待。

自稱為馬克思派社會學者的米爾士（C. Wright Mills 1916-1962）曾經廣泛而帶批判性地研究「權力菁英」之作為。他視權力菁英為現代資本主義體制中統治階級的成員，他們分別在經濟商務與軍事機關中擔任要職，而結合成一個利害一致的軍事與工業複合體（military-industrial complex），來保護與增進其本身之利益。這便是經濟與軍事利益決定論的典例（註6）。

曼海姆（Karl Mannheim 1893-1947）提出同階級衝突論相反的意識形態批判之知識社會學理論。他認為社會的分裂為不同階級或群體並非肇因於經濟利益分配之不平，或物質利益之奪取，而是由於觀念或思想方式的歧異。由於曼海姆相信這些人際的衝擊最終可以解決，所以他的理論不屬於決定論的範疇。他的理論卻刺激其他社會學家去研究理念與行動之關係，也就是演繹知識社會學的理論。

（四）數學模型論

為了對人的社會行為加以描寫與考察，現今的社會學家也使用數學模型來對行為計算與衡量，這便是莫列諾（Jacob L. Moreno 1892-1955）所稱的「社會計量學」（sociometry）。例如列文（Kurt Zadek Lewin 1890-1947）的「場域理論」（field theory）以及齊格夫（George K. Zigf）和史鐵華（John Q. Stewart 1894-1972）以數學模型來衡量政治單元的大小，包括語言中某些字彙反覆引用的次數，以及其他算術上的關係。馮紐曼（John von Neumann 1903-1957）和莫根斯騰（Oskar Morgenstern 1902-1977）在經濟理論中引進了博奕論（賽局理論），這種博奕論也已促進社會學的進展。由於電腦與計算機之迅速發展，社會行為也可以用多變數方式加以測試和檢驗。此外，由成員扮演某些角色而進行某種的實驗，也有助於對複雜的機關之理解，模擬演出（simulation）也成為今日社會學家研究社會

組織與社會行爲的方式。

五　理論的新方向

　　二十世紀以來以英美爲主流的社會學，其觀點（perspectives）可以濃縮爲功能的觀點、衝突的觀點和解釋的觀點（interpretive perspective）。前面所提功能論、結構論屬於功能論的觀點，決定論則屬於衝突的觀點，象徵互動論與數學模型論則屬於解釋的觀點。除了上述這三種勢力相當大影響面極廣的三種社會學理論傳統之外，又有幾種新理論的產生，主要在嘗試把宏觀的與微觀的社會現象結合在一起。

（一）人本主義的社會學

　　此派社會學家拒斥實證主義強調建立價值中立、完全客觀的社會科學。反之，他們主張社會學家應當積極介入社會的改變與改革。亦即理論家應該以其知識、經驗、技巧協助那些弱勢人群積極參與社會生活，而非關在象牙塔中累積知識，抬高個人的虛名。

　　由於此派學者關懷的是社會的公平而非社會的秩序，因之，應用解釋的觀點強調人群有反抗社會結構的能力，也有改變社會結構的本事。其理論之出發點爲人類乃爲自由、能夠反思的個人，只要獲得充足的資訊會選擇有利於社會、也對社會可以負責的事情。此派於一九七五年成立「人本主義社會學協會」（the Association of Humanist Sociology），並發行《人性與社會》（*Humanity and Society*）一刊物，大力揭露男女之間、白人與少數民族之間的不平等，同時也談富國與窮國的差異。在該刊發表文章之社會學者強調本身學術價值取向與思想立場，並提供政策建議書供有權勢的機構

（政府、工商團體、工會等）釐訂政策之參考。

（二）女性主義的社會學

　　與人本主義的社會學家一樣，女性主義的社會學家也認為向來社會之詮釋完全操在西方中產階級白皮膚男性學者的手中。女性之受輕視與歧視，都是大男人主義在作祟。女性主義社會學者（不限於女性，也包括男性）便企圖匡正向來研究與理論之偏見與瑕疵。其研究之重點乃為女性之經驗，也注意到性別在社會結構中扮演的重大角色。

　　最近在美國有專門為「支持社會中女性的社會學家」之組織底產生，並於一九八七年發行《性別與社會》（*Gender and Society*）一刊物，宣揚女性的不平之鳴。有人則企圖對歷史上與各個不同社會中女性所受的歧視與虐待從事比較研究。這派學者研究的結果，發現性別在社會結構中的重要作用遠超過個人的特性。

　　女性主義的社會學比起其他社會學的分支（或稱特別社會學，例如宗教社會學、知識社會學、政治社會學等等），或相關學科（社會心理學、社會人類學、政治經濟學）來，更富有統合宏觀與微觀結構的精神，而予以更為適當之詮釋。

（三）理性選擇理論

　　這是建立在經濟學交易（交換）與理性選擇（rational choice）模型上的新理論。這種理論的基礎是假設人們的行動中向來都想花費最小的代價而獲取最大的好處。個人就像公司行號一樣，在可能的選擇項中選取一種他認為風險最小、好處最大的去付諸行動。

　　建立在經濟行為之上的各種理論對美國學人而言一向都深具吸引力。經濟行為是講究利害得失、謹慎思慮與評估的人類行為，也就是合乎理性的行為。有些批評者則認為把社會行為化約到個人心

中的決定或選擇，失掉了社會學理論重視人際關係的本質。不過對此批評，理性選擇論的學者提出反駁，他們說任何人在作決斷與選擇時，絕非處於真空狀態，更何況人類必須引用過去的經驗、也就是生命史作為選擇的參考架構，而且作決定時可能牽涉到別人或有別人在場。

　　問題為人每日每時都要作決定、作選擇，是否這些決斷或選擇完全符合理性之要求，還是可能出現非理性，而為情緒性的、失控的表現（註7）？

（四）社會生物學

　　認為人類的基因之遺傳對個人及其家庭的行為具有決定性的作用之學說為當代的社會生物學（sociobiology）。就像達爾文追尋人類軀體上外型上的進化軌跡一般，社會生物學家認為某些社會行為在經過自然選擇和淘汰後，也會注入人類基因的密碼中，代代傳承下來。像女性養育子女和男性在性行為上稱霸主控，都是為了使繁衍的效果達到最大的程度。不過由於這種研究的成果主要是在對動物的社會行為之考察上所得來，能否應用到人類還大成問題（註8）。

　　贊成進化論者不免質問何以社會學家反對這種社會生物學的理論。反過來講，社會學家又不免要追問何以生物學的決定論受著那麼多人的接受？不過配合美國二十世紀最後二十五年保守主義（新保守主義）的抬頭，社會生物學的理論正可以解釋美國當代社會各族群、各階級、性別等等的不平等都是上代基因遺傳下來的，這有別於保守主義者保護家庭勝於協助社會貧困不幸者的想法。

　　近年間企圖把生物學與社會學的因素加以統合，而創造新的跨科際之理論模型，稱為「生物社會（biosocial）模型」或「生物文化（biocultural）模型」（註9）。在這方面有關荷爾蒙和行為的研究結

果發現兩者彼此怎樣發生影響。例如在競賽即將展開前,對參賽者
而言男性賀爾蒙有變化的跡象,勝利者大為增高,而失敗者則不增
反減。這說明荷爾蒙的變化是社會行為改變的結果,而非其原因。
不錯,在拳擊中男性荷爾蒙增高,但在反社會的暴力行為中、失敗
的婚姻中也顯示男性荷爾蒙的升高。

　　不管生物學所談的基因對人類行為有多大的影響作用,每個人
都在特定時空與社會網絡中生活,他可以控制與生俱來的本性,這
就是社會學比較富有理性、富有識見的觀點(註10)。

(六) 最近社會學發展趨勢

　　直至一九八〇年代,社會學理論仍舊表現出眾說紛紜、莫衷一
是,百花齊放、百家爭鳴之態勢,另一方面也反映一九八〇年代之
前三十年間東西冷戰政治衝突之兩極想法。但自從和解氣氛籠罩全
球之後,理論的極端性(extremism)逐漸淡化,過去宏觀與微觀的
爭論、行動與結構的對立逐漸消失,因之,人們乃目擊理論有轉趨
調和綜合概括之勢(註11)。

(一) 杜赫尼的集體社會行動論

　　當代在法國及其餘西方國家極富學術盛譽的杜赫尼(Alain
Touraine 1925-)之研究目標有三:

1.建構一套有異於結構功能主義的社會行動理論,該項理論的
　方法學基礎非個人主義的(methodological individualism),而
　毋寧為集體的社會行動;

2.勾勒和刻劃現代社會(號稱後工業社會)的特徵;

3.指認和辨識社會轉型、社會變遷的行動者(agents)。

首先，杜氏不認為社會是一個生機活潑、類似人類身體的有機體，也不能被視為諸功能配合的整體。反之，社會為眾多成員行動交織的架構。為了使社會能夠維持操作，社會行動對既存的社會結構產生新的衝擊與作用，亦即社會行動是塑造與建構社會的主要力量。社會是一個自我轉變的體系。有異於象徵互動論，杜氏認為構成社會的行動者並非個人，而為集體（collectivities），也就是社會運動者。他說：

> 行動乃是指行動者的行動而言，這一行動受著文化導向（cultural orientations）的指引，這一行動也是處在社會關係脈絡裡，至於社會關係是受到文化導向的社會控制不均之現象所界定的。（註12）

杜氏認為社會鬥爭產生於社會與文化場域裡，在該場域中發生競爭或衝突的社群，不但擁有共同的社會場所，也具有共同價值與規範。這些共同的文化導向的因素（規範、價值），造成該社會在歷史變遷上具有特質，而有異於其他社會，也有異於不同階段上發展的同一社會。他認為大規模的社會行動為社會運動，這包括(1)保護性的集體行動（抗爭、示威）；(2)社會鬥爭（學生運動、婦女運動、民權運動）；(3)社會革命（改變大環境的社會運動）。

社會運動的出現剛好隨階層化以及上下主從關係的消失同時發生，這並不意謂社會已進入平等的時刻，而是說西方工業社會中產階級的抬頭，有意介入公共事務，而企圖打破社會垂直升遷的阻隔。一旦層化或階級化的社會消失之後，馬克思所強調經濟基礎制約上層建築之說詞，也成昨日黃花。

對杜赫尼而言，所謂的後工業社會是指以資訊為生產基礎取代製造業為基礎的工業社會而言。過去舊工業社會之生產方式為以勞

動力為主，今日則倚靠知識與科技。在此情形下，民間社會逐漸屈服於「技術官僚的國家」之下，個人不再以階級成員感受社會的壓迫，而是以公民的一份子受到官僚的統治。社會運動的重心宜轉向民間社會，人民不再企圖向國家爭取權利，而是致力保護其生活形態（life-style），避免為官僚所宰制。至此社會衝突比較不集中於生產部門、或國家部門，反而在文化的層次上。換言之，並非資產階級只因擁有私產或財富才會壓制無產階級。反之，前者之優勢建立在擁有知識和控制訊息（註13）。

杜氏主張社會學家應當涉足、甚而積極參與社會行動、社會運動，採取社會學干涉的方法，才能探索行動與運動的內涵，才能全面理解其意義。亦即他認為研究者不是以觀察員，而是以質問者、交談者、積極份子（activist）的身分俾來「改變」、「改信」（conversion）社會。

（二）卜地峨的反思社會學

擔任法蘭西學院社會學講座的卜地峨（Pierre Bourdieu 1930-2002），也是一位具有寰球盛名的歐陸社會學理論大師。貫穿他豐富龐雜著作的一條主軸，是如何把主體的個人與客體的社會之間的對立或矛盾加以消除、加以化解。社會是眾多的個人由內心與外部行動所體驗的世界，是一種主體意識的歷程；另一方面，社會又好像是管制個人、提供個人生息滋長的場域，是一個客體的存在物。社會與個人無論視為客體物或主體活動，都會令向來的社會學家陷入主體或客體的分歧對立（subjectivist/objectivist dichotomy）。因之，唯有同時明瞭物質與表徵（representation）兩者的特性與相互關係，明白外在的、拘束性的社會事實與個人內在的經驗、理解的行動這兩者，以及這兩者的辯證互動，才能掌握社會的實在。

為此卜地峨提出實踐、習性（*habitus*）和場域（*champ*）三個

概念。首先他指出人的行動為利用時空架構，面臨特定環境，遵循實踐的邏輯、實踐的感覺的行動。習性是指行動者的嗜好、性向、慣習，是一種社會的感受，是一種經過培養的性向與處事方式（註14），在習性中我們發現個人身分的特質和社會體系的特質之綜合。場域是人群活動之空間，可視為行動者動用資源、爭取利益、展開鬥爭的所在。社會是由彼此相對自主、但在結構上卻具有同樣源泉、同樣性質的種種場域所構成。

卜氏便運用這三個概念工具來分析當代社會的階級，他對階級的分辨與馬克思不同，並不以生產資料的擁有與否來決定個人的階級所屬，而是以某人的生存條件、生活形態、在場域中擁不擁有財富、社會聲望、文化水平（文化資本）等來界定所屬，這是比較接近韋伯的階層觀。所謂的傑出階級（註15）不在於成員之外在生活條件，如權勢和威望之擁有，而在於他們擁有共同的習性、或共同處事的態度，包括消費、休閒、生活形態、脫離世俗的審美態度、擁有經濟財貨與象徵財貨（文化修養、知識水平）等。

卜地峨認為社會是由「第一級客體」（物質財貨、權力分配）與「第二級客體」（社會行動的分門別類，職業之分別、區隔等）構成，亦即由權力體系與意義體系兩者合組而成的。社會既然有這雙重的生命，則要加以理解，必須設計一副具有兩個分析焦點的分析眼鏡，同時看出雙重生活的優缺點。為此他創立了反思社會學。其反思社會學有三個特色：(1)主要的對象並非個別的社會分析家，而對使用分析工具的社會學者之非意識的部分也予以發掘理解；(2)發揮團隊精神進行研究群合作性之工作方式；(3)對社會學認知的穩定性不在破壞，反而予以增強。

卜氏的反思，並非研究主體的反躬自省，而是有系統地探詢思想未涉及的部分，亦即清除妨礙研究者思想繼續發展遭遇的絆腳石。換言之，在排除思想的宿命觀與掃除決定性的迷障，俾能更客

觀地認識外頭世界（註16）。

（三）紀登士的結構兼行動理論

英國劍橋大學社會學教授紀登士（Anthony Giddens 1938- ）是英國當代足以與德國哈伯瑪斯（Jürgen Habermas 1929- ）、法國杜赫尼和卜地峨相較勁的世界級社會理論學家。他三十餘年浩繁的著作，涉及社會學、心理學、政治學、人類學、歷史學、地理學、哲學與藝術批評，可謂爲當代學識最淵博、功力最深厚且勢力最廣大的思想家之一。他的結構兼行動（structuration）理論，尤其是二十世紀社會學理論的偉構，值得吾人加以注目。

在傳統社會理論或重社會結構、或重行動者的對立研究取向中，紀氏企圖把結構（structure）與行動（action）的雙元對立加以化解，而鑄造「結構兼行動」（structuration）一個新詞，足見其眼光之獨具。在其所著《社會方法的新規則》（一九七六）中，他說：「談到結構的雙重性，我是指社會的結構既是人類行動所建構，但它同時也是建構的媒介」（註17）。不過結構與行動畢竟是兩碼事，如何化約爲一？這有賴他「社會實踐」（social practices）一詞的強調。透過實踐，人不但有所行動，同時也鑄造了社會結構。由是結構與行動構成社會實踐一體的兩面。

引發行動的是行動者，引發其行動的常是行動者的欲求，是行動潛勢力的部分，不過行動者對其處境與採取行動的策略是擁有可知性（knowledgeability）。在把行動由潛意識升爲意識到付諸實踐的階段，行動者對自己的行動有審視、監督、描述、反思的能力，特別是會運用語文來描述與解釋行動的意義，這便是行動進入言說（discursive 論述）的層次，是故行動不過是行動者援引資源（知識、權力、金錢、地位等）、遵守規則（做事做人的慣習、方式）去改變身外的狀況。

　　紀氏旋解釋結構，結構是受著眾多行動者的行動與彼此的互動所建構的，這一結構對行動者不只有拘束力、束縛作用，也提供行動者方便、資源，供行動者能夠落實其社會實踐。因之，結構無異行動者在社會實踐時所援引的資源與規則。社會的資源涉及人利用物的配置性（allocative）資源，也包括人對人管理和影響的權威性（authoritative）資源。隨著每個時代的不同，兩種資源角色有異，像中古世紀封建社會中權威性的資源扮演較重的角色。反之，在今日資本主義的時代中，配置性的資源顯示特別重要。

　　至於社會的規則，一方面在建構意義，讓大家遵循而便利做事做人，他方面卻也拘束行動者，不允許其踰越規矩破壞規則，一旦有違規行為便會遭致制裁（sanction 懲處）。由於紀氏不把結構當成物化的、外在於人身的、固定不變的事物看待，而視它為隨行動者行動而變化或擴張、或萎縮的資源與規矩，因之，他也把時空引進結構裡頭，而彰顯結構的韌性與變動性。要之，社會的互動是一連串的過程，即結構兼行動的過程。這包括說明意義的指意；也涉及行動者改變環境之能力，亦即擁有左右環境的宰制力量；以及行動評估得失正當與否的合法化的問題。

　　利用這套結構行動理論，紀登士不僅對當代社會、社會組織、社會制度、社會運動、國家、階級、權力乃至現代性加以詮釋，也用以批評馬克思歷史唯物論之缺陷，可以說是引起學界重視與爭論的當代重大社會學說（註18）。

　　在全球化如火如荼展開的二十一世紀初，不但冷戰沒有結束、意識形態沒有終結，還爆發了史無前例的文明衝突。在二〇〇一年九月十一日蓋達組織劫持民航機，撞毀象徵美國資本主義與帝國主義標誌的世貿雙星大樓，也重創華盛頓美國國防部的五角大廈，造成美國本土境內在承平時期第二次遭受外人（第一次是日本奇襲珍珠港）襲擊，從此世局丕變，包含英美等國積極投入反恐活動，對

「流氓國家」的打壓與反擊都造成舉世的擾攘、不安,但還是陸續發生峇里島爆炸案、印度孟買的挾持人質等事件。這不只是全球化後遺症的迸發,也是反全球化運動熱烈的展開,再加上人類生活環境污染的嚴重、暖化、與氣候異常(聖嬰與反聖嬰現象),導致地球氣候模式劇變,在在爲二〇〇八年全球金融惡化、經濟衰退埋下伏因。是故以寰球的眼光,保護生態的主張、恢復國際金融秩序、重振全球經濟運作成爲當前人類,特別是工業先進國家迫切的課題。如何進行全球思考(thinking globally)遂成爲全球社會學(global sociology)的課題。這裡牽涉的有現代化、世界社會、工作觀念與實踐之改變、國家的新角色、社會的不平等、不均等發展所造成的貧窮、犯罪、嗜毒、移民、疾病、健康、公衛、旅遊、娛樂、運動、消費、宗教與信仰活動、城居生活、個人對本群、對國家認同和新社會階級出現等等問題。這些更繁雜、更恐怖、更棘手的社會(政治、經濟、文化)問題就成爲寰球社會學亟待開發與研究對策之問題(註19)。

註　釋

註1　Abercrombie, Nicholas, 2004, *Sociology*, Cambridge: Polity, pp.1-5.

註2　Ritzer, George, 2008, *Modern Sociological Theory*, New York: McGraw-Hill, 7th ed (1st ed. 2000), pp.5-47.

註3　Wooding, Anthony, 2005, *Scoping the Social: An Introduction to the Practice of Social Theory*, Maidenhead, Berkshire: Open University Press; Alexander, J. C. *et.al.* (eds.), 2004, *Self, Social Structure, and Beliefs: Explanation in Sociology*, Berkeley *et.al.* University of California Press; Adorno, Theodor, 2000, *Introduction to Sociology*, trans. Edward Jephcott, Cambridge: Polity Press, pp.2*ff*.

註4　洪鎌德，1998，《21世紀社會學》，臺北：揚智，第53-58頁。 Appelrouth, Scott and Laura Edles, 2007, *Sociological Theory in the Contemporary Area: Text and Readings*, Thousand Oaks, CA *et.al.*: Pine Forge Press, pp.158-191.

註5　以上參考Faris, Robret F. L., 1973, "Sociology," *Encyclopedia Britannica*, vol.16, pp. 994-998.

註6　洪鎌德，1977，《思想及方法》，臺北：牧童，第109-117頁。 Appelrouth and Edles, 2007, *op.cit.*, pp.84-85; Ritzer, 2008, *op.cit.*, pp.75-77.

註7　關於理性選擇可以參考Ritzer 2008 *op.cit.*, pp.308-317.

註8　Kitcher, Philip, 1985, *Vaulting Ambition: Sociobiology and the Quest for Human Nature*, Cambridge MA: MIT Press.

註9　參考Rossi, Alice, 1987, "A Biosocial Perspective on Parenting," *Daedulus* 106: 1-31; Lenski, Gerhard, 1985, "Rethinking Macrosocial Theory," *American Sociological Review* 53: 163-171; Lopreto, Joseph, 1990, "From Social Evolutionism to Biocultural Evolutionism," *Sociological Forum* 5: 187-212.

註10 參考Hess, Beth B., Elizabeth W., Markson & Peter J. Stein, 1996, *Sociology*, Boston *et.al.*: Allyn and Bacon, 5th ed. pp.21-23.

註11 Ritzer, George, 1992, *Contemporary Sociological Theory*, New York *et.al.*: McGraw Hill Inc., pp.457-460.

註12 Touraine, Alain, 1981, *The Voice and Eye: An Analysis of Social Movement*, trans. Alen Duff, Cambridge: Cambridge University Press, p.61.

註13 Touraine, Alain, 1971, *The Post-Industial Society*, trans. Leonard Mayhew, New York: Random House, p. 61.

註14 Bourdieu, Pierre, 1977, *Outline of a Theory of Practice*, Cambridge: Cambridge University Press, p.15; 參考洪鎌德，1998，《社會學說與政治理論——當代尖端思想之介紹》，臺北：揚智，第23-44頁。

註15 Bourdieu, Pierre, 1984, *Distinction: A Social Critique of the Judgement of Taste*, London: Routledge & Kegan Paul.

註16 洪鎌德，1997，《社會學說與政治理論》，前揭書，第45-79頁；洪鎌德，2006，《當代政治社會學》，臺北：五南，第360-384頁。

註17 Giddens, Anthony, 1976, *New Rules of Sociological Method*, London: Hutchinson, p.21.

註18 洪鎌德，1997，前揭書，第105-177頁；洪鎌德，2006，前揭書，第318-353頁。

註19 Cohen, Robin and Paul Kennedy, 2007, *Global Sociology*, Houndmills and New York: Palgrave, McMillan, pp.1-17; Goldthorpe, John H., 2007, *On Sociology, vol. One: Critique and Programe*, Stanford, CA: Stanford University Press, pp.91-116; *vol. Two: Illustration and Retrospect*, pp.125-153.

第八章
經濟問題與經濟學

一 經濟問題的產生與經濟活動的運作

(一) 匱乏、選擇、競爭、合作

　　自有人類以來，便遭逢著物資匱乏的情形。所謂的匱乏（scarcity, 稀少性）是指可以滿足我們生存的必需品，諸如衣食住行的民生必用品並非取之不盡、用之不竭、到處充斥、隨心所欲可以予取予求。到底人類活在物質條件不夠充足的世界之上。這種可資運用的必需品不夠來使我們的慾望與需求獲得滿足的情狀，便叫做匱乏的情境。其實匱乏的情形不僅是指物質條件、物質資源而已，還包括精神條件、文化資源，譬如我們需要更為淵博的知識，更為開闊的胸襟，更為深厚的文化素養，但卻發現這種精神或文化的需求難以獲得。因之，也遭逢另一類的匱乏。

　　不要把匱乏與貧窮混為一談。不錯，窮人是金錢與物資的匱乏者，但富翁也有匱乏的時候。富翁或富婆雖不欠缺金錢，卻可能欠缺時間、欠缺閒情逸緻去做其所欲之事（旅行、爬山、藝術欣賞的活動等）。對他們而言，時間、精力、心情可能是其所匱乏的可欲之物。是故，匱乏是指人們的需要超過滿足需要的資源（包括金錢、貨品、健康、時間等在內）而言。更何況人的慾望無窮，需要不斷增加，而可資援用的資源或是數量太小，或是增加的速度比不上慾望增加的速度，這就造成人生到處都碰到匱乏的情境之因由。

　　然則人們不能因為物質或精神條件的匱乏，而喪失存活的勇氣。反之，要繼續營生，要繼續活下去，就要面對匱乏的問題。

　　在面對匱乏無時無刻不存在，無時無刻不威脅著我們的生活時，人只好去做選擇，選擇某些需要先行滿足，某些需要以後才滿足，或是兩者都同時滿足，但滿足的程度則有大小之別。基於同一時間很難做兩件事情的人生常理，普通人就要在資源匱乏（例如皮

包中的閒錢有限）的情況下，先選擇做某事，而放棄做另一事。譬如說先選擇購買手頭上瀏覽把玩的心愛的這本小說，而放棄另一項想要購買的光碟片，這就是一種選擇。

每個人在進行選擇時，就會思考和估量，例如購買小說而不買光碟片兩者的得失。換言之，現在購買的是書，而非光碟片，為了購買小說而放棄購買光碟片，這失掉購買光碟片的機會，就稱為機會成本（opportunity cost）。機會成本成為匱乏的情況下，所作的任何選擇，亦即必須付出的代價，正如有云「魚與熊掌不可得兼，捨魚而取熊掌者也」。這種代價可以用時間衡量，也可用金錢衡量。總之，我們在作選擇時，總有第二優先的事物必須放棄，才能選擇第一優先，是以第二優先的價值也就是權衡第一優先的另一標準。

其實所謂的選擇牽連到所欲的事物之間的競爭問題。以上述購買小說與光碟片為例，人們選擇買書而不買光碟片，就表示書與光碟片這兩者彼此展開競爭，其中只有一項可以購買。當然如果人們錢財充足，沒有匱乏，則兩者都可以同時購買，但因為處於錢財不足的匱乏情況，只能兩者選一購買，這便是書與光碟片競爭的原因。是故由匱乏我們又引申到競爭的問題。

不只貨品與貨品之間存有競爭，人們還為較佳待遇的工作而競爭。工人與工人之間、經理人員之間、同業同行之間都在競爭，不同行業之間更是存在競爭。擴而大之，國家與國家之間也進行軍事、外交、商貿、科技、文化等方面的競爭。

要解決人類向來無法甩掉的匱乏之陰影，除了被迫去進行選擇，估量利害得失，付出機會成本，與別人展開競爭之外，是否人群可以透過合作的關係，把匱乏減到較低的程度，把滿足提升到較高的層次呢？不管是競爭，還是合作，都要遵守遊戲規則，才會使競爭與合作發揮其效果。但競爭固然無法消除匱乏，合作也不會使匱乏消失，是故經濟問題乃由匱乏滋生出來的問題，匱乏成為人類

經濟活動的驅力，經濟學乃是研究如何解決匱乏所滋生的選擇之學問，這也是經濟學稱做「憂悒的科學」（dismal science）之原因。

「經濟行為」、或「講究經濟的作法」（economizing）是指對可資運用的資源作最好的利用、最佳的挹注而言，也是節省的意思，此字與「權衡得失」（optimizing, 最適化）有相同的意涵。權衡得失是在支出代價與獲取效益之間作一平衡的評估，俾收到最適量（optimum）的作法（註1）。故此我們知道，經濟學是在有限的資源中，亦即匱乏的情境下，衡量各種抉擇的效用及其機會成本之後，而做出一連串的選擇，故此，經濟學也被歸類於行為科學當中。

（二）經濟活動，國內與國際的經濟

經濟活動、或簡稱經濟（economy）是指把稀少或匱乏的資源在各種競爭性的用途上作一分配（allocation）的活動與機制（mechanism）而言。這牽涉到什麼資源要加以分配？如何分配？分配給誰？這三個重要的問題。

　　1.什麼貨物（goods）與勞務（services）需要去生產、生產到何種的數量？這個問題與每個社會的需要有關，所以古往今來，任何一個社會的生產機關都有不同的答案。在自由市場的資本主義體制中，生產什麼東西、生產多大數量完全取決於「看不見的手」，也就是市場的供需律之運作，由產品的價格來決定。在前蘇聯、東歐與改革開放前的中國、越南等共黨國家所採取的中央計畫或指導經濟體制中，則由中央（或地方）黨政機關事先計畫好，加以實施。這就說明兩種截然不同的經濟體系來決定財貨與勞務的生產問題。

　　2.如何生產？如何流通？這表面上涉及生產技術或科技運用的問題。事實上也是談到人力與原料如何搭配、勞力怎樣使

用、人事怎樣管理、企業怎樣經營、產業怎樣升級，以及金融、外貿、外資、外援、就業等政策怎樣制訂與執行的財經問題。

3.為誰來生產這些貨物與勞務？為社會上收入極佳、擁有財富的少數人而生產？還是為廣大的中低收入群眾而進行貨務（貨物與勞務）之生產？這涉及的不只是貨務的分配，也是財富（個人所得收入）的分配問題。高所得者對貨務之消費多；反之，低所得者消費少。這說明所得與消費的密切關連，是故社會財富如何來重作合理的分配，私產、遺產課稅的公平與否，也成為左派或激進的經濟學者所關注的問題。

現代經濟學（economics）開始的十八世紀下葉，在英國與法國一般稱之為政治經濟學（political economy），在德國則稱為「國民經濟」（*Nationalökonomie; Volkswirtschaft*），這是強調經濟活動主要與國家求取財富的活動有關，也與國民的經濟活動有關。但其後經濟活動已不限於國境內的貨務之生產、流通、分配、消費的活動，早已跨越國界而成為國際經濟（international economy）、區域經濟（regional economy）、乃至今天寰球經濟（global economy, 全球經濟）。

（三）經濟活動的主要成分

儘管在經濟活動中，小到個人大到寰球，都是經濟活動的主體、或行動主角，但我們仍可以粗略地分成兩部分，其一為決策者（decision makers）；其二為市場（markets）。

1.決策者

這是經濟活動的推動者，是經濟舞臺的主角，由他（她）們來進行符合經濟理性的選擇與決斷，這包括了家計、廠商和政府三者。家計（households）是由一群人（一般為男女及其直系親屬構成的

家庭，現時同性戀中的同志組成之家庭也宜視為家計，也包括中國大陸過去的人民公社）所組成的決策單位。家計有時限於一人或單親戶，也可能大到公社這個生產兼消費的大家庭。他們一樣要進行每日的開銷、支出，也擁有定時的收入所得，所以是經濟性活動最基本的單位。

其次是廠商（firms），包括公司行號、大小企業、乃至產業組織，這是貨務生產與流通的主要機關。一般而言所有的生產者、運輸者之組織，不管是隸屬於農、工、商、漁、礦等業，概稱為廠商，它們也是經濟活動的推動者。

最後談到各級政府，這是提供貨務的機關，也是使社會財富獲得再分配的權威性機構。政府所提供的是法律與秩序，俾經濟生活在和平與穩定中得以展開。政府不只提供法律機制，還是提供公務員、官吏、軍人等就業機會的僱主，它也是提供國防、公衛、運輸等服務的最大「廠商」，更何況在政府底下還有許許多多的國營事業，他們也提供可觀的生產能量。

2.市場

通常我們把市場當作是以貨易貨，特別是使用金錢作媒介進行貨務交易的場所。事實上市場乃為便利買賣的場所與安排（arrangements）。像世界石油市場並沒有銀貨交易的場所，而是石油生產者、使用者、大盤商、零售商、仲介者為著石油的買賣而進行的互動。在這個號稱為石油市場中，買賣雙方不須以其身軀出現在交易場所，只靠電話、電報、傳真、網際網路、同步視訊等便可以取得聯繫，作出一筆筆的生意來。

粗略地分類，我們可以將市場分成貨務市場和生產因素市場兩類。前者涉及貨物與勞務的買賣；後者則牽涉到生產因素（勞力、土地、資本）的買賣。當然人們也可以把企業經營當成生產的第四項因素看待。

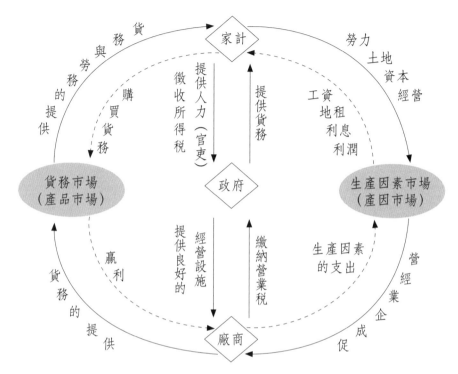

資料來源：取材自Parkin 1993: 13, 經本書作者予以增添修改。

說明：家計、廠商和政府做了經濟的決斷與選擇。透過生產因素市場，家計決定要提供多少的勞力、土地和資本給廠商（也包括擔任公職之政府機關）進行經營，以換取報酬收入（薪資、地租、利息、利潤），家計也決定要花用多少的收入所得於購買各種貨物與勞務之上。同樣透過生產因素市場，廠商決定要僱用多少人力、租用多大土地與募集多少資金俾從事生產。也透過產品市場決定生產何種貨品與勞務來滿足家計的日常需要。政府居間協調家計與廠商之間，靠稅金維持公家開銷，但也提供安全、秩序、方便等勞務與貨品給家計和廠商。

圖8.1　經濟活動圖

3.決策

這裡的決策不是公共的、政治的決策（儘管政府工作爲屬於此一範疇），而是指家計、廠商和政府的經濟決斷而言。這三者的決策最明顯的特質爲彼此利害並非一致，反而是相互矛盾，乃至衝突。例如家計決定其成員要選擇何種職業，要工作到怎樣的程度（工作

時間的長短），這與廠商為了生產貨務需要的勞力（使用時間、方式）不完全符合。同樣在產品市場上，買方與賣方的期待與選擇也不盡相同。政府對稅收的決定，常也與家計以及廠商的希望相左。

由於這是幾百萬人，乃至幾億人每天要作的決斷，如何把這些分歧的、龐雜的決斷加以協調規整，便成為計畫經濟體制下黨政官署的職責，這也是導致舊蘇聯、東歐和早期中國共產黨經濟管理失敗的原因之一。反之，採取資本主義經濟體制的西方與第三世界的國家，則完全倚賴市場發揮其調節的功能。這也是採取改革開放政策的中國最終仍要重用市場機制的原因，儘管他們所標榜的是「具有中國特色的商品經濟」，或稱社會主義的市場經濟。

很明顯地，靠著市場價格的上下波動，來促成買方與賣方調整他們的需要與供給，以及產品種類、數量等等，是價格發揮它使供需調適的作用，不過價格本身卻也反映了供需的變化。要之，市場的機制，也就是價格的調適功能，是解決如何生產、怎樣生產、為誰而生產等三大問題最好的指揮，這就是亞丹・斯密所說的「一隻看不見的手」，在指揮人們的經濟活動，使其在和諧、平穩中持續開展。

二　從古典到現代的經濟學說

（一）古典政治經濟學

在社會科學的諸種學科中，以經濟學最早應用自然科學、物理科學客觀嚴謹的研究方法來研究經濟現象與問題，也是最早脫離哲學的思辨，而成為一門獨立的學科。為此經濟學被稱做社會科學的王后或皇冠來讚賞，儘管也有人把它當成「憂悒的科學」，因為它

也探討貧窮、收入差距等社會不平等的問題（註2）。

在十八世紀重農學派（physiocratic school）興起，對抗重商主義，認為國家的財富與安全繫於土地所生產的農產品，亦即把土地及農業視為國家財富的源泉，其餘的工商產品不過是農產品的加工改造而已。這種看法被視為對經濟生活最早的科學研究，其創立者為揆內（François Quesnay 1694-1774）。其著作為《經濟圖表》（*Tableau économique* 1758），亦即為經濟活動列出詳細的項目。

亞丹‧斯密的《國富論》（1776）為政治經濟學首部完整的巨作，影響幾達兩個世紀之久。儘管《國富論》為政治經濟學之力作，其主題實為他《道德情緒的理論》（1759）之延續，含有哲學思辨的色彩，蓋其結語仍舊敘述人類激情與理智觀察內鬥對時代與歷史的影響。由此他演繹出人類由漁獵、游牧、農耕而至工商的社會發展歷史之四大階段說。

每一階段都有與其相適應、相當搭配的制度，來滿足人類發展的需要。在工商發達的階段，法律與秩序所保障的私有財產成為社會最重要的制度。斯密指出，文明（市民、公民、民間）政府的設立正是為保護富人的私產以對抗窮人的機構。造成社會變遷與歷史演進的驅力來自於每個人理性指引下自求多福、自我改善的慾望。

社會秩序之所以能夠維持，導因於人性中激情與理智兩種面向，社會制度的機制就在導正個人激情的出軌，這種機制中包括競爭在內。為追求自我改善而進行競爭的結果，就無異是一隻看不見的手在管理和指揮一個社會的經濟活動，這也是何以產品的價格依循市場供需律的調節，而邁向自然價格之因由。

要之，斯密的經濟著作是資本主義崛起前工業階段的時代反映，他視市場有自我矯正、自我調節的作用，這是其慧見。他攻擊重商主義，卻主張自由放任，強調社會分工是提高生產力的竅門。他雖贊成經濟成長，但反對無限度的經濟膨脹。

　　李嘉圖（David Ricardo 1772-1823）在研讀斯密的《國富論》之後，致力經濟學的思考，曾經爲英國銀行大量發行紙幣和擴大信貸，而擔心英國國庫黃金儲量之減少，以及英鎊匯價的降落，由此展開的中央銀行運作理論對十九世紀初英國財經界影響重大。

　　李氏最重要的著作爲《政治經濟學與稅收的原則》（1817）一書，其中探討社群三階級（地主、工人、資本家）的社會產值之分配。他發現商品的價值與投入之勞力數量成等比，資本家的利潤則與工人的薪資所得成反比。一旦人口數目增加，地租也提高。人口若膨脹過快，則薪資有被壓抑之勢，在耕地擴大下，地租上升，利潤便會減少，資本形成困難。他又認爲國際貿易並非各國生產價格之不同引起，而是受制於國內產品價格結構之歧異。他的學說在於把亞丹‧斯密的經濟觀拘束在更小的範圍內，使其變成更富科學的精神，而減少哲學的玄思。

　　馬爾薩斯（Thomas Malthus 1776-1834）在一七九八年出版《人口原則散論》，主張人口以幾何級數的速度增加，而食物的生產卻僅爲算術級數的遞增，是以人類要達到戈德溫（William Godwin 1756-1836）太平康樂的理想是遙遙無期。事實上人口的成長不是受著天災、饑饉的壓抑，便是受到戰爭、疾病的限制。要制止人口漫無目標的膨脹，或靠「敗德」（vice 包括節育措施）、或依自制、或靠「貧困」（misery）才能奏效。

　　作爲一位悲觀的經濟學者，馬氏視貧窮是人類無法擺脫的宿命，在該書再版中，他蒐集當時德、瑞、挪、俄等國的人口資料，而使其悲觀的人口論得到經驗性的資據。他的人口論成爲其後經濟學重要論題之一，這是對經濟樂觀論的抑制，也是爲工資宜停留在僅以餬口的水準之主張作一辯護，也爲賑災救濟的慈善工作潑一桶冷水。

　　除了人口論之外，馬氏的另一貢獻爲發明「有效需求」一詞，

來論述價格的形成。一八二〇年他出版了《可資應用的政治經濟學原則》，其中建議公共設施與奢侈投資為促成有效需求的途徑，可以阻卻經濟的衰退，而有利於繁榮的出現。他對浪費濫用的消費敗德大加抨擊，不過過分的節儉省用也會摧毀生產的動機。要使國家財富大增的方式為「平衡生產的能力與消費的意願」。他也討論到經濟停滯或衰竭的問題，當時他使用的字眼為gluts，意即發展過度、過剩之意。

約翰·史都華·穆勒（John Stuart Mill 1806-1873）承續其父詹姆士·穆勒（James Mill 1773-1836）之餘緒，發揮李嘉圖以嚴格意義下的科學方法來處理經濟問題。早在一八四四年出版的《政治經濟學未解決的問題》一書中，他討論了國際商貿利益的分配、消費對生產之衝擊、生產性與非生產性的勞動、利潤與薪資之關係等等。這是他經濟思考的第一期。在第二期中他出版了《政治經濟學原理》（一八四八第一卷，一八四九、一八五二第二卷與第三卷），同時主張解決愛爾蘭農民的貧困與紛亂在於給予他們土地所有權。之後，他對社會主義者的著作投注心力，認為社會問題對政治穩定具有重要性，對私產的權利之保障則開始存疑。他也把生產和分配分開來討論，對於工人階級必須在僅以餬口的工資（sustainable wage）之生存線上掙扎極為不安，不過並未接受社會主義的解決辦法。這是他政治經濟學家的時期，也是其經濟思想的第三期。

穆勒的經濟思想之第四期，亦即他捲入東印度公司的管理與監督事務之時。他反對東印度公司在一八五八年的解散與權力轉移，其反對言論與文件成為個人訴求與主張之典範，但這些看法對經濟理論之闡釋無關。

法國經濟學家賽伊（Jean-Baptiste Say 1767-1832）提出著名的市場律（「賽伊法則」），認為供給會創造其本身的需求。因之，他不認為經濟衰退是由於需求不足引起的，而是由於短暫時期中有些市

場生產過多，另一些市場則生產過少的緣故。這種不平衡的狀態早晚會自我調整，因為過多生產者會調整其生產方向，俾迎合消費者的偏好，否則要被迫離開生意場。賽伊法則一直能有效詮釋當時的經濟活動，直到一九二〇年代末的大蕭條爆發與延長，其解釋力才告失效。此一供給會創造需求律隱含著資本主義自我調整的內生穩定（build-in stablizer）之機能，而無需政府對經濟事務的干涉。他的另一貢獻為分辨資本家與企業家不同的角色，這與他本身曾經是生意人，又是法蘭西學院經濟學教授雙重的身分有關（註3）。

此外，牛津大學經濟學教授洗紐爾（Nassau William Senior 1790-1864）曾著有《政治經濟科學大綱》（1836）一書，認為資本的節省和累積也是生產成本的一部分。也就是資本家忍受不使用、不消費的克制理論（abstinence theory）之首倡者，此種說法當然遭到馬克思主義者的抨擊。

除了前述以英國人為主、法國人為輔的經濟理論家之外，尚應把法國人巴士提（Frédéric Bastiat 1801-1850）與奧地利人孟額（Karl Menger 1840-1921）也晉身古典經濟學家之列。前者反對閉關保護的商貿政策，而主張國際貿易的自由發展。後者則以強調邊際效用，而提出價值的主觀理論，其學說對用途、價值、價格之關連，有所闡述（註4）。

（二）社會主義者與馬克思的經濟理論

在馬克思與恩格斯創立其所謂的「科學的社會主義」之前，便存在著各種社會主義的思想，這些馬克思之前的社會主義被恩格斯目為空想的或烏托邦的社會主義，但其學說可以說是對工業革命發生後、歐洲社會和經濟關係的不公與不平之反彈與抗議。特別是建立在資本主義生產方式之上、自由放任的市場運作帶來廣大勞動群眾的貧窮悲慘，也助長「貪多務得的個人主義」（aquisitive individualism）瀰漫在社會每個角落。是故社會主義者大多主張取消私產、分工、競爭、鬥爭，而改以合作、團結、生產者的聯合、合作社運動、公社運動等等教育與道德的提升來改變人性的貪婪、自私、自利、剝削、壓榨。

社會主義者大多同情與支持廣大貧苦的勞動群眾，認為後者有朝一日可從少數富裕者、有產者、權勢者的桎梏下獲得解放，屆時他們將會自後者手中奪得生產資料和政府的主控權力。

十九世紀與二十世紀號稱社會主義的支持者和信徒，大多認同上述社會主義的價值與企望（平等、自由、和諧、團結、博愛等），而希望未來的社會能夠重新組織而實現這些價值與熱望。不過他們之間對實現這些理想的方式與手段看法頗為分歧。或主張全部生產資料歸公，亦即國有化；或主張重大的實業始由國家經營（節制私人資本，發達國家資本）；或主張極權的中央政府對經濟進行計畫與監控，亦即主張統制經濟（command economy）。總之，從聖西蒙、傅立葉到歐文都主張建立新的社會秩序，其經濟操作在排除競爭之後由共同體進行，俾每個人的才華能力可以發揮。

在《資本論》第一卷（1867）中馬克思應用李嘉圖的經濟範疇對資本主義的體制展開嚴峻的、無情的道德性之抨擊，他不僅抨擊資本主義體制，他也批判擁護此種體制的古典經濟學說，是故《資本論》的副標題為「政治經濟學的批判」。他認為資產階級的社會，儘管表面上進步與繁榮，生產力發展到史無前例的高峰，但難逃歷史辯證的變遷律窠臼之限制，就像其先行者的封建社會一樣終將邁向必然的衰微與崩潰。由於資本主義的特徵為資本家漫無止境不斷的追求利潤，把利潤的積聚轉化為資本的積累，但利潤的主要來源為剝削工人階級的勞力之結果。當勞力已盡，利潤率大降，工人收入大減，甚至變成失業者、革命的後備軍，被迫鋌而走險，遂起來搞無產階級的革命，最後導致資本家喪鐘的敲響，剝削者終於

被剝削。

《資本論》最動人的部分爲利用英國國會的工廠調查報告詳述競爭性資本主義下工人階級的生活慘狀。馬克思相信工人的慘狀將惡化，而資本的壟斷會導致生產的停滯，屆時社會動亂將無法避免，這也是資本主義崩潰的時刻之到來。

馬克思雖然不認爲自己發現了社會階級的存在、對立與鬥爭，但卻自稱每種生產方式會帶來相搭配、相配套的階級結構。在資本主義被推翻之後有短暫的無產階級專政時期，俾社會過渡至無階級、無剝削、無異化的新階段——亦即共產主義社會的降臨（註5）。

（三）新古典學派

馬歇爾（Alfred Marshall 1842-1924）是經濟學新古典學派的創立者之一，他的《經濟學的原理》（1890）一書，首次以經濟學取代過去政治經濟學的稱呼。他強調經濟學應關懷活生生的人類之命運，設法改善人類的生活。他也企圖以時間因素之分析，協調古典學派和邊際效用學派不同的主張。他提出需求彈性（elasticity of demand）、消費者剩餘（consumer surplus）、準地租（quasi rent）、代表性廠商等新概念，大多爲後來的經濟學所沿用。

馬歇爾的學生和劍橋講座的繼承人皮古（Arthur Pigou 1877-1959）創立了福利經濟學。一九二〇年他出版了《福利經濟》，分析經濟活動對社會及其群體福利的整個影響。有異於馬歇爾關懷個人的行爲，他研究邊際效用分析之累積，將個人功用加以累積便是社會的福利。皮古把經濟分析的技巧應用到一大堆的問題，諸如工資、失業、公共財政等等之上，成爲經濟學劍橋學派的奠基者。

巴雷圖放棄了功利學派的研究途徑，而重新接近實證主義的路

數，追隨瓦拉斯（Léon Walras 1834-1910）注重個別市場加總之經濟整體的均衡。他批評馬歇爾不懂經濟均衡（economic equilibrium），認為經濟學的研討如不注意各因素之間的關連，常會導致錯誤的因果關係之分析。他視價值（value）含有形上學的色彩，不宜當作經濟分析的對象。取代價值的是價格（price），因為價格是可以測量的客觀事實，也是實證的。經濟學家應注重選擇的客觀資訊，他也避談功利學說，避免討論「福祉」（well-being）。他使用數學方法於經濟分析之上，特別涉及所得分配（income distribution），認為所得的分配並非隨意的；相反地歷史上在各種社會中分配有其一定的模式。此說引起極大的爭議。

凱因斯（John Maynard Keynes 1883-1946）是把經濟學理論提供為國家政策之參考與落實，為現代最具影響力之經濟理論家。在一九二〇年代末世界經濟大蕭條爆發與蔓延，使得傳統經濟學家，特別是主流派的自由放任政策之主張受到嚴峻的考驗，凱氏因為主張政府的積極介入形成公共政策，甚至必要時造成財政的赤字，俾帶動經濟復甦，贏得舉世的注目。

他在一九三五年底出版的《就業、利息和貨幣的一般理論》變成了足以與《國富論》相比較相匹配的現代經典著作，美國羅斯福總統的「新政」（New Deal）便是採用此書及其前身《貨幣論》（1930）作為施政的理論基礎。《一般理論》兩項主張為至今為止的就業理論完全失效，以及失業與蕭條的原因在於總合需求不足。後面這個總合需求（aggregate demand 累積需求）不僅包括消費者與廠商的支出，也包括政府部門的開銷在內。總合需求過低，則廠商的銷售和百姓的求職均蒙受其害。景氣循環（business cycle）來自消費者少，來自廠商與政府的作為者多。

在經濟衰退時，補救之方如果不是增加私人投資，便是由公共部門大事建設來彌補、代替私人投資。在經濟稍微緊縮之際，政府

透過央行推動銀根寬鬆與利率壓低（公開市場操作、存款準備率、重貼現率）的貨幣政策，有助於刺激廠商的投資，而達成降低失業率的目標。在經濟萎縮之際，則藉著政府公共建設或賑濟的赤字政策，可紓緩景氣的低落，而使經濟復甦。

一九四六年美國國會的就業法，強制總統必須維持經濟繁榮，一九六四年甘迺迪總統公布減稅的法令，使其後繼任的行政首長蕭規曹隨，擴大國家財政赤字來保障充分就業（低失業率）。第二次世界大戰之後，很多西方資本主義國家也紛紛效法美國政府，採用凱因斯的理論作為振興經濟的策略。雖然在一九八○年代出現的供給面經濟學（supply sider economy）挑戰此種以政府支出來維持經濟榮景，卻導致物價節節高漲的經濟成長，但觀乎美國在二次大戰戰後至今，除了柯林頓（Bill Clinton 1946-）政府之外，其他總統大多都將凱因斯學派的理論作為奉為圭臬，而僅有小幅度的修正。

（四）制度論與新制度論

古典經濟學和新古典經濟學都相信經濟行為是理性的，此種過分重視人類的理性遂導致一九三○年代市場社會主義派的興起，相信能以福利經濟的方式來達致社會主義的目標，亦即多少採用計畫的手段來處理國民經濟。由於社會主義理論牽涉到價值的問題，遂遭到奧地利學派的挑戰，後者視經濟價值為主觀的看法，無法為計畫者所能知、所盡知。再說如強調人是理性的動物，則善於評估利害得失的理性個人之互動將會造成一個明顯的社會秩序，而使用政府或市場的力量強行規範這種秩序，將變成不智之舉。

美國制度論（institutionalism）的經濟學派（「制度學派」）則挑戰兩個傳統的概念「理性」（rationality）與「總合」（aggregation 累積）。他們不認為人類的行為都是富有理性的，反而是受著社會文化與習俗的影響，此外個人的行動也無法從一個妥切的社會秩序中

抽繹出來。他們不放棄制度所扮演的角色，也主張計畫的重要，不過不再倚靠價值的主觀評估，而是憑藉客觀的科技資據來重建價值理論。

　　這派學說又分成兩支，其一為視制度為人群思想的習慣，其二為目的性（purposive）理論。前者代表人物為韋布連（Thorstein Veblen 1857-1929），後者代表人物為康孟思（John R. Commons 1862-1945）。

　　韋布連反對正統經濟學建立在人性不變的基礎上，而視人性是變動的、進化的。在其所著《制度的經濟研究》（1899）一書中，韋布連嘗試將達爾文的進化論應用到人的經濟生活之上。蓋工業體系要求人群勤奮、認真、有效率和合作，資本家、富豪則以拼命賺錢與展示奢華，來顯露其掠奪者之本事。人的本性並非像功利學派所主張的符合理性，而是思想受制於習慣，受制於社會環境和社會經驗。換言之，功利學派的享樂主義被易以實用主義的社會心理學。實用主義描述思想的習慣和社會的習俗為制度。韋氏的經濟制度論強調的是文化的演進面，而非生物學上的「社會達爾文主義」。

　　康孟思對美國勞工運動的發展史詳加探討，他認為群體的規律和控制是個人行動擴張的基礎，美國最高法院在他的心目中成為政治經濟的最高學府。政治經濟明顯的特徵為財產權利的交易，是故對財產的擁有權乃是人際交往的要素。移轉財產權就要靠法律、靠國家。何以會產生財產擁有權？這無非是匱乏造成的情況。匱乏造成對所有權的需要，而分析這種需要當然是經濟學家的本務，但經濟學家仍需理解法律與倫理、習俗等制度是保障財產權的利器。

　　制度論對正統經濟學提出兩項挑戰，其一為（韋布連的說法）對享樂主義、功利主義的心理學提出批判，也就是否認諸個人的客觀福利與他們主觀的需求願望一致。個人主觀功利的最大化與個人客

觀的福祉既然無關，則在政治經濟學中儘管行動者對個人需要進行操控，個人的福祉依舊無法獲得。第二個批評則是指出，縱使個人的功利真能發揮作用，亦即個人果然追隨本身利益去行動，也未必造成社會最佳的福祉。景氣循環是受到貨幣制度所激發的（韋布連學生米切爾Wesley C. Mitchell. 1874-1948之說詞）。

　　一九六〇年代美國一批新的理論家崛起，企圖協調正統經濟學說與制度分析之對立，是即新制度學派的興起。過去主張經濟現象的解釋和預測必須融貫（congruency）的研究方法，是實證主義的說詞，如今則被功能的與演進的解釋方式所取代。此外，把經濟與政治分開的古典或正統經濟學的作法也易以新的看法，經濟學家固然重視經濟的諸現象、諸問題，但也不容忽視政治的與社會的影響，特別是制度對人的經濟行為之重大作用。

　　換言之，由於採用制度途徑，所以必須承認政治與社會對人類社會之衝擊，過去對政策的爭論，改變為現在對制度（特別是好的制度）之爭論。這些新制度論的學者有R. R. Nelson, S. G. Winter, O.Williamson A. Schotter, R. N. Langlois等新一代的經濟學家。他們質疑「經濟人」（*homo oeconomicus*）能夠擁有完整的資訊與知識，而作出合理的計算、選擇。他們也抨擊完全競爭，認為事實上只存在不完全的競爭。經濟行動者其實在進行超級的遊戲（賽局），在此遊戲中自然會發展出遊戲規則來，社會的習俗對遊戲也會產生影響。是故博奕論、廠商進化論（強勢廠商把弱勢廠商驅逐出生意場外）成為新制度論者之主題。

　　另外，諾貝爾經濟學獎得主賽門（Herbert A. Simon 1916-2001）則批判經濟理性的真意。他認為經濟人預設的「完全理性」根本不存在，此種行為模式之下的經濟人的抉擇亦僅為神話。相對地，他提出「有限理性」之概念，而為卜坎南接受與應用。布氏便以此分析政治現象，並之轉變為「理性選擇下的有限理性」。此種理性選

擇下的廠商，是當今促使市場精義充分發揮效能、展現效率性的要件。此種準據所知與預見之情境而為之選擇（抉擇）而能在相當之條件下符合生產與消費之最適化（註6）。

（五）新社會運動的經濟理論

受著羅馬俱樂部的報告《成長的極限》（1972）出版的影響，美國及其他先進工業國家新的綠色社會運動也跟著展開。他們質疑經濟成長的合理性，認為在成長問題之外也應注意到分配（資源使用）的問題。過去盲目追求成長、而忽視資源配置與再配置（re-allocation）都是正統經濟學所犯的錯誤。此外，正統經濟學中分辨手段與目的，這便受到希爾士（F. Hirsch）的抨擊。原因是在經濟活動中手段與目的是分不開的，譬如說消耗汽油的手段是達成旅行的目的，但這個手段（消耗汽油）並不是為手段之緣故（為消耗汽油而消費）而被消費，反之是為了達致另一項目標（旅行）而消費。因之，消耗汽油可目為消費者直接性的貨品，其開銷是「令人引以為憾的必須品」（regretable necessities），是一種「守勢的」（defensive）貨務（必要之惡）。這種必須品開銷的增加（大家拼命消耗汽油，駕車到處開逛），並不意謂著大眾福祉的增加（儘管遊人可以旅行享樂），有時反而是負擔的增加，或社會成本的增加（造成道路壅塞、空氣污染）。

這就說明開銷的增加並不意謂社會好處的增加。因之，經濟產出的評估不在其增加、擴張、成長，而是考量經濟活動是為何種目的而推行。把經濟成長轉化為金錢數目，再加以量化，事實上並不會達成經濟測量之目的。儘量花錢在汽油之類守勢貨務的開銷上，固然使國民生產總值（GNP）增加，卻導致社會成本如交通擁擠、空氣污染、車禍的頻生等等壞的結果。

由此引申的環境經濟學（environmental economy）便在討論社

會成本（social cost）的問題，社會成本又牽涉到使用資源的權利之問題，而權利的移轉及滋生的代價也成爲環境經濟學家探討的主題（註7）。

三　當代經濟理論的盲點及其補救之道

（一）經濟預測的失效──「蘇東波變天」

自從一九八九年舊蘇聯和東歐共產黨一黨專政的政治制度（獨裁極權）與經濟制度（計畫與統制經濟）崩潰之後，人類進入一個新的紀元。但「蘇東波變天」的迅速與徹底卻令世人感到非常的驚訝，特別是社會科學家當中的政治學者與經濟學者皆未能即時看出這一變天的迅速降臨，證明是西方社會科學的一大失敗。

在檢討西方學界無法正確預言蘇東波變天之因由時，曾獲得諾貝爾經濟獎的美國學者卜坎南（James M. Buchanan 1919- ）指出，這是主宰西方經濟學界將近一個世紀、強調極大化典範（maximizing paradigm）的僵化，所造成的理論之無能。此一極大化典範是認爲經濟理論在解釋人群的行爲與社會產品之間的關係，其假定建立在個人行動取決於經濟性自我利益的追求。這一自求多福而造成群體協和繁榮的假設，並無錯誤，錯誤的是把這個理論擴大到視經濟學爲國家致富之學，亦即以組織、制度的力量去干涉社會的經濟秩序，進行社會控制與經濟計畫、經濟統制。在經驗現實中，個人確實在增大其可測量的自利，但經濟學家居然在檢討社會主義時忘記了這個違背自利原則的政經社會制度一開始便會走上違離個人自利的道路，也就種下其後覆亡的種子。

原來社會主義的奠基者所追求的目標是要讓全體百姓均蒙其

利，因之企圖以有組織有計畫的方式來調控經濟。但社會主義一旦
建立之後，貨務的生產不再是經濟價值的創造，其原因爲所生產的
貨品與勞務並非參與此一制度的人群所喜歡偏好的東西。換言之，
西方經濟理論只集中在注意社會主義失敗的因由是由於缺乏鼓勵刺
激生產意願的機制，再加上生產、流通、消費所需之消息資訊的不
足，以及選擇與結果間不確定之關連等因由，而沒有注意這一制度
與人性追求自利截然相反所造成的嚴重後果。

　　加之，馬克思及其信徒所言之辯證唯物論所言之「物質的生
產力」，特別是工具、機器和其他涉及生產活動之物，其實僅爲心
靈活動的產品。馬克思認爲物質的生產力帶來與人意願無關的生產
關係與其統屬／宰制關係，亦即財產法的社會制度。然而馬克思在
《資本論》等著作中指出資本主義社會下之人心由於對剝削不滿，
而嚮往無異化、無剝削社會主義、共產主義。然而這種論述卻犯了
認識論的二元論之謬誤，將與自身歷史哲學所抽繹出的歷史變遷規
律，與促成歷史變遷的必然性，從而與許多暴君的手法雷同，將自
身當成善者，與自身意見不同之人當成「惡」、當成不眞，而欲將
之破窗排出、除之而後快（註8）。

　　在「蘇東波變天」之後，中國或部分社會主義國家雖仍標榜社
會主義商品經濟，但實際上卻是向資本主義看齊，加以全盤接受。
以中國爲例，透過有效吸引外資（包含爲數眾多、貢獻金額龐大的臺
商），使得中國的經濟發展得以在過去的二十多年中保持七％以上
的高成長率，宛如臺灣的經濟奇蹟再一次的在中國上演。不過相對
於過去臺灣爲了追求經濟發展而犧牲環境，有中國學者宣稱，中國
在環保法規上的進展顯示，長期的經濟發展策略是堅持永續經營的
路數，同時對於人口質與量的控制，也積極發展科技與教育，培養
科技人才，使中國脫離過去一窮二白的境地（註9）。但此論述卻
爲克魯曼（Paul Krugman 1953- ）所批評，由於經濟成長必須取決於

勞動、資本與技術三者的共同效力，以取得有效的生產方式，而過去亞洲四小龍經濟發展的成功經驗在於價低而質高勞動力與資本密集，而不是在技術創新上投注心力。故此，當資本逃竄出現，這些國家必定遭逢經濟危機，果不其然地在一九九七年亞洲金融風暴，過去的四小龍便遭逢困境（註10）。另外，由於法規與實行有極大的落差，外頭雖有進步的法規，但在執行上仍是「上有政策、下有對策」，說的一套，做的又是另一套，造成經濟體質的虛胖。故此，中國經濟的衰退乃至泡沫化的警告可能不是虛傳。

　　總之，卜坎南藉「蘇東波變天」的機會指出：十八與十九世紀政治經濟學剛剛出現時，理論家對經濟現象認真觀察，以無比的熱忱建立了新科學。古典經濟學家肯定市場對交易的有效調整，規勸政府對經濟活動採取放任自由、無為而治的政策，這是造成西方資本主義體制下的經濟蓬勃發展的主因。另一方面，鼓勵國家對社會經濟活動進行干預與計畫，反而造成社會主義體制下統制經濟的失敗。兩相對照的結果，卜氏希望經濟學理論仍保持其作為交易之學的原始精神，而放棄作為政策的指導，以免助紂為虐。

（二）政府部門錯誤干預經濟

　　誠如前面所述，經濟學研究的對象是懂得抉擇與行動的人群及其社會產出之間的關係，也可以說是對有組織與制度的秩序（organizational-institutional order）之考察。經濟學的產生在於發現：分開的、受自身或局部影響與導向的、追求自利的個人，居然可以藉交易的聯繫，自動自發地進行協調，這就是人類為達到經濟目的所採取的行為造成了社會秩序。換言之，人的生產、交易、消費居然連合造成一個統合的體系。可是古典經濟學家卻把其重點擺在如何促進國富，如何協助國王、王侯管理公家的財政之上，這會造成對組織與制度性的秩序之干預，亦即沒有方向的秩序之出現。可以

說自從亞丹・斯密提出《國富論》之開始，經濟學便發展出兩種截然不同的理論：其一，透過對市場機制的分析去理解追求自利的人群何以會自動自發協調貨務的生產、流通、消費，達到滿足個人經濟需求的目的；其二，對全社會的經濟活動要加以管理、控制，不過迄今理論卻顯示其成效不彰。

　　換言之，在歷時二百三十餘年的經濟學史上，兩種互相矛盾衝突的要求出現在經濟學的理論體系中，這兩者追求的目標——客觀瞭解人的經濟行為與增加國富、管理社會財富俾經濟活動符合國家計畫——和研究的途徑完全相異。這種經濟學界的混亂（confusion）要如何消除呢？卜坎南主張限制經濟學為研究人類交易之學，亦即研究為了造成交易的順利而產生的組織、制度、結構及其運作的學問，為此他建議把經濟學改名為「交易學」（catallaxy; 或catallactics），也就是完全恢復古希臘字源上對人交易行為（*catallax*）之分析（註11）。

　　依卜氏的看法，邊際效用學派及其後數學模式的應用，對微觀的個人之經濟分析甚有幫助，但把它擴大到更大的單位（宏觀的社會）則被證明是錯誤的。對全社會要加以控制、指引、改良的「社會工程」（social engineering）無異為重商主義、增加國富的現代翻版。凱因斯革命更為國家的干涉經濟提供理論基礎，經濟學家遂採取極大化典範來「宏觀調控」整個社會的經濟活動了。

　　米塞斯（Ludwig von Mises 1881-1973）也持反對政府以無效的經濟政策企圖干預景氣榮枯。以臺灣近日研議要發放消費券來說，政府原先的立意是要提振經濟，對抗不景氣。此種看似政府花大錢的賠本生意，原先預想可使景氣回春，透過稅收的增加而逐漸收回支出。然此種賠本生意必定得經由發行公債（債券融通）或是增加稅收的手段才能奏效。可是前者將排擠民間借貸市場，使利率提高，並降低可用之資金；後者則降低消費力與阻礙資本形成（經由儲蓄而

轉投資）。故此，若依照過去日本實行上成效不彰的結果觀之，此
計畫背後得要犧牲另一可能提振經濟的有效政策。當人民信服於政
府過去的各種成就與計畫，而被蒙蔽雙眼，或神不守舍，則整個社
會將會因為此種較無效率的經濟活動（這是公部門生產的通病）而犧
牲相對較有營利空間的民間企業之投資與生產計畫（註12）。

　　觀諸過去的經濟發展史，政府因應經濟蕭條而為之擴大內需
是凱因斯學派理論在一九三〇年代促使美國小羅斯福總統推行新政
（New Deal）以挽救長期大量失業、低成長的解藥。然而公共支出
的增加一方面仰賴公債發行，另一方面是增加貨幣（印鈔票或由央
行透過公開市場操作等手段干預）。後者造成貨幣市場流通的貨幣
數量浮濫，也導致金融體系中出現「濫頭寸」，同時出現通貨膨脹
與人民對本國貨幣信心的降低。但前者會導致利率上升，而排擠公
部門與民間借貸市場的資金調度，影響生產計畫的進行，產生排擠
效果，這兩個限制也是使公債在正常情況下不至於無限度的上升
（註13）。另一則是採取降低利率以刺激景氣，但在當今利率水準
偏低的格局下，實在無多少可資降息的空間，克魯曼認為，此次金
融風暴的解藥為，政府應當擴大實質公共支出，並拯救遭逢急難的
企業，政府不應為短暫的赤字而感到罪惡，也不應該過度謹慎而保
守，過度的節儉也是錯誤的（註14）。

（三）經濟學過度重視數理

　　經濟學在其發展過程中，由於使用數學與圖形輔助說明，加上
引進統計、計量的數理技巧，使得今日的經濟學之樣貌與往昔大不
相同。經濟學由倫理學分家後，發展出各種精巧的理論、模型，用
來分析各種生產、消費、偏好、的政府行為。但此種過度使用數學
的經濟學卻產生將各種異例、特例合理化，將各種經濟活動以簡約
的模型加以詮釋，而導致為求統計顯著性而任意增刪變數的怪樣。

　　不僅如此，過度重視計量經濟學（Econometrics）的經濟學在過去經濟學理論發展裡，使得數理經濟學者成了建基於錯謬百出的理論之上的變種數學家。也使得數學理論與物理學的許多定律套用於經濟學之上，各種數理公式反客為主，使得經濟學原先要分析人的行為與偏好選擇，國家如何積累財富之旨趣相去甚遠。

　　由於在經濟模型中只要出現一個外生變數的變動，或者新加入一個外生變數，便可能導致整個模型失效，亦即每個社會中的新事實都可能價格結構進行重整。由於圍繞經濟活動的兩大因素——貨幣、效用皆非恆定之物，故此在交換經濟中，計算資本所得、廠商損益、消費與儲蓄，勞動與貨幣是密切相關的，而非將生動活潑的生產、流通、消費行變成紙上生冷僵硬的數學公式與統計顯著性檢定之各種數據（註15）。

　　在過去的四十年間，美國經濟學理論界雖然仍受到極大化典範的影響，但由於賽局理論的崛起，經濟抉擇流程成為學者留意的焦點。原來只注意幾個分開的經濟賽局參加者尋求最佳的策略，轉變成各種解決問題方案之比較研究，以及替代性方案的規則對問題解決的作用之評估。但這種賽局的參與者之效用與得失之間的權衡，有時得受到當事者效用與偏好之抉擇，而這常常不是能以數字衡量的。

　　不僅如此，過去認為貿易使會各國產生利得，每個國家都能輸出適合自身利益的商品組合，但一國貿易的興盛對他國生活水準的衝擊並無直接關係。克魯曼認為，強調競爭力的重要性或優勢，不過是有力人士掩護自身利益的托詞。

　　在全球化的大潮流衝擊之下，政治經濟學所討論的對象是全球性的資本主義（global capitalism）及其盲目擴充、分散，所激起的區域性、國度、地區性的衝突。作為當代地球村的解釋與問題解決之學問——政治經濟學——所面對的三個核心概念乃為1.資源的稀

少性與匱乏性；2.各國族與人民的興廢存亡；3.合理性與公平性的安排、選擇之問題。國際政治經結構之垂直不平（hierarchy）的框架導致權力、利益分布之不均，從而產生市場機制、交換衍生的現象。從布列登體系到後布列登體系所顯示的全球化之分解，與再建和往前發展，使當代政治經濟學更是任重道遠（註16）。而二〇〇七年開始而於二〇〇八秋全面爆發的寰球金融危機，先是房市泡沫破裂、房貸逾期、房屋遭查封、不動產抵押貸款擔保證券（MBS）價格下跌，而使資本市場產生鉅額缺口，這使得全球重陷經濟衰退（註17）。儘管西方主要經濟強國的政府大力拯救破產與陷入財務危機的銀行、保險業，但人類在經濟生活上重蒙浩劫恐非短期的救急措施能夠挽狂瀾於已倒。

註　釋

註1　以上參考 Parkin, Michael, 1993, *Economics*, Reading MA *et. al.*: Addison-Wesley, third edition, pp.7-11.

註2　關於經濟學的性質與早期經濟思想的爭論，可參考洪鎌德，1977，《經濟學與現代社會》第一章，臺北：牧童出版社，第1-29頁；洪鎌德，1999，《當代政治經濟學》，臺北：揚智，第136-151頁。

註3　參考洪鎌德，1999，《當代政治經濟學》，前揭書，第二章。

註4　參考洪鎌德，1999，前揭書，第140-142頁。

註5　有關馬克思的經濟學說參考洪鎌德，2003，《馬克思》，臺北：東大，第十九章。至於有關新馬克思主義的經濟思想參考洪鎌德，1995，《新馬克思主義和現代社會科學》，臺北：森大，第十一章，初版1988年；Barone, Charles A. 2004 *Radical Political Economy: A Concise Introduction*, Armonk, NY: M.E. Sharpe Inc., pp.3-21.

註6　熊秉元，2003，《熊秉元漫步經濟》，臺北：時報，第104-110頁。

註7　以上討論可參考 Mulberg, Jon, 1995, *The Social Limits to Economic Theory*, London & New York: Routledge, 第四至六章。

註8　von Mises, Ludwig, 1991b, *The Ultimate Foundation of Economic Science*, 夏道平譯《經濟學的最後基礎》，臺北：遠流，第53-56頁。

註9　劉誠、徐之順，2007，《百年理論難題的破解與完善》，北京：社會科學文獻出版社，第225-242頁。

註10　〈諾貝爾經濟學獎得主／克魯曼，經濟學界「烏鴉嘴」〉，《自由時報》，2008年10月14日。網址http://n.yam.com/tlt/international/200810/20081014549412.html

註11　Buchanan, James M., 1994, "Economic Theory in the Postrevolutionary Moment of the 1990s," in Philip A. Klein (ed.), 1994 *The Role of Economic*

Theory, Norwell, MA: Kluwer Academic Publishers, p.52.

註12　von Mises, Ludwig, 1991a, *Human Action*, 夏道平譯，《人的行為》（上、下），臺北：遠流，第806-808頁。

註13　熊秉元，2003，《熊秉元漫步經濟》，臺北：時報，第170-174頁。

註14　〈《諾貝爾經濟學獎得主克魯曼專欄》大蕭條不會重演　失業率不會攀上10.7%〉，《自由時報電子報》，2008年11月15日。網址http://www.libertytimes.com.tw/2008/new/nov/15/today-e5.htm

註15　von Mises, Ludwig, 1991a, *Human Action*, 夏道平譯，《人的行為》（上、下），臺北：遠流，第181-182，290-295頁。

註16　Sobel, Andrew C. 2006 *Political Economy and Global Affairs*, Washington D.C.: CQ Press, ch.1 through to 12.

註17　〈諾貝爾經濟學獎 美學者克魯曼〉，《中華時報》，2008年10月13日。網址http://www.cdns.com.tw/20081014/news/gjxw/100000002008101320292572.htm

第九章
政治行為、權力、統治與權威

（一）　政治行為的定義

　　「人是政治的動物」（註1），這句話指出有史以來，人類一直生活在變化多端、萬般複雜的政治實在之中。什麼是政治實在呢？首先我們可以簡單地說，人類由於成群結黨，經營具有統屬關係的群體生活，因而造就了政治環境。其次，人在政治環境中的活動，構成人的政治行為（註2），由政治行為的交錯表現，而展現出政治現象來。政治現象背後潛藏著政治本質，政治現象和政治本質的總和就是政治實在。

　　人既然要生活下去，必須做種種的活動，我們泛稱這類的活動為求生活動。求生活動不是你我單獨的活動，而是牽涉到他人或其他群體的活動，因此求生活動不外於社會活動。在複雜多變的社會活動中，凡涉及到權力的運用、統治的施行、秩序的維持、資源的調節、利益的分配等等，都是屬於人們政治活動的範圍。人展開政治活動的空間，無論是國家（中央）、是區域（地方）、是超越國界的國際，都是其政治遊戲的舞臺或場域。在政治範圍、或場域中這類政治活動可以說是人做為政治動物的行為底總和。

　　由政治行為交織而呈現的政治現象乃為社會現象的一部分。既然政治現象是社會現象的一部分，那麼我們不妨先討論什麼是社會現象。社會現象是呈現在你我面前一連串的社會事實（*faits sociaux*或*Sozialer Tatbestand*或*Tatsache der Gesellschaft*）（註3）。社會事實離不開空間、時間、人物和事情。它可說是人類改變自然、創造社會與人文環境的業績。

　　在林林總總、千狀百態的社會事實中，有牽涉到人們生理方面，如人生的饑食渴飲、生老病死；有牽涉到心理方面，如喜怒哀樂、七情六慾；有涉及到家庭、朋友、學校、辦公室、工廠、政黨、政府機構等有關人的群居活動；有涉及到開發和利用有限資

材，以滿足無窮慾望的經濟活動；也有牽涉到心靈的淨化、性情的陶冶、不朽的嚮往，如文學、藝術、宗教等文化活動。

除了上面所舉的社會事實之外，影響最為深遠，而牽涉層面又最為廣泛的，無疑的是人們的政治活動，及由此活動所形成的政治現象。談到政治，我們的腦海中，不期然地浮現出一些相關的影像來。例如：國家、政府、官吏、權威、統治、領導、管理、權力、法律、秩序、服從、遵守等等（註4）。

原來，人們為要生存不能不滿足精神和物質的慾望和需要。這種慾求的滿足，勢必與他人發生利害關係。如果大家的慾求都能得到滿足，自然皆大歡喜、天下太平，而不致發生你爭我奪的現象。無奈世上可供人人慾求滿足的資財極其有限。於是何人的慾求應先滿足，何人的慾求應後滿足，滿足的程度究竟怎樣，便成為大家爭論的所在。爭論的解決，或靠個人力氣的大小，或靠權勢的高低，或靠理由的有無（註5）。今日「文明人」總是想用一套機械式的制度，或一套靈活的方式，來謀取爭執的解決。爭執的解決，也可以說是問題的解決。要解決問題勢不能不牽涉到下達決斷（decision-making）。下達決斷又無異是目標和手段的釐訂和選擇。

（二）政治行為的特質

在政治的領域中，選擇目標和手段，以下達決斷，可以稱做是決策（policy-making）。除了政策的決定之外，尚有政策的執行。政策的決定與執行是構成政治行為的最重要的要素。那麼這種政治行為和人類其他的社會行為有什麼不同呢？我們可以概略地指出，政治行為不同於其他社會行為的所在，約有下述數端：

第一、在於下達決斷和執行決斷所牽涉的對象的多少。政治行

為牽涉的對象，常不限於一人，而在多數的情況下，是牽涉更多的人群。例如以一國的政治來說，有牽涉到本國國民（包括本國在外國的僑民），也有牽涉到國土內的居民（包括居住在本國的外僑）。如以一地方的政治而言，則所牽涉的對象，便是在該區域中的人與物。因此，我們可以說，政治是有關眾人的事，也就是管理眾人的事。至於管理公眾事務的範圍是以政治疆界來分割的。在國界內，國家享有最高的統治權力——主權。但是在國界外，國家的活動就受到某種程度的拘束。國家在其管轄的領土內所做的行為，我們稱之為內政。國家在疆界之外，與他國或其他國際組織所發生的關係，便構成外交。因之，政治行為就是牽涉國家的行為，或是假藉國家名義，以決定和執行政策的人底行為（註6）。

第二、政治行為是一種具有拘束性的行為。普通有關目標和手段選擇的決斷行為，以及此一行為的執行，其所影響的、與所受拘束的人數，不但有限，而且常是自動自發的行為。例如某人購食牛肉而不選擇豬肉，這是自動而非被迫的行為，其影響力只及於某人個人，最多牽涉到他的家人及朋友而已。反之，政治行為，不但拘束更多的人，尚且具有強制性。一旦受拘束的人，企圖擺脫和反對這種拘束，便會遭到懲處。決策的人和執行政策的人，仰賴他們的地位和權威，倚靠懲罰機關——警察、法庭、軍隊——來貫徹他們的意志，迫使他人服從（註7）。

第三、政治的推行有賴政府機構的功能底發揮。政治行為既然牽涉到權威，那麼離不開權威的持有人——統治者及其工具——政府機構。顯然政府擁有獨占性的制裁力量，它可以合法地使用暴力來脅迫被統治者屈從。換句話說，政府是持有權力與權威，來強迫被統治者服從其領導的機構。政府的存在因國情與地區的不同，或是在維持公共秩序，或是在保護某一階層的利益，或是在謀取大多數人的福利。但無論如何，政府的先決條件在謀取政府或政治體系

的存在及其持續，也就是維持現行政治體制和社會秩序。為達成此一目的，政府——統治機構——必須保持其統治的手段，合法地使用暴力，來壓制反抗（註8）。統治的關係是不平等的關係，因為統治者擁有獨占性的施暴權力。統治的關係是強制的關係，它強制被統治者服從。由此，我們可知決策行為，所衍生的結果，不是平等的，而是不平等的；不是相對的，而是絕對的；不是自願的，而是強制的。

第四、決策行為及其執行的結果，除了具有權威性與強制性之外，它的作用也是權力取向的（power-oriented）。權力是一種優勢，是力（體力、智力）與德（品德、人格）的結合。權力者或以力服人，或以德服人，其作用在於控制或改變他人的行為，使其符合權力者的意願。而政治就是在這種權力——特別是領導權——的獲取與分配，所做的努力。人類其他的行為，雖然或多或少，牽連到權力問題，但不像政治行為，以權力的獲取、保持、擴大為主旨。因此，政治無疑是權力的鬥爭（struggle for power），這是人與人之間權力的鬥爭，是黨與黨之間權力的鬥爭，是國與國之間權力的鬥爭，有時是國家集團與國家集團之間的權力的鬥爭（註9）。

第五、政治行為的本質固然是權力取向的，但它因涉及大多數人的利害關係，而帶有強烈的規範作用（norm）。規範是多數人所奉行而遵守的團體規則，也可說是經由外鑠（外面強迫進來）與內斂（潛移默化），導致的制度化之行為模式。這種制度化的行為模式底產生，乃是政治團體（國家、政黨、地方機關、壓力團體等）在追求其中心目標——價值（value）的過程中，由於其成員對團體規矩的遵守，積聚而成。價值乃是人們可欲之物——在個人方面，像金錢、健康、智慧、威望、愛情等。政治價值則是群體在政治活動中所追求的目標——公共福利、社會繁榮、正義、自由及和平等。政治行為係在獲取、保持和擴大這類公眾可欲之物。另一方面，政

治行為也受這種價值所導引的。這種價值觀一旦深入人心，再加上先知先覺的鼓吹，便容易形成某國國民、或某一地區居民的信仰系統，由此信仰系統引發而為一種行動的力量，便構成了意識形態（ideology）（註10），也就是通稱的政治理想、政治主張、各類各型的主義或政治文化了。因此，我們看見政治現實中充滿了不同思想、不同學派、不同路線的競爭和衝突。由是可知政治行為擺不開規範的引導，脫不掉意識形態的色彩，避不了價值的判斷。

　　綜合以上所述，我們不妨粗略地指出，政治行為乃是個人或人群為實現其目標，追求其權力，藉權威地位及法律秩序與統治工具（必要時合法地使用暴力），所做的決策過程。當然這裡所指出的政治行為，主要以統治者的行為做為觀察的面向和研討的主題。至於像競選行為、投票行為或鼓動輿論等群眾活動，也應視為政治行為之一部分，而這類行為仍離不開價值和權力取向的決策性質，所以我們也就不再詳加論述。

（三）　權力

　　根據動物學家或動物行為學家的看法，人之所以成群結黨，經營集體生活，乃是由於進化或天演的觀點，為了滿足人類維持個體生存與種族綿延的需求之故。社會學家一開始便認為人們無法離群索居，因此把人類看成高等的、有靈性的社會動物，以別於蜜蜂與螞蟻等經營社會生活的低等動物。在人類及其他動物經營社會生活的時候，就自然地產生了所謂分工與合作的現象（註11）。分工與合作要運行有效，勢須有上下分明的階層（stratum）之存在。這種階層，如以職業與聲望的高低而分，則稱為地位（status）；如以經濟利益（特別是財產的擁有與否）為分劃的標準，則稱為階

級（class）；如以宗教或血緣觀點而把世襲的社會地位，加以決定高低之類屬，則稱為喀斯德（caste, 像印度社會分成階級森嚴，彼此不相往來的婆羅門、剎帝利、毗舍、首陀羅四級）。總之，社會層化（stratification）（註12）的目的，在於便利分工與合作的進行，也就是便利人群的聚居共處。社會層化所呈現的上下隸屬尊卑有別的關連，便稱為階等、或上下尊卑的階梯（hierarchy）。

凡在社會階等中，級位（rank）與次序（order）較尊較優者，常擁有某些特質，這種特質一般來說是所謂優勢地位（ascendancy或 supremacy）。憑藉這種優勢地位，使位尊者得以頤指氣使，發號施令，為所欲為，這便是他所掌握的權力。因此權力可以說是藉著優越地位，強迫他人服從，來實現自己意志的能力。它是一種控制與支配的施行。是以瑪克士‧韋伯（Max Weber）指稱：「權力是在社會關係中，不惜抵抗別人的反對，俾能貫徹自己的意志的機會。至於這個機會的立足點〔或根據所在——筆者附註〕何在，則非所問」（註13）。顯然，這個貫徹自己意志的機會，可能得自於神授，或來自於繼承，或基於大多數人的同意（透過社會契約 Contrat Social〔註14〕而讓渡）等等。至於為了貫徹自己的意願而抗拒別人反對的方式，則不限於赤裸裸地使用暴力，或是操縱管制，也包括了好言相勸或巧言說服。是以政治學家哈列（Louis J. Halle 1910-）指出：「權力是不惜用任何手段，以獲得所需之物的一種能力。所用手段，不外：滔滔雄辯、巧言令色，或訴諸欺騙恐嚇、或強力壓制，甚至取媚乞憐、或困惱騷擾，無所不用其極」（註15）。正因為別人的反對，構成貫徹自己意志的阻礙，而且人人為了貫徹己意，人群的爭執遂不免發生，所以國際政治學家竇意志（Karl W. Deutsch 1912-1992）乃提到：「粗略地說，權力乃是在爭執中能夠取勝，並且能夠具有說服別人，一言以蔽之，亦即控制別人的言行使有利於自己意願的實現之能力」（註16）。權力的行使，主要展現

在權力行使者與權力行使對象之間。這兩者之間構成不平等與依賴關係，如果冀望維持長久，而且行之有效，就必須要經過一番辯解說明，也就是要套上冠冕堂皇的理由，好讓權力行使的對象（權力接受者，而非權力的發放者）心悅誠服。於是將權力的依賴關係加以制度化與正當化（legitimize），便成為群居共處的首急之務。由之統治（rule; *Herrschaft*）關係也跟著發生。

四 統治

統治關係就是統治者（治人者）與被統治者（治於人者）之間的權力關係。此種關係基本上是不平等的、具有強制性與拘束性的。人群中一旦有統治或統屬關係的產生，則這一群體便由社會圈（sociosphere）邁入政治圈（politicosphere）之中。顯然在權力行使過程中，如以暴力為後盾，則不需任何辯解，不需任何的理由，當然也不需任何合法化的舉措。但在其他場合，權力的行使，必須藉被治者的信服或忍受，那就有待對正當性的信任（*Legitimitätsglaube*）（註17）方才有效。因此，統治是正當、合法而又被人信服的權力行使。韋伯稱：「統治該是機會之稱謂，係一群可以指明的人群，對於某一內涵的命令之服從」。他曾經把統治分成三種類型（註18）：

1. 傳統的統治（*traditionale Herrschaft*）：由風俗、習慣、公序良俗、道義等傳統性的規範，所界定與建構的秩序。像「尊重道統」、「遵循古法」、「古已有之」等等，便是以古繩今的理念。建立在這些理念上的統治制度，像元老政治（gerontocracy）、階級議會、族長政治（patriarchy）等，便成為傳統的統治之典型。

2. 法律的統治（*legale Herrschaft*），又稱理性（*rational*）與官僚（*bürokratisch*）的統治：權力係依據法律規章由特殊階級的官僚來加以運用。此即通稱的法治（*Legalität*）。此種統治類型與歐美社會的工業化、城市化、理性化同時出現，由西歐、北美、東亞而蔓延至世界各地，而成爲近代世界政治制度的主體。凡人們覺識到統屬關係之不公不平的所在，便是要求改善參與之處，從而使統屬關係受到憲章法典的規約。統治不再是當權者權力的濫用，而是爲實現公眾利益與國家利益（註19）的工具或手段。統治者的權益、責任、義務與被統治者的身分、權利、義務皆明定於憲章之上，以防踰越。

3. 賢人的統治（*charismatische Herrschaft*）：這不是以法律、以規章爲主的統治，而是以賢人、聖人、強人、超人、哲君爲中心的人治。也就是東方古人頌揚的「人存政舉，人亡政息」的統治類型。換言之，以統治者的神武、英明、睿智爲統治施行之根據。統治者的天縱英明、或異稟才華（*Charisma* 魅力領袖）成爲贏取人民擁戴愛護的原動力。

　　上述的三種分類，只是一種超越現實的理念類型（*Ideal-typus*），事實上，當代統治形式多是類似或接近某一類型，或是各類型的重疊或混合而已。

五 權威

　　與權力以及統治關係關連密切的是權威。權威是某人或某一機構憑藉其社會體系中的地位，因而取得或衍生的權限。這種權限也是一種資格，具有指揮、監督、整頓、控制等職能，是以可以稱爲管制權限（*Anordnungsbefugnis*）。凡具有這種權威的人，可以藉此

資格、聲望、威儀、權勢來引發某些社會行爲，或判定某些社會行爲，甚至引進某些新的社會行爲樣式。也就是說，凡擁有權威的人士，在很多場合，可以作爲他人的楷模或領袖。權威產自職位，也可以由特殊才華或天賦異稟中衍生而得。尤其是擁有特別的知識、或豐富的經驗之人，其獲得社會的公認愈大，也成爲權威的持有者。由是我們似可把權威分成三類（註20）。

1. 形式的權威：又稱爲職位權威，係指某人服官任職，由其職位官等中產生的權威。任何人只要擁有此一職位自然顯露此一權威。例如一國元首，地位至尊，憲法上明定其職權、特權、榮寵、威儀等。就算是一名交通警察，當執行其職務時，也發揮了職位上權威的作用。

2. 個人的權威：又稱人格權威，乃由個人的才華、資質、風格、相貌、能力中透露出來。這是屬於個人天賦或異稟所引起的權威，這種權威因人資質才能的不同而相異。不過權威人士常可以發號施令，領導別人，並爲實現某一目的而運用權力。權力一旦與個人的權威相結合，便成爲領導。社會體系若欲維持與繁榮，有賴良好領導的指引，否則其成員步調不齊，便有導致社群解體之虞。

3. 功能的權威：又稱專門性權威。所謂功能、特別是社會功能，乃是指某一行爲模式，爲達致某一目標之有利性、有用性、乃至必要性而言。在同一意義下，功能性權威乃指專門知識、或特殊才能所衍生的權威，蓋社會體系的結構有賴這種專門知識與特殊才能之應用，以發揮功能。總之，知識科技在於維繫社會體系之不墜，也在於促進體系不斷地發展成長。在今日文明社會中，專家學者就憑其學識能力，而贏取社會的敬重，而成爲權威的象徵。「專家政治」、「績效政治」（*Expertokratie*; meritocracy）已不再是一個口號，而成爲

政治實際。

近年來歐美左派人士流行的口頭禪，便是「打倒建制」。「建制」（Establishment）本爲英國憲政史上的一個名詞，原無貶抑之義。今日新左派口中的建制是指一群要人們，他們盤據要津，居社會體系中尖端地位，擁有形式權威，卻壟斷消息來源，安富尊榮，企圖保持現狀，要人們努力化除各種對立的意識形態（ideologies）之歧異，防阻社會變遷，或使社會變遷只有利於此一特權階層。總之，在左派眼中，建制成爲一批尸位素餐、保持既得利益、抗拒社會進展的頑固份子之代名詞。由於它涉及到權威問題，所以我們也把它提出來一併加以論述（註21）。

當代國際政治學權威，也是所謂現實學派的巨擘莫根陶（Hans J. Morgenthau 1904-1980）認爲：權力之於政治學，不啻能量之於物理學，或貨幣之於經濟學，同爲各該科學的中心概念（註22）。又前耶魯大學政治學教授拉斯威爾（Harold Lasswell 1902-1978）爲政治學下一定義，他說：「政治科學研究的對象是由當做過程的權力構成的」（註23）。因此，政治乃爲權力的爭取與運用。權力運用的制度化與合法化便是統治。由於統治或優勢地位而獲得被統治者的心悅誠服與公認尊重便是權威。要之，政治無疑的是權力的取得、保持與擴大，並藉統治與權威，以發揮權力運用的功能。

註　釋

註1　亞理士多德在其名著《政治學》第一篇第二節第三目中提到國家（*polis*
　　其實是「城邦」）為自然的結構體，而人類由其本性觀之，乃為營求
　　國家群體生活之本質（*Zóon politicón*），此即「人是政治動物」一詞的
　　來源。嚴格言之，應譯為「人是生活在城邦的動物」。參考Aristotles,
　　Politik, 1965 übersetzt von Franz Susemihl, München: Rowohlt Klassiker, S.10.

註2　我們也可以說，政治行為乃是在政治秩序（*politische Ordnungen*）範
　　圍與場域中與他人牽連之行為。參考Ellwein, Thomas, 1972, *Politische
　　Verhaltenslehre*, Stuttgart: Verlag W. Kohlhammer, 1964, S. 40.

註3　社會事實之存在，可參考 Durkheim, Émile, 1895, *Les Régles de la méthode
　　sociologique*, Paris: Alcan, pp. xi-xiv, 及 chap.II以下。

註4　Dahl, Robert, 1970, *Modern Political Analysis*, Englewood Cliffs, N. J.:
　　Prentice-Hall, Inc., 1963, Chap.II, pp. 4-13.

註5　《筍子》〈禮論篇〉（第十九），談起禮的源起，可以顯示人類爭論
　　產生之原因，以及息爭止訟之必要。原文為：「禮起於何也？曰：人
　　生而有欲，欲而不得，則不能無求，求而無度量分界，則不能不爭。
　　爭則亂，亂則窮。先王惡其亂也，故制禮儀以分之，以養人之欲，給人
　　之求。使欲必不窮乎物，物必不屈于欲，兩者相持而長，是禮之所起
　　也」。

註6　關於政治行為或政治，牽連到領域（territoriality）的問題，亦即官員在
　　領域內不斷實施武力威脅，或甚至武力使用，俾貫徹其命令。可參考
　　Weber, Max, 1964, *Wirtschaft und Gesellschaft*, Köln und Berlin: Kipenheuer
　　& Witsch, erste Aufl., 1956, S.781；及英譯本 1947, *The Theory of Social and
　　Economic Organization*, trans. A. M. Henderson and Talcott Parsons, N. Y.:
　　Oxford Univ. Press, pp.145-153, 154.

註7　是以竇意志（Karl W. Deutsch）稱政治為有關人類行為或多或少不完全的控制。這種控制或基於被統治者順從的習價（自動自發），或是統治者藉暴力的威嚇，來迫使人們服從。見Deutsch, Karl W., 1968, *The Analysis of International Relations*, Englewood Cliffs, N. J.: Prentice-Hall, p. 17 *ff.*

註8　韋伯視國家為人控制人的統屬關係（*Herrschaftsverhältnis*），這種關係乃建基於合法使用暴力的手段上。Weber, Max, *op. cit.* S.1043.

註9　ibid.

註10　關於意識形態的概念之使用與涵意，參考洪鎌德，2004，《當代主義》，臺北：揚智，第2-17頁。

註11　關於分工方面可參考 Durkeim, Émile, 1893, *De la division du travail social: Etude sur l'organisation des sociétés superieures*, Paris: Alcan.

註12　Barber, B., 1957, *Social Stratification*, N. Y.; Dahrendorf, R., 1957, *Die soziale Klassen und Klassenkonflikt*, Stuttgart; Dahrendorf, R., 1965 *Class and Class Conflict in Industrial Society*, London.

註13　Weber, Max, 1964, *Wirtschaft und Gesellschaft, Grundriss der verstehenden Soziologie*, Studienausgabe, Hrsg. von Johannes Winckelmann, Köln & Nerlin: Kiepenheuer & Witsch, erste Aufl., 1956, Bd.I, S. 38.

註14　Rousseau, Jean-Jacques, 1915, *Contrat Social, in: C. E. Vaughan's Political Writings of Jean Jacques Rousseau*, 2 Vols, Cambridge, translated by G. D. H. Cole.

註15　Halle, Louis J., 1954, *The Nature of Power, London: Ruppert Hart-Davies*, pp. 68-76.

註16　Deutsch, Karl W., 1968, *The Analysis of International Relations*, Englewood Cliffs, N. Y.: Prentice-Hall, p.22.

註17　Weber, *op. cit.* S.157.

註18　*ibid.*, S.159ff.

註19　關於國家利益的學說：請參考洪鎌德，〈國家利益與外交目標〉，刊：

《東方雜誌》，復刊第六卷第二期，1972, 8., 第38-48頁。

註20　Wössner, Jakobus, 1970, *Soziologie, Einführung und Grundlegung*, Wien: Böhlau, S. 51.

註21　*ibid.*; Bullock A. and St. Trombley (eds.), 1988, *The New Fontana Dictionary of Modern Thought*, London: Harper Collins, pp.283-284.

註22　Morgenthau, Hans J., 1967, *Politics among Nations, The Struggle for Power and Peace*, N. Y.: Alfred A. Knopf, Inc. fourth ed., p. 5.

註23　Lasswell, Harold and Kaplan, Abraham, 1965, *Power and Society*, New Haven and London: Yale University Press, 1st ed., 1950, p. xvii.

第十章
政治與政治學

（一）　政治與政治現象的哲學省思

（一）政治的定義

自從人類出現在這個地球之日開始，政治便如影隨形，長相左右我們的身邊。一旦談到政治，人們便聯想到國家、政府、官廳、政黨、政客、權鬥、行政管理等等制度、人員和過程。一般人談到政治，則會想到仗勢欺人、濫權貪瀆、耍弄權術、專斷獨裁等負面的印象，是以把政治當作骯髒可怕的事情來看待，或把它當成「高明的騙術」加以排斥。

其實，政治是涉及你我利害關係的公眾事務，也是孫文所說「管理眾人之事」，毛澤東則視政治為「服務人民」。把追求公益、安定、進步、繁榮、和平的政治目標，扭曲為個人或集團為了私利、地位、聲名、權力、利益而進行的生死搏鬥和爭權奪利的自私勾當，是古往今來政客們的罪行，與政治的本質是有相當的距離。當然我們在此無意美化政治，也該把政治醜陋的一面包括進來討論，才能理解政治的真面目。

　1.政治是群體追求公共價值的行動。一個群體不管是小到一個地方（村里、鄉鎮、縣市、市邦），還是大到一個國家（民族國家），甚至區域性的國家聯合（如歐盟），乃至寰球的聯合國組織，都在追求既定的目標。這些目標也是涉及其成員整體的利益或價值，在西方簡稱為「公善」（public good）。公善包括國家安全、領土完整、主權維護、獨立自主、自由、物質或精神上的利益（繁榮、進步、開化），也包括經濟繁榮、社會和諧、犯罪與暴亂的抑制，以及秩序與和平的維持等。

　2.政治牽涉到稀少資源與權力之決定性（權威性）的分配。群

體的維持和繁衍（再生reproduction）有賴對自然資源與人造資源（權力、財富、地位、聲名、信用等）的有效利用。但不論是自然資源還是人造資源，都並非取之不盡、用之不竭的資料。儘管今日工商社會科技發達、知識增進、能力遽升，但相對於廣大的人口數目（目前世界有六十七億多人口），可供吾人使用的資源仍算稀少、仍嫌匱乏。政治就是企圖對這些稀少與匱乏，卻是非常寶貴的資源如何分配、如何使用的集體決定。但這種分配涉及有權力者、有權威者由上而下的分配，因之政治可謂為價值之權威性的分配（authoritative allocation of values）。

3. 政治為人群衝突及其解決的方式。由於可供使用的資源有限，而爭取資源的人群眾多，則自有人類出現之日起，便存在著人群為爭取利益而引發的衝突與鬥爭。政治便是涉及衝突（選戰、權鬥、革命、戰爭）及其解決的各種機制（mechanism）。在所有衝突中又以奪權、爭權最為突出。是以政治被視為權力的維持、爭取與擴大，亦即以權力為取向的（power-oriented）行為，也是權力的拼鬥（struggles for power 權力的鬥爭）。

4. 政治是涉及政治體系的機關與人物取得權力正當性與合法性之行為。政治牽涉到官署與官員，前者是政府機構，後者是政治人物。政治要運作有效，不能不靠機構與人員的操作。事實上，政治人物，不管是決策者的公共人物（public figures），還是執行者的官僚（public servants），都是政府機關最重要的成分，與實際上推動政治的行動者（political actors）。但這些人員與機構之成立必須取得人民的信任和信託（trust）。不管他（她）們是經由憲法、法律、命令等法律形式，還是通過選舉、任命、甄拔、政爭、宮廷革命等方式

取得其職位與權力，其任官稱職的正當性（legitimacy）與合
法性（legality）都要遵守政治體系（political system）制定的規
範（norms），或至少不悖離其規範。是故政治是牽涉到政治
體系的機關與人物的正當性與合法性之行為。

5.政治是政治體系的決策行為。政治體系一般可分為行政、立
法、司法三種權力的分立，而這三權之間又互相制衡。今
日社會上把報紙、雜誌、電臺、電視、網際網路等新聞資
訊的機構當成涉及公眾事務的第四權來看待。不管是統治機
器的三權，還是民間社會代表輿論的第四權，政治都牽涉到
三權或四權之相互對立與關連，但更是在每一權力之下的機
構與人員有關公共政策之討論與決定。是故政治是涉及公共
利益之政策決定（簡稱決策policy decision），或稱決策制定
（decision-making）。這有異於個人對其日常生活之私自選擇
（private choice）、或私自決定，而是涉及群體利害關係的抉
擇與決斷。

6.政治是涉及國家對內與對外的公權力之行為。自從十七世紀
中葉（一六四八）歐洲民族國家出現之後，國家成為內政、外
交與國際關係擁有最高權力（主權）的政治單位。在國家的
名目下，固然有一定的領土、管轄的國民、進行統治的政府
機構、和代表獨立自主的主權，除此之外，國家的其他要素
還包括國民的忠誠服從與其他國家的承認。政治廣泛地講就
是涉及主權國家對內、或對外行使其公權力之行為。儘管今
日世上不少的國家有意減低主權的色彩，而倡組區域性組織
（像歐盟、獨立國家國協、北美自由貿易區等），但民族國家
仍為今日國際政治、經貿、科技交流融合最終的裁決者。是
故無論是內政、還是外交、還是商貿政策、貨幣（外匯管理）
政策，仍屬政治的範疇。政治成為圍繞國家的利益（national

interest）打轉，擺脫不了國家的監控、參與、干涉的公共行
為。

（二）政治哲學

　　古往今來的東西方思想家對政治的本質與現象都曾經加以認
真的反思與檢討。由於政治與社會關係密切，所以政治哲學和社會
哲學經常連在一起討論，也有討論社會理論、國家和現代社會互動
關係的專著（註1）。至於政治哲學與政治思想，尤其現代的政治
思想，常也以同義字出現，所以分別政治哲學與政治思想的異同，
大可不必。在很大的程度內，哲學、思想與理論都可以互相牽絆而
有關連，比較要注意的是政治理論會採用科學的論證方式，以事實
為主，思想與哲學則不免看重玄思、思辨，以規範、價值為主（註
2）。

　　孔孟主張「政者正也」，認為政治是居上位者以正直、正當
的行為來教導百姓，改善社會風氣，實施仁民愛物的仁政之道德行
為，也是實施君臣有義、父子有親等五倫的倫理目標。

　　柏拉圖在撰寫《理想國》（378 B.C.）時，主張建立一個由生
產者、軍警與菁英（衛士）三階級所組成的城邦。菁英階級以符
合優生學的觀點，經由長期和嚴格的訓練與教育養成，經營共妻
（夫）、共子（女）的共產社會生活，並選出最有智慧的哲王作為
城邦的元首。政治的目的在讓每個人按其能力，在社會上下位階中
擁有一席之地。透過其職業的發揮，使各得其所、各盡所能，而達
到社會安和樂利的目的，也是使正義得以伸張的方式。

　　亞理士多德則認為政治為公共之善的追求。人有各種慾望與需
求，為滿足生理上之需求，像男女結婚締造家庭、傳宗接代；進一
步為達成互通有無及社會上的承認之需求，由家庭擴大而形成村落
市集。但人最高的需求為倫理道德之完成，所以必須把村落市集擴

大為城邦，是故人乃為住在城邦、靠城邦來展現其公民身分的動物
（*Zoon politikon*）。換言之，由家庭、而村落、而城邦，國家是層層
演進發展而成的。亞理士多德更是把政府的形式以統治者人數的多
寡與優劣，分成君主—暴君—貴族—寡頭—民主—暴民六種方式。
並主張由好變壞、由壞變好的循環變化，為政府形式循環論的首創
者。

　　有異於柏氏與亞氏對城邦的自給自足之理想看法，古羅馬所建
立的為龐大的帝國。是故西塞羅（Marcus Tullius Cicero 106-43 B.C.）
主張國協（*res publica*）是倚賴法律的人群結合（association），政
府的施政是受到普遍性自然法的規範，而自然法正反映了宇宙的秩
序。

　　聖奧古斯丁所著《上帝之城》（413-426）企圖把心靈與身體的
分離應用到教會與國家分開的討論之上。他固然視皇帝、或國王為
上帝在現世進行統治的代理人，亦即控制地土之城的罪惡，因而勸
民眾服從官署，但其最終目標仍在強調來世靈魂的救贖。換言之，
聖奧古斯丁不認為城邦的自給自足與良善的生活是人們值得追求的
目標。

　　沙利士柏理主教（John of Salisbury 1115-1180）在其所著《政治
軀體論》（*Policraticus, 1159*）主張賢明的統治者必須依法律行事，
反之暴君之作為違法濫權。這成為西洋政治思想傳統中有關統治權
基於信任、信託的濫觴。

　　阿奎那（Thomas Aquinas 1224-1274）視法律為「規定和衡量」
的手段，目的在使人生幸福與完美。他同意亞理士多德把城邦當作
人完善生活的場域。因之，視公權力在促進公共之善。人的幸福之
所在既然是共同體（community 社群），則公權力的合法性來源應
當是共同體。統治者應當「為促成人群最終獲得天堂快樂之人生目
的，而增進『現世』的完善」。

馬基亞維利（Niccolò Machiavelli 1469-1527）是把政治哲學世俗化的思想家，他看透人性虛偽、善變、自私、貪婪、忘恩負義的一面，因而強調原始的或本來人性之惡，但卻也承認教育、道德、宗教或社會化可以把人性之惡加以改變、遮蓋、隱飾，而成爲善的（服從、合作、奉公、守法等）。另一面。統治者在認清人性本質與可能的改變之後，必須以獅子的勇氣和狐狸的狡滑，因時制宜採取不同的方式來統治民眾。基本上爲政者要恩威並施，讓百姓恐懼屈從，比受人愛戴更省錢省力。政治人物顧慮的是國家的安全與本身地位的保持，而非信守諾言。政治只受弱肉強食之叢林法則所規範，政治只講究利害得失，故應與道德倫理分家。對他而言，執政者的德性（*virtú*），在於追求個人與國家的榮耀（*gloria*），亦即國土與國力之擴張、歷史地位的不朽，而不須計較是否被百姓視爲賢君或是暴君。他是現實政治（*Realpolitik* 實力政治）的倡議者。 也可以說是政治現實論（political realism）的祖師爺。

應用十七世紀的物理學與心理學知識，霍布士倡導社會契約論。他認爲生命的基本律爲運動，促成每個人在世上活動的動力爲人的本性驅力（impulses），這種人性的驅力包括對突然死亡的憂懼，也包括人的驕傲與虛榮心。他設想人類最初生活在各自爲政、互相厮殺的自然狀態中。由於人爲理性動物，懂得運用理性，所以大家協議捐出部分權力給予公正的、中立的第三者，由他來排難解紛，決定是非對錯，這便是社會契約的訂立。通過社會契約，獲得讓渡而成立的官署，就成爲權力無限的絕對君王，有權處罰違背契約、法律的人。由是社會從原始的自然狀態進入文明社會。這個由眾人權力讓渡而成立的國家無異爲權力集中的海怪，故霍氏稱之爲「巨靈」（原意爲「海怪」*Leviathan*）。人群組合的國家就像世上其他事物一樣，受著律則的約束與規範。不過他反對超驗的自然律，蓋自然律脫胎於神聖律，都不是尊奉牛頓萬有引力定律的霍布士所

信服的。對他而言，法律是人造的，也是大家協議以契約的方式所訂立的，由是可知，法律產生權力，而非權力產生法律。

其後洛克在《論容忍》（1689）和《政府兩論》（1690）兩書中，繼續發揮社會契約論。有異於霍布士描述的自然狀態中人人為敵，為了權益彼此做殊死鬥爭，洛克認為處於自然狀態中的人群，因為欠缺公平判斷的機關，與是非曲直執行矯正的機構，而造成生活之不便。是故，人們為保護其生命、自由、私產，遂締結契約結束自然狀態而進入文明時代，由是國家乃告產生。作為國家發號施令的政府，其統治要取得百姓之同意，是故對政府的信任之行為（fiducial act）也是一種社會契約。透過每四、五年舉行一次的大選，無異政黨爭取選民信任的社會契約之續訂。有異於霍布士，洛克不只主張契約不斷續訂，而非一次便交出所有的權力，他還主張人群交出的權力是有限的，只限於促進「人民的和平、安全和公善而已」。沒有百姓的同意，政府無權沒收人民的私產，這顯示他對當時地主階級與有產階級利益保護的用意。儘管如此，洛克仍不失為西方自由民主的理論奠立者。

柏爾克（Edmund Burke 1729-1797）是所謂保守主義的思想大師與開路先鋒。他固然如同洛克一樣，主張統治建立在被統治者之同意的基礎上，卻強調政府為前代、同代與後代所信託者（trustees）。他替英國自由黨前身的輝格黨（Whig）政府辯護，甚至為該政府所造成的民間疾苦辯護。他認為守秩序的自由是值得追求。反之，他譴責雅各賓黨人在法蘭西大革命後所造成社會的暴亂（白色恐怖）。他認為世代傳承下來的社會秩序不容激進者在一朝一夕之間予以毀壞。他說「不管少數人或多數人沒有權力以其意志進行統治」。他對暴力革命之後社會的混亂頗為憂心，蓋收拾暴亂的結果便是獨裁的出現。

盧梭的學說則是對啟蒙運動的分析之理性主義底反動，也就是

企圖以革命性的浪漫主義來對抗理性主義。他宣揚一種類似世俗化宗教之平等論，以及對凡人崇拜的庶民論。他說：「人生而自由，但到處都遭到桎梏的束縛」。對傳統留下的上下垂直不平等之位階（hierarchy）提出質疑與抨擊。這是對至今為止只重社會菁英的說詞之抗議，取而代之的是群眾，這也是他何以再三強調主權在民的因由。他提出「普遍意志」（*volonté générale*）的概念，成為自由民主與極權獨裁進行統治的源泉與藉口。作為主張歐洲各國聯合的理論家，他反對國家之間的戰爭。他的《社會契約論》（*Du contrat social*）就認為國家仍處於自然狀態之中，只有當國家的聯合實現之後，才能消弭國際的爭端。

邊沁（Jeremy Bentham 1748-1832）與穆勒都是英國功利主義的哲學家。他們認為政府的職責在增加最大多數人的最大快樂。穆勒除了數量之外，特別強調幸福或快樂質量的重要。他認為民主為無可避免的發展趨勢，此點與法國托克維爾（Alexis de Tocqueville 1805-1859）的想法完全相同。不過他對言論之完全自由持保留的態度。他認為進步並非經濟競爭所造成，而是由於人的心靈自由所產生。國家的價值完全由構成國家的成員——個人——之健全發展所導致的。任何看輕個人的國家在文化上是不足道的。

義大利愛國者兼革命家的馬志尼（Giuseppe Mazzini 1805-1872）倡說自由的民族主義，美國開國元勳（華盛頓George Washinton 1732-1799、亞當士John Adams 1735-1826、傑佛遜Thomas Jefferson 1743-1826等）則主張憲政主義。其後有聖西蒙、傅立葉、歐文等主張烏托邦的社會主義；普魯東（Pierre-Joseph Proudhon 1809-1865）則倡無政府主義。黑格爾以心靈或精神之演變來解釋歷史的變遷，他認為政治國家與民間社會是對立的，這種對立對後來馬克思把社會看成為上層建築的意識形態與下層建築的經濟基礎有重大的影響。

馬克思師承黑格爾的辯證法，視歷史的總體在進行辯證的發

展。促成歷史變遷的動力為經濟基礎中生產力衝破生產關係，導致上層建築跟著變化。經濟基礎為生產方式，亦即人的物質生活。是故馬克思以唯物史觀來取代黑格爾的唯心史觀。政治乃是占著人數優勢的無產階級對抗少數資產階級的鬥爭。馬克思認為一旦未來資本主義體制崩潰、資產階級消滅之後，人類將進入無階級、無剝削的共產主義社會。屆時不但法律不起作用，連國家和政治也跟著消亡（註3）。

二　政治科學

（一）定義與區別

政治科學（political science）、或簡稱為政治學（politics），狹義地說為以科學的分析方法對政府的過程做系統性的研究。廣義的說法則不只限於政府的操作，還包括對所有的政治制度、政黨、革命團體等之行為加以描述、分析與評斷。德奧的學術傳統是強調國家的結構與功能之研讀，此即所謂的國家學說（*Staatswissenschaften*）。在英美大學中政治科學為單數political science，但在法國則為複數的學科*sciences politiques*。一般認為對政治做科學的研究始於古代希臘，其奠基者為亞理士多德。

儘管政治科學與政治哲學、政治理論、政治思想有所區別，但其分別和區隔並不明顯。大體而言，政治哲學涉及的是某一時期中的政治理念，包括描述性（descriptive）和規範性（nomative）的政治概念和理想在內。反之，政治科學則重視經驗的、實證的政治制度與政治行為之考察，儘量避免對政治現象做價值判斷，儘量建立在政治事實之上，俾由事實引申為原則，並把研究的結果加以量化，

成爲人人可以引用的資訊證據。

政治思想則爲政治哲學家觀念的綜合說明，其中有涉及政治價值、政治原則、政治理想的部分，當然也有政治睿智、政治卓見、政治智慧的部分，比較接近政治哲學，而非嚴格意義下的政治科學。政治理論則爲介於政治科學與政治哲學之間，對政治本質和政治現象做系統性的說明與分析，以及客觀的評價。當今研究政治科學的學者特重理論與方法。方法不只涉及觀察、訪談、實驗、調查、群體討論、數據分析與統計等等牽連到質的描寫、量的計測、質量聯結和比較等等方法，也包括研究途徑（approaches），例如行爲論、理性選擇、制度論、女性主義、闡釋理論、馬克思主義的探討路徑（註4）。

（二）政治科學的發展

當代政治科學的誕生是由於十九世紀社會科學力圖向自然科學看齊，積極發展的結果。具有現代意義的政治科學之起始可溯及聖西蒙的努力，他曾在一八一三年指出，道德與政治學說能夠變成「實證的」科學，也就是變成不以個人主觀的臆測，而奠立在客觀證據上之學問。其祕書孔德在一八二二年發表《社會重新組織所需的科學活動》一書，聲言政治學可以變成社會的物理學，發現社會進步的規律。孔德雖然成爲當代社會學的鼻祖，但他企圖以科學嚴謹的（觀察、實驗、抽象）方法來研究政治現象，故此也可以視爲政治科學的奠基者。

十九世紀很多學者對國家的討論，固然是柏拉圖《共和國》、或沙利士柏里《政治軀體論》的引申，但出生於波蘭，而執教於奧地利的社會學家龔普洛維齊（Ludwig Gumplowicz 1838-1909）就認爲國家並非由於人群的和諧合作才產生的。相反地，造成國家的出現，乃是不同種族的群體之間的衝突。換言之，不同種族的戰鬥、

征服、與同化促成國家之浮現，也造成國內不同階級的崛起。法律為階級鬥爭中勝利的一方所加給失敗的一方的規定。要之，國家立基於暴力之上，而靠權力來維持。文明是靠著戰爭來獲得存在與擴散。

　　義大利的巴雷圖（Vilfredo Pareto 1848-1923）是經濟學者、社會學家，也對政治懷有濃厚的興趣。他對社會學的研究是探取「邏輯—實驗法」（logico-experimental approach），亦即一方面觀察，一方面發現其邏輯關連。由於巴氏所倡說的是心理學式的社會學，他對政治科學有間接的影響。心理學式的社會學認為人的信念、態度、意見、情緒會影響到人的社會生活，這種說法影響了二十世紀政治學者有關人內心的感受對政治的衝擊。此外，巴氏認為社會是一種體系，本身趨向均衡發展，這種體系論也成為第二次世界大戰結束後英美政治體系論的先河。

　　另一位對當代政治科學影響重大的前輩為瑞典人祈也連（Rudolf Kjellen 1864-1922），在其所著《當做生命形態的國家》（*Staten som lifsform*, 1918-1919），把國家譬喻成一個生物體，也是生物性與道德性結合的生命共同體，每個國家擁有其活動與發展之空間，遂倡說「地緣政治學」（*Geopolitik*; geopolitics），此一學說對德國學界與政界影響重大，希特勒要追求德國人的「生活空間」（*Lebensraum*）就是受到祈氏學說的鼓舞（註5）。

　　以上我們指出現代政治科學受到早期社會學說之影響。另一影響的因素則為法律學方面的理論。

　　把國家與法律緊密聯繫在一起的最早思想家，應數十六世紀的布丹（或譯為柏丹 Jean Bodin 1530-1596），他主張國家的最高權力為其制定法律的立法權力，這便是國家的主權。儘管布丹所主張的主權是獨一無二、不容分割的最高權力，但十九世紀尚未統一以前的德國學者魏茲（Georg Waitz 1813-1886）卻主張主權是中央聯邦與地

方各邦均分的權力。俾斯麥（Otto von Bismarck 1815-1898）首相統一德國（1871）之後，賽德爾（Max von Seidel 1906-1983）就認為既然主權不可分割，只有一個中心或地點擁有主權（或是各邦、或在聯邦）。耶林內克（Georg Jellinek 1851-1911）認為主權有所限制，但這些限制是由國家來規定的，由是可知國家之上與國家之外，無主權可言。因之國家是至高無上的組織，也是唯一主權的持有者。

　　法國由於教授政治學的學者都是憲法專家，因之，繼續發揮法律學說與國家學說之密切關係。狄驥（Léon Duguit 1859-1928）認為人類具有普遍的本性與相互依賴團結協作的本質。故個人對社會負有責任。他分辨國家與社會之不同，認為人們宜訂定法律限制國家的權責。換言之，個人對社會而非對國家負有連帶責任。

　　對政治的科學研究最熱衷的為英美兩國。英國倫敦的政經學院成立於一八九五年，牛津大學也於一九一二年設置獨立的政治學講座。一八八〇年哥倫比亞大學創立政治學系，標誌美國政治科學教研的伊始。自此之後，美國大學與獨立學院紛紛設立政治學科系，俾脫離歷史、哲學（註6）、經濟學，而成為獨立自主的科系。初期教員為受過德國「國家學」訓練之學者充任，其研究取向為政治制度，故不無形式主義（formalist）之嫌。

　　威爾遜（Woodrow Wilson 1856-1924）和古德瑙（Frank Goodnow 1859-1939）的政治理論中含有達爾文進化論的色彩，尤其逐漸擺脫靜態的典章制度之研究，而注意政治生活動態的事實，也就更接近實證主義的方式，而非滯留於分析的傳統。

　　影響一九三〇年代至一九五〇年代美國政治科學界最主要的作品為卞特禮（Arthur F. Bentley 1870-1957）的《政府之操作過程》（1908），在該書中卞氏主張政治之研究宜排除形上學與規範性的玄思，而跟著事實走。其次，政治研究之對象不再是國家或個人，而是群體；再其次對政府之考察應集中在政府機構中人（官）員的

流程，亦即行政、立法與司法之過程。於是行為與過程成為一九五
〇年代以來美國政治研究之焦點。

　　一九二五年梅廉姆（Charles E. Merriam 1874-1953）出版了《政
治的新面向》，成為芝加哥學派的奠基者。他倡說以統計數字來充
實政治研究結果之真確性，也建議把心理學、社會學、醫學、精
神分析學也融入政治學研究方法中。此項努力由拉斯威爾（Harold
Lasswell 1902-1978）所出版的《心理學與政治學》（1930），以及
《權力與人格》（1948）兩書看出成效。拉氏《政治：何人、何
時、以及如何得到何物》（1936）成為一部成功的經驗取向之力
作，為政治學披上更富有科學性質的外衣。之後，芝加哥學派對選
舉行為之研究聲名大噪，其採取價值中立之方法，也受學界肯定
（註7）。

　　直至一九四五年美國政治學界關懷之主題為制度、法律、政府
之形式結構、政府操作過程等，亦即對靜態與動態的統治都面面俱
到，但重點還是擺在政治行為事實的面向。

（三）第二次世界大戰結束後政治科學的研究重點

　　自第二次世界大戰結束以來的半個多世紀中，政治科學仍數
美、加、英等英語國家發展最為迅速，成果也最為豐碩。以美國為
例，研究重點仍舊擺在政治行為的研究、政治體系的分析、利益團
體、菁英、政黨的考察和政治態度，以及投票行為之剖析之上。

　　因為對政治行為之大力研究，遂有行為主義（behavioralism）之
稱謂。嚴格而言，行為主義不限於政治行為，也包括人們的經濟、
社會和文化行為在內。它是企圖以行為科學（behavioral sciences）
來取代或增強社會科學，這包括文化人類學、社會心理學、社會學
等在內。講究科際的統合、或多學科的方式來考察人在社會中之行
為。造成美國政治科學界崇奉行為研究之六大原因，包括1. 芝加哥

學派的提倡；2. 自歐陸移居美國的德裔學者之社會學訓練；3. 學者在二次大戰期間進入政府部門參與行政管理或諮商顧問工作；4. 基金會鼓勵學者進行政治行為之研究；5. 調查方法之改進與應用；6. 美國社會科學研究委員會（Social Science Research Council，類似臺灣「國科會」）對政治行為研究的協助。

尤勞（Heinz Eulau 1916-2004）在《政治中的行為確信》（*Behavioral Persuasion in Politics*, 1963）一書中指出：所謂的政治行為是指「個人在政治中之作為，以及他對其行為所賦予之意義」而言的。在此情形下，研究者不要對政治行為者所下的意義加以界定，這會含糊了行為者之本意、或其確認。達爾（Robert A. Dahl 1915- ）則指這種行為的認定是一種「心情樣態」（mood），或是一種「科學的看法」（scientific outlook）。其實這只是在第二次世界大戰結束後廿五年間瀰漫在美國政治學界重視經驗事實的一種心態，也是一種學術運動的趨向，是有異於過去重視典章制度的研究途徑，是故不久便被宣布為過時的學術思潮，遂有伊士頓（David Easton 1917- ）所宣布的「後行為革命」（post-behavioral revolution）之爆發，而結束行為主義喧囂的時期（註8）。

當代政治科學研究無論就其內容或方法而言，比較不顯出首尾的連貫圓融（coherence），它所呈現為高度的複雜性，這是指概念及其方法而言的。在第二次世界大戰後廿五年間，也就是行為主義鼎盛的一九四五至一九七○年，美國政治科學界儘管有大量經驗性、實證主義取向，以事實和證據為後盾的作品之產生，但其流於乏趣、瑣碎、形式主義之窠臼，也十分明顯。很多作品既與行動、實踐無關，也不具重要關連（irrelevance），這是後行為革命者所詬病的行為主義。

在這些大堆行為研究中都視政治為程序、為流程，亦即圍繞著統治為中心的個人與群體互動之過程。伊士頓在一九五三年出版的

《政治系統》就視政治系統為社會全系統、或稱總體系統之一環，它之特徵為「政策制定」（policy-making），也就是涉及社會政策的制定與執行。政治體系處於特定的環境中，是故體系及其環境之互動非常重要。體系有輸入與輸出，由輸入經體系轉化，再轉變為輸出，正是價值的權威性分配。

有人採取不同於伊士頓對系統的看法，認為系統不過是人工智慧學（artificial intellgence）、或稱控導學（cybernetics），是一種溝通的網絡（communication network）。因之，應以溝通系統來解釋人的政治行為。有人則倡說博奕論（game theory 賽局理論）來提升決策之效果。但對行動者之理性抉擇的探討，也成為研究者之偏好，儘管行動者與系統之關係並非研究之焦點。

有關利益團體、菁英和政黨之研究雖有不同的來源，但也在系統的架構下加以論述。利益團體與政黨被當作利益的構連（明辨articulation）與凝聚（aggregation）的行動主體（agencies）看待，它們的要求、活動成為政治系統的輸入項，經過政治系統的運作，便有輸出項（決策、決定、選擇）之產生。不過利益團體之研究在行為主義產生之前，大約於一九二〇年代美國禁酒政策實施的年代便告開始。後來對卞特禮學說的重新評估使利益團體之考察更趨熱絡。至於菁英研究則開始於一九三六年拉斯威爾對「有力者」（influentials 有影響力的人）概念的提出，其後成為一九五〇年代對社區領袖探討時重新引發的學術興趣。

至於政治態度與投票行為的考察主要考慮到公共輿論、政治立場與選舉行為對現代政治之衝擊。這是拜抽樣調查與統計學技術的改善之賜，而成為美國政治科學界的寵兒。

戰後二十年間美國政治學界過度推崇科學的方法，迷信科學主義的作法，自認可為政治研究找到不帶價值判斷、完全客觀的研究方式，這種矯枉過正的想法與作法，終於遭致批評者的反彈，他們

排斥其爲「科學主義」。

（四）當代政治科學新趨向

依據伊士頓的說法，一九六○年代末與一九七○年代初全球由於經濟巨變，遂有「反文化的革命」（counter-cultural revolution）之爆發，這是民權運動、反越戰之繼續發展，也就是對男女穿著之樣式、性行爲、女性的地位、少數民族在社會中的定位、社會新的不平等、富裕中的貧窮、環境污染、自然資源的濫用等等的新態度與新主張。目的在提醒沉湎於無節制的工業化、性別與種族歧視、寰球性的貧窮和核戰陰霾之下人類的困境。在這種反文化的氣氛下，政治科學過分強調客觀中立的研究方法受到學界的質疑，行爲主義所欠缺的就是「關連性」以及對社會眞正關懷的「行動」。因之馬克思主義或稱新馬克思主義的社會科學之觀念逐漸取代韋伯價值中立學說。

由於反文化革命的積極鼓吹者爲學生領袖，爲年輕激進的左翼學者，因之，他們開始質疑政治是何物？政治學究竟是研究什麼對象？一九七○年代以來，被視爲焦點的政治體系之研究，又被國家所取代。由是對國家的研究又告復活，採用的是馬克思主義或接近馬克思主義的觀點。依據伊士頓的看法，政治科學的認同體、研究目標、研究方法，究竟擺在哪裡，又引起嚴重的爭論，是故一九七○至一九八○年代，美國政治科學仍處在「過渡時期」中，亦即這一門科學仍在追尋其本身的認同，學界的共識，以及爲大家所能接受的理論、方法、觀點（註9）。

即便是應用馬克思主義、或新馬的觀點來研究美國或全球的政治現象，卻因爲馬克思主義已零碎爲批判理論、人本主義的馬克思主義，或是文化的、結構的、甚至教條的馬克思主義，因之，在美國的政治學界所應用的馬克思主義也缺乏一致、完整與明確的趨

向。在新馬中受阿圖舍結構主義與朴蘭查後結構主義影響較爲明顯的政治科學學者，表現較爲突出。新馬對美國政治科學的衝擊，主要在復述歷史的重要性，以及經濟、社會階級、意識形態、以及整個社會的脈絡對政治產生的作用（註10）。

　　固然投票行爲、行政行爲、利益團體、政黨、菁英的研究仍然照舊推行，但新主題如環境污染、族群、種族、社會與性別不平、核戰威脅，也成爲一九七〇年代與一九八〇年代學者關懷之研究題目。政策取向的研究表現在「政策分析運動」之上。不只研究政策如何形成與付諸實行，更重要的是指出業已採用的政策之可能替代方案，而比較其優劣。

　　與政策分析運動同時出現的爲政治經濟學之重生，也就是考察經濟問題與政府、利益團體及其他國內外制度之相互關連。這種觀點的改變，無異爲伊士頓所說「認知政治學」（cognitive political science）之抬頭，也就是不再把政治現象看作是完全非理智的過程之產物。反之，認知政治科學之出發點是假定政治行爲中包含堅實的理性成分：人類在政治中行事謹愼而富理性，要瞭解政治，也就必須以理性的觀點來加以分析。於是理性選擇論應時而生。

　　即便是政治哲學中理性的價值也再被重視，以羅爾士（John Rawls）的《正義論》（一九七一）爲代表。此書受經濟學的選擇理論所影響，也受博奕論的影響，由人的理性行爲引申出社會正義來。於是有關理性行爲就變做涉及平等、自由、國際公平、合法性等的討論之基礎。在此情形下，連同科學方法論中所強調的價值中立也被推翻。學界普遍承認科學概念本身便含有價值。對於價值之無法排除，並不意謂對客觀知識的放棄，只是價值與知識怎樣和平相處，仍舊引起不少的爭論。其中韋伯瞭晤法又再度成爲替代嚴格科學方法之有效研究途徑，弔詭地是批判傳統實證主義科學方法的人，居然有頌揚韋伯此一瞭晤法，居然把韋伯當成「布爾喬亞的馬

克思」來看待（註11）。

伊士頓認為二十世紀杪政治科學仍在變化當中，要為其定位與定向都非常不易。特別是美國政治科學界不再堅持科學是實證主義理想下的客觀現象之捕捉。這種科學的形象（image意象）之更易頗值人們矚目。換言之，當嶄新的科學的意象出現之時，那將是政治科學、乃至社會科學新世代的降臨。

在受維也納學派影響下實證主義的行為論心目中，理想的科學的形象為：一個有系統的知識，它立基於公準之上，藉由一大堆的陳述之概括、綜合而獲得客觀觀察的證明，甚至可以用數學模型加以清楚表達。這種科學的形象仍為美國當代政治科學界奉為圭臬。但新的科學的意象，卻逐漸在發展中，這包括對現象分門別類的分類學（taxonomy），概念架構、性質的概括化，也就是不建立在數學模型，不以量化為主的性質描寫與推演。這不只是當今生物學流行使用的方法，也可以推擴到社會科學與社會科學中的「高貴科學」（noble science）之政治科學。

正因為政治科學處在後行為主義之後的這三、四十年，各種研究的方法與途徑都被接受為解決眾多問題的鑰匙，如何把這些不同的看法、觀點綜合融貫，又變成一大堆的問題。基礎問題的探討和知識應用兩者之間的關係，也因為資源的匱乏而觸發新一輪的爭辯，這也就是理論與實用孰輕孰重、如何取捨或權衡的問題。電腦與資訊產品的突飛猛進，對政治科學與其他社會科學的研究有嚴重的衝擊。國際學術的交流合作也引發社會科學研究看重一般通則、還是考慮特殊文化與歷史背景的爭議。吾人可否把政治科學發展為超國界、寰宇的學問？還是讓政治科學反映每個國度與其地區之文化特色（註12）？

總之，政治發展到跨世紀的年代，已是百花齊放、百家爭鳴的地步，以女性主義、弱勢團體、少數民族、同性戀、國內外恐怖主

義等等為訴求的多元主義之文化觀與政治觀，將與國際政治、民族
衝突、階級鬥爭、經濟爭奪、宗教與文明稱霸，成為研究者考察分
析的對象。

註　釋

註1　Christman, John, 2002, *Social and Political Philosophy: A Contemporary Introduction*, London and New York: Routledge; Marinetto, Michael, 2007 *Social Theory, the State and Modern Society: The State in Contemporary Thought*, New York: Open University Press.

註2　Goodin, Robert E. and Philip Pettit (eds.), 2006, *Contemporary Political Philosophy: An Anthology*, Malden, Oxford etc.: Blackwell, 2nd ed.; Brett, Annabel and James Tully (eds.), 2006, *Rethinking the Foundations of Modern Political Thought*, New York and Cambridge: Cambridge University Press; Bronner, Stephen Eric (ed.), 2006, *Twentieth Century Political Theory: A Reader*, Nerw York and Milton Park: Routledge.

註3　Bowle, John Edward, 1973, "Political Philosophy," *Encyclopedia Britannica*, Chicago *et al*.: Encyclopedia Britannica, Inc. 14: 684-693. 洪鎌德，2003，《馬克思》，臺北：東大，第二十章；洪鎌德，1998，《馬克思主義社會學說的析評》，臺北：揚智，第八章。

註4　Marsh, David and Gerry Stoker (eds.), 2002, *Theory and Methods in Political Science*, Houndmills and New York: Palgrave Mcmillan, 2nd ed. (1st ed. 1995), pp.45*ff*; Pennings, Paul *et.al*., 2006, *Doing Research in Political Sciences*, London *et.al*.: SAGE Publications, 2nd ed. (1st ed. 1999)

註5　洪鎌德，1977，《世界政治新論》，臺北：牧童出版社，第54-57頁。

註6　政治哲學與政治學之關係相當密切，儘管政治科學的出現有必要擺脫政治哲學的玄思。參考 Benton, Ted and Ian Craib, 2001, "Politics and Political Philosophy," 收兩人合著之 2001 *Philosophy of Social Science: The Philosophical Foudations of Social Thought*, Houndmills and New York, pp.8-11.

註7　關於梅廉姆與拉斯威爾對政治學的貢獻，請參考Almond, Gabriel A., 2002, *Ventures in Political Science*, Boulder and London: Lynne Rienner Publishers, pp.63-88.

註8　洪鎌德，1977，《政治學與現代社會》，臺北：牧童出版社，第27-28頁。

註9　Easton, David, 1991, "Political Science in the United States," David Easton, John G.. Gunell & Luizi Graziano (eds.), *The Development of Political Science*, New York: Routledge, p.284.

註10　洪鎌德，1995，《新馬克思主義和現代社會科學》，臺北：森大圖書有限公司，1988年初版，第185-200頁。

註11　Easton, *op.cit*, pp.286-287. 洪鎌德，1998，《從韋伯看馬克思——現代兩大思想家的對壘》，臺北：揚智，第14頁以下。

註12　Easton, *op.cit.*, pp.289-290.

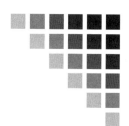

第十一章
社會人類學與文化人類學

（一）普通人類學

　　人類學是研究人類歧異性、多樣性的學問，除了人類學的理論之外，還有人類學的應用，其主要涉及的有人類的生理（體質人類學）、人類的歷史變遷（考古學、民俗學）、文化的異同（文化學）、現代世界體系、殖民主義、文化交流等等，更是對當代的一種「刻畫」（marking time），更是對全球化、科技化、資訊化的當代提出嚴肅批判、反思的整合性科學（註1）。普通人類學是美國學界給予人類學———一門研究人類的科學之總稱———一個最廣義的稱呼。普通人類學包括生物學與文化學的兩種體系，因之分成下列四種分科：

1. **體質人類學**：研究人類（*homo*）的演變。體質人類學家（今日或者更樂意被稱爲人類生物學家）利用化石重新建構早期人類之軀體形貌，並比較初民與人猿或類人猿之異同，也嘗試以基因的架構來追蹤人類的進化，找出人類遺傳的特質。早期以人類分布地區、膚色、毛髮、語音之不同，區分爲黑人、蒙古人、澳洲人、高加索人等之不同「種類」（*phenotypes*），近年則重視人類基因和遺傳之不同，改而注意到「基類」（*genotypes*），其中有牽涉環境對人口影響因素的人口生物學，有注重人種疾病發生和分布的病疫學。

2. **考古學**：有時被視爲歷史的一部分，亦即考察無文字記錄史前的人類活動。但也有考察有文字記錄的過去舊社會之文物。這包括對被排斥於主流之外的邊緣原住民之研究，像早期由非洲移往北美充當奴隸的黑人不幸命運之理解等等。

3. **語言學**：雖然已獨立成一門受學界看重的新學科，但仍然被視爲一般人類學的分支。由於早期人類學家與不同語言的族群來往必須學習其語言，也由於語言本身便是人類發展與溝

通的工具，是人際互動的典範，因之，語言分析的重要性是
十分明顯的。社會生活便由行為規則、意義和解釋構成。這
些都是語義學（semiology）研究的對象，也因而造成向來的
人類學家對語言問題的關懷。再說語言的使用也反映文化、
階級、性別，自成社會語言學、或民俗語言學這些分支。

4.文化人類學：文化成為美國人類學家研究的偏好，也是導致
美國人類學研究有異於英國與歐陸的特徵。在美國這種研究
之普遍層次相當高，例如研究美國文化、日本文化、約魯巴
（Yoruba）文化。由於文化意涵廣包，包括了信仰體系、社
會組織、科技和環境，所以文化人類學研究的對象與範圍也
相對擴大。泰勒（Edward B. Tylor 1832-1917）為文化下一個
廣泛的定義。他說「文化是一個複雜的整體，包括知識、
信仰、藝術、道德、法律、風俗、以及作為社會成員的個
人學習而得的其他能力與習慣」。克魯伯（Alfred L. Kroeber
1876-1960）認為文化是「學習的與傳承的動力反射、習慣、
技術、理念和價值之總和，也是這些事物所引發的人之行
為」。墨菲（Robert F. Murphy 1924-1990）認為文化是「傳統
的總體，由社會來負擔，也由世代來傳承」。

（二）社會人類學

這是英國學者給予人類學的稱呼，社會人類學應當視為較普通
人類學更狹隘的學科。在很大程度上，社會人類學可以視為普通人
類學的一個分支，與文化社會學最為接近，但比起文化社會學來範
圍更小。英國學派集中其研究的焦點於家庭、宗教、經濟與政治體
系之上。因之，它與社會學也非常類似，所不同的是社會人類學家

不像社會學家研究本國、本區域的社會，而是把注意力放在西洋傳統的文化之外的「化外」地區及其社會（所謂的「第三世界」之國度與地區）。

不只文化的定義模糊，就是社會結構也有歧義。一般人很少會辨認社會、社會體系、社會結構、社會組織、社會制度、社會過程、社會運動等等名詞之不同。到底社會結構是實物，還是抽象的東西？換言之，真有社會結構存在於研究者身外？還是學者為了處理雜亂的資訊材料而把它們貫串整理搞出一個架構來？社會結構是否包含制度、角色、行為？抑或它也包括理念、價值在內？是否把注意力放在社會結構及其次結構對研究真有幫助？還是這些架構都是毫無意義的套套邏輯（tautology 同義反覆、循環論證）呢？這些問題的提出，顯示研究社會與人的重要，更顯示研究初民是瞭解文明人的鑰匙。

在這種情況下，人類學在英國的崛起之迅速不難理解，幾乎沒有任何一個學科像社會人類學那樣廣受看重、聲譽日隆。事實上在英國，社會人類學所享有盛譽固然拜受學術傳統與學人的因緣際會之賜，不過這種情勢隨著兩次世界大戰英國國力衰微後，其早前的風光，也逐漸褪失。在一九八○年代中，美國崛起的文化人類學在學界的重要性，有超越英國社會人類學之勢，這是由於人們對文化的研讀之興趣大增，特別是對原住民、少數民族，多元社會之重新理解和詮釋。當然這與人文與社會科學界由社會結構轉往尋求「意義」的學風有關。這些都牽涉到後現代主義的問題。

基於學術傳統的淵源與流變，墨菲不認為把社會人類學與文化人類學分開有何意義（註2），但不分社會或文化人類學都是社會科學，也就是一般科學的一支，都是實踐中達成對人類文化與社會活動的認知。

三　社會人類學的崛起

（一）維多利亞的遺產：進化論

　　當英國十八與十九世紀之交，出現一批「人類慈善家」（philanthropologists, 像Thomas F. Buxton 1786-1845 和 Thomas Hodgkin 1798-1866，爲一八三〇年英國保護原住民協會的創立者），他們關心「未開化」的原住民，有可能淪入歐洲列強人口販子的手中變成白人的奴隸之虞。這便是具有初期社會人類學味道之「野蠻族人」（savage tribesmen）底研究的開張。該保障殖民地原住民權益之協會終於促成一八七一年大英皇家人類學研究所的設置，這是英國首座以生物學、文化學和社會學等科際整合的方式，來進行人類學研究的最高學術機構。

　　不過，人類學或民俗學（ethnology）成爲牛津大學（1884）與劍橋大學（1900）專門學科，卻是在皇家研究所設立之後數十年才出現的。第一位正式擔任社會人類學講座的則是福拉哲爵士（James George Frazer 1854-1941），亦就是暢銷書《金枝》（*Golden Bough*, 1890）的作者。倫敦政治經濟學院也於一九一〇年任命謝立曼（Charles G. Seligman 1873-1940）爲首任社會人類學教授。

　　十九世紀隨著歐洲海外殖民活動的頻繁、科技進步的驚人、世界史（universal history）觀念的浮現，使殖民主義者誤認白人爲智慧人（*homo sapiens*）的代表，而視遙遠未開發地區的「野蠻族人」爲與白人祖先不同發展階段的初民。這些初民有可能在文明發展的路途上不進反退，而成爲退化（devolution）的族群。是故，白人的使命，也就是「白人的負擔」，便是把文明帶給這些「野蠻族人」。

　　達爾文的物種進化論，爲適者生存、弱者遭淘汰之想法與說法，提供有力的辯護。正如羅素（Bertrand Russell 1872-1970）所言：

「達爾文主義乃是馬爾薩斯人口論之應用於動植物界，而馬氏的人口論又是邊沁功利黨徒政經學說的不可分割的一部分。因之，達爾文主義贊成全球的自由競爭，勝利的動物就像資本家一樣風光」。

放棄早期耽於考察已死的祖先之作為，維多利亞時代的人類學家便以活著的「野蠻族人」作為他們研究的焦點，企圖由生者去瞭解死者。儘管他們對人類發展的階段可分幾期有所爭議，但十九世紀的學者卻相信「自然狀態」的存在，它也是文明發展的早先階段。法學家梅因（Henry Maine 1822-1888）便主張追溯法律條文之變化，以瞭解社會的變遷。在他所著《古代史》（1861）一書中，梅因指出原始社會以父權為中心之家庭，擴大至氏族，而部落，最後發展為國家。由原始社會親族地位（親屬關係）演變為當今建立在契約之上的社會，表示社會的重大進化。

與梅因同時代的美國律師摩爾根（Lewis Henry Morgan 1818-1881），也著手研究親屬關係，特別是有關伊洛魁人與印地安人之親屬關係。由此他得出不同的社會對親族的分類與描寫的兩大原則，其一為印地安人對親戚的稱呼，可以稱伯叔舅父姑姨丈等為「父」；另一種則為閃族語言對父親之外每個人都有不同的稱呼（伯父、舅父、姨丈、姑丈等等），他對這種不同的發現加以精彩的解說，頗能一新耳目。他也是一位進化論者。從親屬分類的簡單至複雜表示族群最先有其共同的淵源。這種把父方或母方的親戚用簡單的稱呼叫喚，並不只是為著方便，更有其社會意涵，也就是稱呼阿姨、阿嬸、阿姆、阿姑為「老母」者，可以獲取母親同輩份的長者之關愛，摩爾根的學說對馬克思和恩格斯都有很大的影響。

泰勒是在一八八四年於牛津大學首先開講人類學，他研究的主要興趣在闡釋摩爾根語言稱呼與社會習慣之間的關係，而企圖指出其功能性的作用。此外，他對宗教有深刻的研究，而提出「存活下來」（survival）的概念，認為它可以應用於習慣與信念之上。他的

重大發現爲結婚時新郎與新娘住在男方或是女方處會影響一個社會對親屬關係的稱呼。此外，他認爲與他族的通婚（外婚），是消弭兩族仇恨的存活手段。

（二）涂爾幹功能主義的貢獻

一般視涂爾幹爲比較社會學的創立者，儘管他除了講學之外足不出戶，是一位典型安樂椅上的學者。他也是一位社會主義者與民主的改革者，更是一位非馬克思派激進的革命家。他一直堅信世俗的教育是轉化社會的利器。社會學最終的目的在爲社會主義提供人類基礎，也爲世俗的教育提供實踐的指引。是故教育政策比革命手段更能達成社會的改變。

有異於梅因和斯賓塞，涂爾幹以演繹的方式敘述其分工論的觀點。他不認爲經濟上分工愈來愈細、愈專門會促成個人之間更大的競爭，會造成社會的原子化（雞零狗碎化）。與馬克思主張相反，涂爾幹不認爲工業化會造成資本主義的異化現象（儘管他也承認在「不正常」的情況下，社會有「脫序」anomie 的出現）。相反地，在有利的條件下，經濟專業化會造成社會進一步的凝聚協和。分工並非如經濟學家的主張在提高生產力，只是生產力的提高是伴隨愈來愈細的分工而出現，蓋分工所以增強是由於社會的「密度」增加的緣故。

涂氏下達此結論是由於比較原始社會與現代社會之不同而得到的。原始社會分工程度低，社會的凝聚是建立在同氣相吸、同類相求的原則之上，可謂爲「機械性的團結」。現代的工業社會分工精細，每人同質性低異質性高，在相輔相成之下所凝聚的是「機能性（有機性）的團結」。同樣法律也有兩種不同的性質之分別，其一爲古代報復性的法律，其二爲現代矯正性的法律。

涂氏學說之論據常有瑕疵，但卻具說服力，其秘訣在於其功能論的發揮：我們對人群社會生活會增加瞭解，假使我們把這種社會

生活擺在功能的複合體之上去考察的話。譬如說，古代法律對犯人的懲罰，近乎情緒性的報復，此舉固然在嚇阻犯罪之再現，但卻也在宣洩群眾不滿的情緒。由是犯罪與懲罰的行為反而有助於原始社會機械性的協和團結。涂氏這種的解說法雖然十分弔詭，卻能發揮解釋的功能（註3）。

　　與涂爾幹一樣善於觀察社會制度和善於解釋制度之間關係的學者為英國社會學之父斯賓塞。他是一位著作等身的費邊社社員。就算才華出眾如斯賓塞者仍會犯論證錯誤的毛病，亦即與涂爾幹一樣犯著套套邏輯（相循論證）的錯誤。在比較涂爾幹與馬克思時，我們都知道後者主張經濟資源及其控制之重要，但前者卻把重點擺在社會制度之上，這是社會構成體中使成員能夠在功能上發揮作用的機制。涂爾幹指出不同的社會結構產生不同的理念與意識形態。不管這些觀念是真是假，它們必須像其他社會現象一般，透過功能性的分析來接受檢驗。這種要求使意識形態和概念體系從哲學與神學中釋出。在這裡涂爾幹比維根斯坦（Ludwig J. Wittgenstein 1889-1951）早半個世紀指出概念是社會產生的集體表徵。

　　在《宗教生活的基本形式》（1912）一書中，涂爾幹強調，與其以概念或信念的真假去討論宗教，倒不如研究初民宗教的起源。以澳洲原始族群的圖騰為例，它不過是進行漁獵游牧的部落結構的反映，它代表族群的團結，也是對族群忠誠的象徵。宗教無非涉及神聖與世俗之別，都是社會現象。猶太教的上帝是一位維持社會秩序與道德的至尊，也就是上帝是社會的神化或稱神化的社會。因之，他認為宗教乃是象徵的體系，也是社會對其本身的自我意識。它是集體存在思想的方式。要之，宗教乃是強烈的社會互動（集體的沸騰），帶有情緒的產品。宗教儀式則為增強信仰者群體凝聚力，這點與馬克思強調宗教為群眾麻醉的鴉片，有異曲同工之妙。

　　涂爾幹強調社會事實之存在，認為社會事實存在於個人之外，

對個人施展壓力。社會事實屬於群體，是故集體的信念與行為不能化約為個人的心理與行為表現。亦即社會學無法化約為心理學，儘管可以藉社會心理學來作解釋。不過社會心理學並非涂氏之擅長。要之，他主張要瞭解社會現象必須要在更大的社會境況下，瞭解該現象的功能。社會是一個動態的有機體或生機體（organism），其成員之命運與貢獻，繫於它對整個社會的存續之功能。這種整體觀、總體觀（holism）使研究者擺脫歷史命定主義的羈絆，是其貢獻，但因此掉進社會決定論，則為其瑕疵。

（三）馬立諾夫斯基和賴可立夫・布朗

涂爾幹的著作標誌著由進化論轉往功能論，也為現代人類學的創立者馬立諾夫斯基和賴可立夫・布朗的學說搭橋。馬立諾夫斯基（Bronislaw K. Malinowski 1884-1942）為出生於克拉考的波蘭人類學者。他在其故鄉的大學以物理學和數學的論文獲得博士學位，由於有機會閱讀福拉哲的《金枝》，使他改變研究對象，而對社會人類學發生濃厚的興趣。在移居倫敦之後，他完成有關澳洲土人的論文。在一九一五年至一九一八年之間，他進行田野考察，在新幾內亞特洛里安島的研究期間，他發展出田野緊密觀察法，常將其營帳架設於土人居住的村落裡。他強調學習原住民語言與採取他們觀點的重要性。一九二七年他成為倫敦政經學院首任社會人類學講座。

在馬氏眼中，人雖受社會化與接受文化的薰陶，畢竟還是一個動物。人生理上的需要、欲望必須獲得滿足：這種滿足是要靠社會的文化制度來達成的。由是婚姻是用來規範男女的性慾，經濟制度調節人存活的民生用品，法律與政治在保障人互動與合作的關係可以繼續進行。宗教與藝術雖然對人的動物存在沒有即刻與明顯的貢獻，卻是維持社會存在的另一機制。藝術、神話、儀式都是對既存的社會與政治活動的順利展開提供助力，特別是當技術知識不足以

解決現實需要之時，或是人處於困苦無助之時。總的來說，馬氏仍舊倡議與闡述功能論，認為社會生活在發揮滿足人需求的功能。要之，文化對他而言，乃是人動物性存在與調適的特殊手段，只有人才會採用此種的手段。

社會生活為成員諸個人間追求報酬的行動，是一種「給與取」（give and take）的相對性與相互性（reciprocity）。人在社會中追求的不是像進化論所闡述的適者生存（survival），而是各盡所能，使社會能夠發揮作用。因之，任何的禮俗、慣習即使是何等的幼稚或怪異，但都有其特定的功能，也達成其時代、其社會的目的。

換言之，對馬氏而言，所有的禮儀、親屬關係、經濟交易不必以其起源做歷史的溯源工作，而只需理解他們對社會有無用途來加以解釋。他著重社會制度的現時功用，以致常忽視其歷史演變。他把任何既存社會的和諧性均衡理想化。他這種去掉歷史的看法，未免把特洛里安島人看成是被鎖在石器時代的土人，而不受外界的影響，也不因社會衝突而改變其政治結構。事實上，該島人民對外界，包括殖民者、傳教士所帶來的衝擊，以及求新求變的精神，都是對馬氏學說的挑戰。

事實上，在馬氏身後出版之《嚴格意義下的日記》（1967）中，透露外界白人對島民的日常生活構成重大的衝擊。這些觀察與推論的瑕疵不影響馬氏田野研究法及功能主義的重大貢獻。受其訓練栽培的後代人類學家，更能以全社會的觀點來處理人們的信念、禮儀、親屬、政治組織、經濟實踐等問題，視這些問題為彼此關連，而不可分開來研討。

由於馬立諾夫斯基重生物學、而輕社會學的理論取向，因之，其偏於一端的毛病受到他同代的競爭者與論敵賴可拉夫・布朗（Alfred Reginald Radcliffe-Brown 1881-1955）的批評。賴氏因執教於英、美、澳、南非而聲名大噪，由於在劍橋大學接受人類學訓練，

加上著作與研究成績卓著，而成為雪梨、開普敦、牛津和芝加哥大學社會人類學的開創講座教授。

在理論上賴氏受到涂爾幹的影響最深，強調社會中的結構，以及不同制度之功能的重要性。他也是比較社會學的鼓吹者。儘管著作不多，但其精緻的理論與嚴格的田野研究法正可以補充馬立諾夫斯基經驗主義之不足。他雖也是一名功能理論家，但不若馬氏那樣大而無當。他是在涂爾幹的理論架構上加工精製，而成為青出於藍而勝於藍的學人。

當馬氏自生物學上借用了化約原則，而集中在人的文化適應之檢討，賴氏卻再度強調所有習俗和制度的社會基礎。對後者而言社會是一個有機體，其成員扮演不同的角色，盡了不同的義務，俾使社會全體能夠生存與繁榮。在此他引進結構（structure）一概念，認為這是社會賴以建立的有秩序、有組織的基礎，這個基礎是在相當長的時期中屹立不搖的事物，制度所以能夠發揮功能是在結構之中，也是在與結構發生關係裡才有可能。制度的作用在於維持事物現存的秩序，因之，作為結構功能論者的賴氏，是認為人群為了追求其目的（社會團結）而合法化、正當化他們使用的手段（社會制度）。

在討論南非土人甥舅關係之密切時，賴氏使用了「兄弟姊妹的同等」（equivalence of siblings）之說法來解釋這一親屬關係。他認為在父系社會中，由於兄弟姊妹感情融洽，也由於社會視此為當然之舉，則在對待姊妹的孩子時，作為舅父的人把甥兒或甥女也視為己出，故予關懷、疼愛，可以說是母性愛心的延長或擴大。反之，姑姪關係的疏遠肇因於姑母的兄弟，亦即姪兒的父親，對孩子的嚴管督責。要之，把姑母當成雌性的嚴父，把舅父當成雄性的慈母看待，是造成舅甥親密和姑姪疏遠的原因。

有關這種親屬關係的解釋，正說明社會行為有結構的面向，

也有功能的面向，在無需研究行為的歷史情形下，藉由結構功能的分析便可以獲得較為圓滿的說明。要之，功能主義者認為結構乃是提供給功能發揮的架構。社會結構的改變常隨社會制度的變化以俱來。同樣如果社會制度劇烈改變，則也會造成相應的結構之改變。

（四）散播論

把功能和結構的分析概念加以結合，而成為結構功能論，無疑地是對人類學歷史的和進化的理論之反彈。結構功能理論代表了現代社會人類學研究的新高點。但隨後產生的為歷史學家與考古人類學者所常援用的則為「擴散論」、或「散播論」（diffusionism）。

散播論是認為理念、或人造器物（文物）隨著人群的遷徙旅遊而由一處轉往另一處。今天噴射機的飛航與電話、電視、網路的傳播，使理念、文化產物的交易無遠弗屆且極其迅速，這種散播的文化產品無論就質而言，還是就量而言，都達到空前的地步。

遺物的發掘使考古學者發現滅絕的人群或社會分布與居住的範圍。把他們的文化與社會加以分門別類的類型學（typology），遂應運而生。如果某地同一文物產品大量出土，則證明同一族人居住該地而生產同一物品。反之，如果出土的地方在不同的層次發現不同的文物，則考古學家也可以假定這是不同的族群的混居，或先後的占住，表現某種不連貫、不相續的關係。

與馬氏與賴氏同時代的英國學者史密斯（Elliot Smith 1871-1937），曾大力研究散布於世界各地的木乃伊和特異保存屍體的技術等情況。他在赴埃及研究木乃伊的頭顱之後，無意間發現馬來亞土人的頭骨，認為兩者有很多相似之處。為此，他提出大膽的猜測，主張「文化叢結」（culture complex）：包括處理屍體的方式，是由埃及向世界各地其他地方擴散。他稍後還把刺青、穿耳、頭顱變形、對蛇的崇拜、大水的神話、丈夫幻想如同其妻正在懷孕

（couvade）等等奇風異俗，看做是由一地擴散到他地的文化傳播。

這種文化散播論，自然也遭到學界的批判。因爲集中在個別的、物質的文物之上，而不注意它的社會脈絡，不但有以偏概全之弊，而且把不同的文物混合在一起、或相同的文物以地域的不同串連在一起，都不見得可以看出文化散播的實狀。許多借用的文化或儀式也常失去其本義。因之，靠散播論無法獲取文物流動走向與確認原來的生產地，也許對文化遷移的空間可以獲得多少的理解，但對其時間的變遷則不見得能夠完全掌握（註4）。

四 文化人類學

（一）文化人類學與社會人類學的異同

列維・史陀認爲文化人類學爲美國學者慣用的名詞，社會人類學則爲英國學者普遍使用的稱謂，兩者並無分別，只是同一學科在不同國度的稱呼而已。李奇（Edmund Leach 1910-1989）則對比持反對的看法，他認爲社會人類學與文化人類學並非學術研究的同一形式（學科）之不同名字（註5）。原因是社會人類學家概念的來源主要的爲涂爾幹和韋伯，文化人類學家則來自於泰勒的說法。

李奇認爲人類學家第一項關懷的事實爲分辨人與非人，於是文化與自然的對立成爲人有異於禽獸最大的分別標誌。人因爲懂得使用工具，所以創造文化，其他動物則否。因之，泰勒給文化或文明的定義爲一種複雜的總體，包括知識、信念、藝術、道德、法律、習俗和作爲社會成員取得、或學習而得的其他能力。因爲對文化作如是觀，泰勒遂主張研究文化之第一步爲把文化的成分做細緻的解剖與分類，分成「適當的群類」（proper groups），這些群類包括武

器、紡織、藝術、神話、儀式和慶典之類的東西。

　　李奇認為今天的人類學家已不把文化以單數看待，而是對同一社會的文化，看成為複數的次級文化所構成，所以基本上採取多元文化觀。而社會人類學家更不會把文化當成由眾多不同的群眾拼湊或合成的事物看待。即便是文化社會學也分成許多不同的派別，像哈里斯（Marvin Harris 1927-2001）便認為，文化的特質應為各地人民適應其自然環境而採取的因應措施，可視為文化物質論者。另外施奈德（David M. Schneider 1918-1995）視文化為「符號與意義的體系」，也就是把文化當成思想語言的過程，而排除文物實用的、物質的面向，可說是象徵的人類學派之主張。

（二）文化人類學的定義與課題

　　文化人類學就是把生活在文化和自創的世界中的人類之文化特色勾勒出來的學問。它把文化的因素（常素）當成人類的行為因素（變素）來看待。因之，也可以目為動物學行為研究（*Ethologie*）的一部分。其主要的職責為：1.文化及其因素中變化的可能性，亦即分辨文化固定因素（常素）與文化變動因素（變素）；2.比較人與動物行為之差異與關連；3.本性遺傳的行為與學習而得的行為之比較，探究人類發展文化的能力之生物學基礎。

　　　1.**文化的常素與變素**：在文化的常素方面包括(1)使用技術來改變自然，俾食衣住行的民生需要得到滿足；(2)象徵的思維與符號性的語文之產生與使用；(3)兩性關係、親子關係（保種與照顧下代的觀念）的重視；(4)藝術表現、音樂、舞蹈、美的標準等之產生；(5)群體生活的秩序、規範之產生。至於變素則為上述常素之外的文化因素，而造成每一地區、每一族群所以異於其他族群的原因。

　　　2.**人與其他動物之行為的比較**：從人類的生成，推溯與類人

猿之親屬接近的類似行為（*homologes Verhalten*）。但也有不少的行為卻與其他高級動物有異而成為人類之特質，例如性行為、家庭組織、使用工具、語言等等。在性行為方面，人類與類人猿相比，靠荷爾蒙分泌主導性慾者少，而靠大腦的指揮者多。動物性交的公開化與人類營造隱密氣氛（*Intimsphäre*）有所不同。

至於家庭的成立，主要建立在母子關係上，這點是人與動物無多大分別之處，不過比起其他動物來人類哺育期相當長，子女依賴母親的照顧需時較久。至於亂倫（近親婚姻）的禁忌，也是人類家庭有異於其他動物組成的家庭最大的不同。至於器具的使用，可視為對周遭世界技術加工，也不限於人類，不過以人類製作的工具最為巧妙、美觀、實用。動物對喜怒、哀傷的表情與人類無異，但把這些聲音轉化為彼此溝通工具，只有人類才能辦到。不但語言的發明可以傳情達意，也是使人類可以進行思想、回憶、展望的工具。

3. 文化能力的生物學基礎：人類的行為主要靠學習而得。不過學習不限於人類，就是其他動物（不說人猿就連狗、貓、豬等）也懂得藉學習而獲得本性遺傳之外的能力。經由學習過程而得到的行為顯得有彈性而富變化。是故人類行為普遍的基礎為學習能力。學習能力的首要條件為記憶，其次為智慧（依賴經驗而學習的能力）。把記憶堆積、把感覺分類，再加上聯想，都是大腦的功能。大腦的大小隨著類人猿變成人類而有躍變增大之明顯的變化。除了大腦，重要的人類器官為雙手。手的功能不僅在使用與製作器具，俾能技術地改變周遭環境，也在能掌握事物，確認事物的常態（*Dingkonstanz*），而協助人類發展象徵的思維，和創造符號、語言。以上說明了人類文化能力的生物學基礎。

　　不過對文化的多樣發展與成長，則受到人類生物學遺傳少，反而是由於累積（*Akkumulation*）的影響大。也就是文化之舊的因素隨著新的因素而保存下來。每一新發明、新發現都會呈現擴大、搭配、與變化的可能性。文化的演進並非以新的取代舊的過程，而是增添累進的過程。這種人類特有的文化演進觀，也使文化呈現多姿多采。累積過程的先決條件為經驗與知識的傳統之維護，這就是老一輩與年輕一輩不同年代能夠聚居與溝通所造成的，也是由於人類成年時期比其他哺乳類長的緣故。累積的能力又因語言的發明與利用而發揮到最高的程度。

　　藉由累積而使文化成長的另一個因素為人口眾多與稠密。人口愈多，發明的人才也相對增加，知識、技術、文化產品散播的機會跟著大增。分工、專職與休閒也是促使特殊才華的人得以發展的條件。要之，選擇的機制也是促成人類文化能力發揮的手段（註6）。

（三）文化人類學的發展

1.鮑亞士文化史學派

　　一位出生於德國，卻在美國開創文化人類學的學者就是鮑亞士（Franz Boas 1858-1942）。他及其學派主宰二十世紀初美國人類學界將近三十年。他的田野研究方法，包括對當地文獻的分析、學習當地語言、擢用當地人研究其本身文獻與文化，都是極富創新和具革命開創性。他的著作《原始藝術》（1927），對人群物質文化的檢驗影響重大。他主要的研究地域與對象為太平洋西北岸的美洲土著文化，他強調對民俗的調查而不斤斤計較文化中的因果律。他是一位文化相對主義者，主張各地文化必須以該地的意義架構加以詮釋和理解，也就是不可用研究者的價值觀來衡量。他此舉無異把泰勒和福拉哲的進化論加以無情的揭穿與揚棄。他認為研究文化必須把相關部分串連而見其整體的意義，他其後對心理學的發生興趣，為

文化與人格理論奠下基礎。

受鮑亞士影響的人類學家包括貝內蒂克（Ruth Benedict 1887-1948）、克魯伯、米德（Margaret Mead 1901-1978）和薩皮爾（Edward Sapir 1884-1939）。除了強調親自觀察蒐集資訊之外，鮑氏的理論傾向於功能主義。功能主義研究嘗試分析文化中大小不同的成分之相互關連，重視文化中的構成單元如何發揮其功能，而促成整個文化的發展。鮑氏還強調蒐集成員生活史之重要，從而看出人格的發展與文化的變遷之關連。

2.莫士的社會學派

作為涂爾幹的甥兒，莫士（Marcel Mauss 1872-1950）與其舅父及其他著名的法國社會學家、人類學家合辦《社會學年鑑》，其中他對社會人類學的基本理念加以闡釋。在他著名的作品《贈禮》（*Gift*, 1925）一書中，他說明人群相互交換禮物所表現的彼此密切關係。他此一作品以及有關分類的專著對列維・史陀以及其後的人類學理論之發展具啓發作用。可以說交易的社會學理論與信仰體系的社會學理論都是由莫士所奠立的。

他的學說不僅影響到列維・史陀與梅特霍（Alfred Métraux 1902-1963），也影響了馬立諾夫斯基與賴可立夫・布朗。他與鮑亞士一樣，認為研究社會現象必須研究整個體系。因為體系不但會自我管理，也會追求均衡，從而使其成員統合在體系中，也使社會能夠適應新情勢，而不斷發展。他是促成結構論、或結構主義得以生成變化的功臣。換言之，社會不只是個人的集合，本身也發展成一種有機體。在很大意義下，莫士與鮑亞士一樣重視文化與人格之關連，而促成文化人類學與心理學的發展。

3.「大散播理論者」（grand diffusionists）

此為德國學者葛列布涅（Fritz Graebner 1877-1934）與奧地利語言學家施米特（Wilhelm Schmidt 1868-1954）所主張的學說。他們也

排斥了進化論，而主張文化的類同性乃發源於同一中心的說法。整個文化史是幾個文化綜合體、亦即文化圈（*Kuturkreis*）在地球上移動的歷史。這種缺乏科學根據、大而不當的散播論，就稱爲「大散播理論」（grand diffusionism）。像美國的史密斯（Grafton Elliot Smith 1871-1937）和皮里（William J. Perry）居然認爲人類文化的搖籃爲埃及，而其後的文化係由埃及傳開發展而成的。

4.功能主義和結構主義

在第一次與第二次世界大戰之間，人文社會學蓬勃發展，多支學派的崛起，都拒絕了歷史的研究法。文化的功能論者，包括了馬立諾夫斯基的傳人，認爲解釋事實唯一的辦法，便是看該事實在文化中扮演何種的角色。文化人類學的目的在認知文化的總體以及部分的有機結合，每一文化都是獨一無二的實在（實相）。文化不需放在歷史的天秤上衡量，只需分析其成分與成分之間的關連所構成的總體即足。所必須注意的是成分在目前所能發揮的功用。他們駁斥早期人類學家侈言「存活」、習俗、以及文化特質的傳承，而不注意其功能。

至於賴可立夫·布朗則爲結構主義的原創者。對他以及其他結構主義者而言，在體系的性質之外，亦即經驗的實在之外，是存在著無法直接觀察到的事物。這些事物對體系卻能起決定性的作用，這便是指結構而言。結構並非社會關係之總和。反之，研究者在社會關係中，把社會關係當成基本的資料而抽出「結構的模型」來。人類學家所從體系中形構的模型如果能夠說明整個體系的運作，以及與體系有關的事實，則表示此一模型有效。這一方法對親屬、婚姻與神話的解釋有用，但對體系在時間過程中的變遷，卻無圓滿的解釋，這就是結構主義引起批評的所在。

5.文化心理學

在兩次世界大戰間崛起的文化心理學乃為文化人類學之一分支，或稱民俗心理學（ethnopsychology）。這一分支是認為文化制約了個人的心理全貌，這是一反過去把人心當成普天之下人人皆相似的事物之看法。貝內蒂克就發現美國西南部普愛伯洛（Pueblo）的印地安人之想法和推理與其鄰近地區的印地安人不同，儘管兩者在地理環境方面並沒有什麼太大的差異。她的結論是每個文化在歷經長時期的變化之後為其成員賦予特定的「心裡組對（設定）」（psychological set），也就是心理上對現實的導向，這一組對或設定在事實上決定了成員如何看待環境所給予的訊息，以及如何來處理這些訊息。在實際上，文化會影響心靈怎樣運作。

有關文化與人格的研讀曾經發展成幾種不同的方向。教養與帶領小孩的形式之研究，使人們懷疑佛洛伊德有關雙親與兒女關係（像戀母情結、戀父情結）之普遍性、寰宇性。對文化與社會價值的研究，包括文化的形態、人格的典型，或有關民族性格的考察，在在顯示文化心理學觀念的廣包，但研究成果多有參差不齊的表現。

（五）　人類學、新馬克思主義和女性主義

馬克思因為受到黑格爾的影響，認為人是「勞動動物」（*homo laborans*），也受到亞丹・斯密的影響，接受社會關係乃是交換關係的說法，進一步認為人能夠生產比維持他生存更多更大的價值（「剩餘價值」）。此外，擁有金錢的權力，也是購買別人勞力的權力。一個商品的價值雖然受到供給與需求決定，卻主要是受勞動的代價所制約（「價值的來源與衡量取決於勞力」）。馬克思認為社會體系的特徵不能像黑格爾那樣的主張，化約為人個人的動機，不能

化約為個人心靈的一般發展。是故並非人的意識決定人的存在；反之，人群的社會存在決定他們的意識，這就是馬克思唯物史觀的起點（註7）。

以馬克思的概念來評論社會與文化人類學的英國學者有顧迪（Jack Goody 1919- ），他討論和分析前資本主義的社會形構。在一九六〇年代初期高芙（Kathleen Gough 1925-1990）指摘西方人類學家不注意帝國主義對發展中地區之侵略和不理解土著的社會變遷。

法國新馬克思主義（簡稱新馬）的人類學深受列維・史陀的影響，以意義的理解來剖析文化體系。他們首先批判舊蘇聯教條式的社會五階段演進說，而恢復馬克思有關「亞細亞生產方式」的討論，然後才提出類似的主張——「阿非利加的生產方式」。其中以法共黨員蘇利・卡拿爾（J. Suret-Canale 1921-2007）的影響最大。他認為非洲諸國的社會並不建立在對奴隸、或農奴的壓榨之上，而是對於完整不分的諸社區之剝削。因之，他認為新馬人類學的任務，不在闡述恩格斯定下的整套計畫，而在於發揮來自非洲的訊息與知識，俾以新證據來落實馬克思求知的精神。

自一九六〇年代在巴黎召開的有關亞細亞生產方式的討論會，要求將馬克思主義對人類學的觀點加以修正，把馬克思與摩爾根所不知的訊息融合於新知系統中。在研討會上深受列維・史陀所影響的葛德利爾（Maurice Godelier 1934- ）遂強調：歷史單線性發展觀不僅站不住腳，而且不是馬克思原來的主張（註8）。

戴雷（Emmanuel Terray 1935- ）在其著作《馬克思主義和原初社會》（1972）及其後的文章中，甚至主張把馬克思學說官方版本的摩爾根社會發展次序（蒙昧、野蠻、文明）加以揚棄。他說：「我們所需要的不是這種分門別類的體系，而是一個分析工具」（註9）。

葛德利爾除了反對單線性社會發展觀之外，他還企圖把列維・史陀的結構主義和馬克思主義結合起來。他指出：馬克思利用內含

於資本的結構之邏輯，以解釋資本是何物。亦即這些結構本身的轉變是以生產力和生產關係的改變，來加以解釋的。葛氏遂認為馬克思對資本的這種看法，和列維・史陀的看法很相似，因此，可以把兩者相提並論。

　　一九六〇年代以梅拉索（Claude Meillassoux 1925-2005）為主的法國人類學家大力探討「經濟人類學」，研究的對象為三個層次的問題：在第一個層次上討論經濟結構與經濟關係，以及由生產活動引申的產品分配所涉及的長幼有序、成親條件和家庭組織的問題；在第二個層次上，也就是部落或村落的層次上，學者要解決政治和宗教問題；在第三，也是最高的層次上，則討論國家的經濟活動（註10）。

　　總之，新馬人類學家要澄清的就是歷史唯物論可否應用到具體的社會分析之上，以及作為原初社會制度基礎的親屬關係，是否比馬克思所強調的經濟因素更為重要。換言之，親屬關係與經濟因素兩者孰輕孰重的問題成為新馬人類學家爭議的焦點。

　　要之，除了上述理論爭議之外，新馬人類學者也涉及第二次世界大戰之後發展中國家低度發展的問題。在眾多的問題中，又以婦女、老人、幼童、病患等弱勢群體的研究，以及各種各樣（國家、種族、宗教、階級、族群、黨派、個人等）的衝突之研究，成為學者的當務之急（註11）。

　　不只新與舊的馬克思主義討論到人類學、民俗學、考古學的問題，就是女性主義者對人類學也有一定的看法（view）與觀點（perspective）。強調女性有異於男人，也就是有別於男人的經驗、對事象的觀察、認知、求知途徑和方法。有人認為這種說法並非客觀，而且視真理是相對。這是反對女性主義對追求學問的目標和方法完全不同於男性的目標與方法之說詞。不過強調女性主義的「立場」（standpoint）來作為女性對事物瞭解有異於男性的認識論、認

知論（epistemology）卻是協助女人、為著女性（for women）建立社會科學，特別是社會學、人類學之合理訴求。其原因為女性主義者熱衷討論人類學（或一般社會學）中的價值問題和客觀問題、偏好「模式兼理論」的研究途徑（model-theoretical approach），也較傾向人類學的應用，或稱應用人類學、辯護人類學（advocacy anthropology），目的在協助婦女從事活動，發揮人類存活奮鬥的動作論（activism）。事實上，科學要排除價值判斷，做到價值袪除（value-free）的地步，是女性主義者無法接受的。女性主義者認為在科學中價值的存在是無可避免，因之，對科學中的價值與客觀化所涉及的問題有大加檢討的必要（註12）。

要之，近年西方學界另一人類學的擴展，是把這門學問當成人群在文化生活與社會生活的理論之實踐，是故有關認知論（認識論）、歷史學、經濟學、政治學都包括在內，甚至把疆界、網路節點（nodes 網路上的節骨眼）、群體發展理論、環境保護之生態學、人的苦難、規訓、感受。秩序表現、美學、傳媒等等生活的實踐與解說（理論）一一加以探討，成為廣包的人類學（註13）。

註　釋

註1　Kottak, Conrad Philip, 2008, *Anthropology: The Exploration of Human Diversity*, Boston *et.al.*: McGraw Hill; Harrison, Faye V., 2008, *Outside Within: Reworking Anthropology in the Global Age*, Urbana and Chicago: University of Illinois Press; Rabinow, Paul, 2008, *Marking Time: On the Anthropology of the Contemporary*, Princeton and Oxford: Princeton University Press.

註2　Barrett, Stanley, 1996, *Anthropology: A Student's Guide to Theory and Method*, Toronto *et. al.*: University of Toronto Press, pp.5-9; Murphy, Robert, 1986, *Culture and Social Anthropology: An Overture*, Englewood Cliffs, NJ: Prentice-Hall, p.6.

註3　洪鎌德，2004，《法律社會學》，臺北：揚智，二版，第156-161頁。

註4　以上參考Lewis, John, 1976, *Social Anthropology in Perspective*, Harmondsworth, Middlesex: Penguin Books Ltd., pp.36-67；朱炳祥，2004，《社會人類學》，武昌：武昌大學出版社

註5　Leach, Edmund, 1982, *Social Anthropology*, London: Fontana, p.41.

註6　Schwidetzky, Ilse, 1965, "Kulturanthropologie," in Gerhard Heberer *et.al.* (hrsg.), *Anthropologie, das Fischer Lexikon*, Frankfurt a.M.: Fischer Bücherei Kg., S. 96-114; 又參考費孝通，2004，《論人類學與文化自覺》，北京：華夏出版社。江寧生，2002，《文化人類學調查：正確認識社會學的方法》，北京：文物出版社。

註7　Layton, Robert, 1997, *An Introduction to Theory in Anthropology*, Cambridge: Cambridge University Press, pp.8-9；洪鎌德，2007，《從唯心到唯物：黑格爾哲學對馬克思主義的衝擊》，臺北：人本自然，第403-422頁。

註8　Godelier, Maurice, 1977, *Perspectives in Marxist Anthropology*, Cambridge: Cambridge Universtity Press, pp. 91ff.

註9　Terray, Emmanuel, 1977, "Event, Structure and History," in: J. Friedman and M. Rowlands, (eds.), *The Evolution of Social Systems*, London: Duckwath, p. 136.

註10　洪鎌德，1995，《新馬克思主義和現代社會科學》，臺北：森大圖書公司，第150-151頁。

註11　Clammer, John, 1985, "Engels' Anthropology Revisited," in J. Clammer (ed.), *Anthropology and Political Economy: Theoretical and Asian Perspective*, London: Macmillan, pp. 78-82.

註12　Crasnow, Sharon, 2007, "Feminist Anthropology and Sociology: Issues for Social Science," in: Turner, Stephen P. and Mark W. Risjord (eds.), 2007, *Philosophy of Anthropology and Sociology*, Amsterdam *et.al.*: Elsevier & Noth Holland, pp.775-789.

註13　Herzfeld, Michael, 2001, *Anthropology: Theoretical Practices in Culture and Society*, Oxford: Blackwell; Salzman, Philip Carl and Patricia C. Rice, 2008, *Thinking Anthropologically*, Upper Saddle River, N.J.: Pearson and Prentice Hall, 2nd ed. (1st ed. 2004).

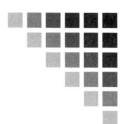

第十二章
社會心理學及其兩大派別

（一）社會心理學的崛起

（一）定義

「社會心理學企圖理解與解釋諸個人的思想、感情和行為受到別人真實的、或想像的、或隱含的存在之影響」（Allport的定義）。

「社會心理學企圖在人的社會情境中理解與解釋其行為。社會心理學關懷人群及加諸人群的社會勢力彼此之相互影響」（Rosenberg與Turner之定義）。

「社會心理學……關懷個人們的行為與心理過程。個人們在社會的結構組織和群體中占有一席地位，一方面社會心理學集中在解釋個人的行為，當成是被社會環境所控制、影響的或限制的。他方面它也關注個人的行為對社會的結構反應的方式、修正的方式和改變的方式，從而討論社群的操作功能」（Lindesmith與Strauss的定義）（註1）。

上面的第一個定義是從心理學出發去瞭解社會心理學；第二個定義與第三個定義則以社會學的觀點來說明社會心理學的基本關懷。

總的來說，人的社會覺知（perception）、社會判斷（judgement）和社會行為所牽涉的不外是把社會現象的吸收、融合、同化（assimilation）和差別、辨別、異同的對比（contrast）而已。因此，社會心理學中的研究中離不開「同化」與「對比」的兩元思考（註2）。

詳言之，社會心理學在探討自我（the self），人對社會的認知（social cognition），人對他人、他物的感受，以及態度的改變（altitude change），社會對個人（自我）的影響，群體活動的過程，群體關係（包括偏見、歧視），親密的關係，對別人的揚威、跋扈、

侵略，以及隨風轉舵、隨波逐流的符合社會之行為或是相反的反社會行為（註3）。

此外，社會心理學是對諸個人感覺、思想和行為的科學研究。它強調情境（situation）對諸個人行為的影響。人產生行為固然與諸個人的動機、心意有關，卻常受周遭環境（情境）的引發。其實人們對情境的瞭解、判斷常發源於複雜的認知結構，亦即建構因素（construal）。它會受到早期類似的情境堆積與綜合的格式（schemas）所制約。格式一旦與諸個人不同的角色（職業、地位）相結合，則變成了定型（stereotypes）。定型是引導個人在某一情境下對事物（象）界定、反映、採取行動之指針。定型的指引常是習慣性的、反覆性的。因之，其結果有時是正確的，有時是偏差的，有時是錯誤的。人群的情境構成因素大部分是自動自發，也是無意識的，以致他們如何達成行為的結果，或「走這條路」、「這樣辦」沒有清楚的瞭解，和合理的解釋。人的行為和理解是逐步演變、進化、改善，這意涵在各種文化之下的人群結合（譬如男女成為夫妻）、語言的發展，都似乎有命定的因素與目標。社會是人群相互關係的互動機制，還是超乎個人的獨立事實。這不同的看法導致對自我、人群關係造成不同的看法。社會心理學使用科學方法探討人群行為諸種假設，亦即討論社會常素（independent variable）對社會變素（dependent variable）之衝擊（註4）。

（二）名稱與派別

研究「社會動物」的人類之政治行為可溯源到古希臘哲學家亞理士多德。不過社會心理學的誕生卻是十九世紀之事。最早使用這個名詞的應該是一八九七年崔普勒（Norman Triplett 1861-1931）有關競爭的效果之研讀，但有人則指出是心理學家麥道孤（William McDougall 1871-1938）與社會學家羅斯（Edward Alsworth Ross

1866-1951）在一九〇八年分別出版的書中提及「社會心理學」這個詞彙，所以自其誕生，社會心理學便由心理學與社會學兩個不同的領域所領養（註5）。

嚴格來說，社會心理學的近代祖師爺應推英國達爾文（Charles Robert Darwin 1809-1882）和美國詹姆士（William James 1842-1910），因為他們的學說促成了社會心理學為界於心理學與社會學之間的學問。直到十九世紀下半葉以後，由於定義、分析的層次、方法問題以及理論，使社會心理學分成以心理學為主的社會心理學，以及以社會學為主的社會心理學。社會心理學知識淵源上這兩股活頭泉水都值得吾人加以注目。

（三）心理學根源

在十九世紀中對心理學影響重大的學者包括嘉爾敦（Francis Galton 1822-1911）、溫德（Wilhelm Wundt 1832-1920）、巴夫洛夫（Juan Pavlov 1849-1936）、佛洛伊德和韋特海默（Max Wertheimer 1880-1943）等人。

嘉爾敦對社會心理學的貢獻在於他發現新的統計方法和他對優生學和智慧的研究，包括以指紋作為個人之標誌，以及他有關人的能力之遺傳可能性和個人之區別方法。這些觀點對這一門學問有啓發的作用。

溫德首創實驗室於萊比錫（1879），俾進行心理實驗，並把實驗的結果加以量化。他相信經驗的首要性，所以特別注重感知對感覺的關連，由反應的時間來測量心理過程，他也對學習、記憶、回想等之過程進行分析。在一九〇〇至一九二〇年間他撰寫了二十本《諸民族心理學》（Völkerpsychologie）。

由於當時德國學界一直在爭論自然科學與精神科學的異同，促使溫德將心理學、特別是實驗心理學，歸類為自然科學。不過有

些心理問題卻與哲學有關，是故其研究又離不開精神科學的範圍。正因為溫德不把心理學當成為全部隸屬於自然科學，而遭其學生的批判，這也是他的心理學未能獲得更多後代學者讚賞的因由。此外他卷帙浩繁的《諸民族心理學》研究的對象為語言、宗教、習俗、神話、巫術、認知等現象，主要的是文化所表現出來的事物，自然也被視為精神科學的一部分。要之，對溫德而言心理學既是自然科學，也是社會科學。

巴夫洛夫提出的條件反應之行為學說衝擊了心理學派的社會心理學。在一八九八至一九三〇年間他觀察未經麻醉的動物，發現腺體的活動，特別是狗的唾液排出之多寡可以測量它的神經活動。這也就是藉著客觀的生理測量來瞭解動物主觀的心理活動。自一九三〇年以後他還嘗試把動物條件反應律應用到人類的心靈之探測。一個精神失常的患者過度的自我禁制是一種保護機制，把自己從外界閉鎖起來俾排斥可能的傷害，亦即排斥所有引發傷害的過度刺激。俄國治療心理疾病之方式為讓患者在安靜而少受刺激的環境中靜養，就是得自巴氏的研究成果。

佛洛伊德對社會心理學的影響，顯示在他對潛意識動機及這些動機對人行為的控制之學說上。他也是第一位發現社會的需要與個人的滿足之間對衝的理論家。此外，他還把動機力量的認同、視良知為文化的產品、和保護機制對憂慮的控制等概念加以引進，這也是他重大的貢獻。

韋特海默的成就在研究「格敘塔爾特」（Gestalt 總體圖象、整體情境）對行為的作用。總體不只是由部分組成，常常還超越部分的積累。他這種總體論的看法促成他對認知的組織之研究。此外，他也注意到心理過程與神經過程之聯繫。

上述諸大家對社會心理學的衝擊至今仍舊處處顯現，譬如嘉爾敦所引發而至今仍在使用與發展的統計方法，促成後代心理學家對

智慧、基因與環境的研究，這些都成為行為解釋的重要途徑。

溫德的影響力顯示在條件與情緒關係之繼續探討，以及心理學家一面研究一面學習的重要意義。

佛洛伊德的影響從當今社會心理學家重視動機可得知端倪。特別是在個人意識之外，而又注意對個人產生衝擊的動機因素之研究，以及認同的研究都成當今學界探討的焦點。

韋特海默的總體圖象對個人行為之影響依舊成為當代社會心理學家關懷之對象。目前成為研究重心之認知心理學，其所強調的認知（cognition）對感知（perception）之影響，是應歸功於韋氏的倡說。

（四）社會學根源

現代社會學心理學的先驅大部分為社會學家，包括斯賓塞、馬克思、涂爾幹、韋伯和齊默爾（Georg Simmel 1858-1918）。

斯賓塞對社會結構的建立和發展以進化論的眼光來加以探討。他認為社會體系的生長過程中，異質性是其特徵，社會體系不只有統合、也有適應、以及分歧乃至解體諸現象，這些都符合進化論的觀點。

馬克思的慧見在於視勞動過程為社會現象，而人群之作為主要受經濟的生產方式所影響，本身也影響生產方式的型塑。馬克思強調社會階級、階級對立、階級衝突的首要性。正因為階級發生鬥爭，社會才獲得變遷的動力，歷史遂有遞變的可能。社會的變動靠進化少，靠革命多，尤其是涉及社會經濟形構（socio-economic formation）的變遷時，革命——亦即階級鬥爭的白熱化——是最重大的驅力。

涂爾幹以超越個人、外在於個人的社會事實之存在與變化，來解釋個人的行為。社會的每一個面向（制度、組織、過程等）所以能

夠長存不廢，在於它們各有其功能，這些功能加起來整個社會才能運作不息。社會的統合不管是古時的機械性團結，還是今日有機性的團結，都說明人必須仰賴社會才能存活與發展。個人變成社會人是通過互動的過程，個人如無法統合於社會體系，則會經驗到「脫序」（anomie），亦即造成行為偏離規範。

　　韋伯的貢獻包括他社會學的真知灼見，他認為每個人對世界的看法都是主觀的，其行為端視他對實在所賦予的意義，亦即對行動的解釋。他堅持要解釋人行動的意義就只有把該行動置於其社會情境之上。他又指出威望、權力對於個人在社會上、經濟上與社會地位的重要性。他對階層進行分析，俾瞭解社會階層體系的穩定、變遷與得以辨識。

　　齊默爾的貢獻在於指出社會互動對個人的影響，以及群體是創造社會的基本條件。他關注人們對群體的依附與效忠，和社會分化之間的關連。他也討論社會交易之重要性，以及群體之間衝突對社會造成的分裂與統合的作用。

　　在現代接近社會學的社會心理學家的著作中，十九世紀下半葉至二十世紀上葉的社會學說之遺產及其影響不時浮現，現就前述幾位之貢獻略加說明：斯賓塞的影響顯示在社會結構學派與人格學派之重視。個人與社會互為因果的關係，也表現在有關領導與社會控制的學說上頭。

　　馬克思的影響面則落實在現代社會階級分析之上。社會階級之分化、對抗、鬥爭乃是一種機制，從而顯示社會結構對個人行為的主宰，也表現在社會變遷非革命性的模型之上。馬克思的影響還包括當今學者對社會衝突之研究，對於個人存活機會之受制於權力和地位之探討。

　　涂爾幹的慧見表現在對社會事實存在之承認，這影響到當代有關個人行為起作用的因素、脫序行為、社會控制之考察。象徵互動

論有關透過社會互動來解釋自我與社會、也應歸功於涂氏的眞知灼見。

韋伯的影響也顯現在象徵互動論之上，尤其是後者所注重個人怎樣主觀地建構出外界實在來，以及個人與社會相互性之強調，以及後來的社會心理學者繼續研討階層體系對個人與群體之作用。

齊默爾也對象徵互動論有所影響。他對主觀意義的闡釋也備受關注。他的貢獻對當代社會心理學家而言，主要表現在有關社群、社會交易、群體附屬和社會網絡等之研究上。

儘管一般的說法是認爲社會學探討巨視的、宏觀的社會問題，而心理學則探討微視的、細觀的社會問題，但社會心理學所處理的多半是涉及微觀但又與宏觀脫離不了關係的事項，也就是分析層次較低的社會問題。

二　米德的社會心理學與美歐社會心理學的比較

（一）語言和思維是社會活動

作爲留學德國，曾經是溫德（萊比錫）與狄爾泰（Wilhelm Dilthey 1833-1911）（柏林）的學生之米德，由於在密西根大學時與杜威（John Dewey 1859-1952）建立深厚的友誼，所以隨杜威到芝加哥大學哲學系教授社會心理學。二十世紀初至一九三〇年代初米氏始終任職於芝大，儘管杜威已前往哥大。一般美國學者均視米德爲哲學家，而忽視或忘記他是在哲學系教授社會心理學，是一位心理學家。

米氏生前出版的作品非常稀少，其主要著作《心靈、自我與社會》（1934）是在其過世之後，由其學生的隨堂聽講（據稱他們雇傭

一名速記員，偷偷地記錄米氏在課堂上所說的每句話）的筆記整理後出版的。

　　米德如同其師溫德，主張語言是對話的形式，其內在的結構顯示為具有社會性，而無法再化約為其他的事物。溫德認為語言是心靈的產品。米德則認為心靈為語言的產品。後者以人類進化的觀點指出，最初人與人的交談常以手勢、姿態為主導，而產生溝通的行為，他說：「心靈是由溝通產生的，至於溝通是藉由社會過程、或經驗情況中姿勢的交互顯示〔交談〕而形成。換言之，溝通不是經由心靈而產生」（註6）。

　　語言溝通產自說者與聽者之間的談話，要使談話順暢，說者與聽者要隨時留意對方的反應，也就是隨時替對方著想，也扮演對方的角色。換言之，說話是以聽者之理解為取向的；聽話則是以理解講者之想法取向的。米德進一步強調講者與聽者事實不只是分由兩個人身扮演，更多的時候是一個人身扮演講者與聽者的角色，這不限於獨自說話的情況，也在兩人或兩人以上的交談中，發生的情況，就是說在講話時，講者同時也扮演講者與聽者的角色，在聽話時，聽者同時扮演聽者與講者的角色。

　　在此瞭解下，語言是只限於人類使用的特殊溝通工具，它說明了人類智慧自我反射（反思）的性質。是故思維為一種社會活動，它是從與別人交談轉向為與自己交談的方式。是故思想也以交談的方式在進行。由是可知米德是把語言和思維當做人社會活動來處理的。

（二）社會行動的哲學闡釋

　　米德認為分析的基本單位為溝通行動（act）或社會行動。語言就是人溝通行動最好的典例，也只限於人類才懂得使用。至於社會行動，則以進化的眼光不限於人類，其他群居動物也會發展出這種

行動。一個行動意謂引起別人反應之動作。別人對我動作的反應是以我動作的結束來開始，而自我也就對別人反應的再反應。一個動作的意義不等於行動者的意圖。靠著對別人反應的想像，行動者基於過去的經驗，不斷修正自己的行動。這就是心靈和自我意識從社會的溝通網路中逐漸發展的因由。詳言之，心靈與意識是人類作爲整體，以及人類成員的一份子透過社會交往逐漸演變進化而成的。在這意義下，心靈乃是人類演進的自然現象。

米德有關行動的哲學，一方面受到達爾文進化論影響，他方面也是受到杜威有關心理學反射弧（reflex arc）（註7）概念的影響。一個動作的起始並無法從外面看得出，它產生於行動者的神經中樞、行動的結果每與行動者預想的觀點相違。更何況觀察者與行動者的觀點均爲有限的觀點。心理學家每以行動者，或以觀察者的觀點來解釋行動者的行動，而不知兩者之關連。對米德而言，觀點是在時空架構中客觀的、對由時空產生出來的事物之看法。至此，「採用別人的觀點」取代他早期「扮演他人的角色」這個概念。米德的社會心理學就在解釋行動者主觀的觀點與觀察者客觀的觀點可以結合起來，在此情形下有異於華生（John B. Watson 1878-1958）等行爲主義者。語言是社會的活動，而非喉頭的（laryngeal）口舌的操作（生理的活動），是要靠理解、而非靠觀察而獲知的人類行動。

（三）心靈、自我與生命

自一九〇〇年至一九三一年，米德在芝大哲學系每年均講授社會心理學，其講義經過其學生之整理已形成三種版本（註8）。所講授的內容是由討論心靈開始，然後通過自我，最終講述社會。法利士（Ellsworth Faris 1874-1953）卻以瞭解米德的想法而建議調動順序爲先講社會，再講心靈，最後才講自我。這是因爲米德強調社會先於個人而存在的緣故。

　　米德認為人之異於其他動物除了語言之外，就是手腦的並用，手的觸覺、眼的視覺與神經中樞的緊密關係，使人類能夠在三度空間中理解人們所接觸的客體，而對世界三度空間的知覺成為人超脫動物，而自成一類的分界點。在與外界接觸中，又以接觸同類的他人、發展人的社會性（sociality）為一個特別重要的標誌，這也說明掌握哲學的關鍵在於社會心理學。

　　社會心理學當成米德新講授的課目之名稱，出現在一九○○／一九○一年的課程表上，比麥道孤和羅斯出版的書（1908）還早了八年。蓋外界物體成為人的經驗之一部分是由社會性的脈絡中產生出來的。這也成為把自我的經驗當成與別人交往的客體之先決條件。所謂別人包括他人、其他動物、其他事物。米德指出我們對待其他人或物的態度和關係是有分別的。儘管它牽涉到自我與他（人）物之關係，行動者與人的關係是社會的，而自我也是社會的產物。反之，自我與他物之關係就是手腦合作以瞭解外界事物之關係。這種關係因為語文的發明與應用，可以使盲目與耳聾的海倫・凱勒（Helen Adam Keller 1880-1968）不用凡事動手去摸索接觸，也能發展心智，也能夠瞭解外界。

　　一個人能夠在經驗中體認外界事物，是由於手與眼的並用而創造了「事物」（things），把事物當成經常的客體看待。不過在認識外物、把外物納入我們經驗的一部分之前，都是由於在人際交通中我們可以把別人的角色加以接受、加以扮演的緣故。對米德而言，人的動作包含內在與外在的時期，也就顯示動作內與外的面向。內的面向為心靈，外的面向為行為。行為科學只觀察外頭可見的人的行為，但無法理解人內在的心思。只有用眼看，人尚無法反思；反之，只有用耳聽，才會使人類進入反思的境界中，這就是說明人智的反思本領有待言語、而非靠觀察來獲得。

　　米德指出自我是從社會互動中產生出來。在對待我們自己

時，採取別人的角色，我們便會成為我們本身的客體。我們對別人的感覺是我們自己成為客體必要的先決條件。人類意識的特質為牽連到別人時才有自我的感受。這點是與笛卡兒的「我思故我在」不同的，蓋笛卡兒此種說詞是把我與思想的對象、亦即靈與肉分開，也是把知道者與被知道的客體分開，這是一種「雙元論」（dualism）。也就是知道者乃為一個孤立的個人。米德的努力就是要克服這種雙元論，而其中人作為一個知道者（知識的主體）絕非孤立的。剛好相反，是在與他人進行社會互動時，人才會意識到它自己的存在，也認識何謂自我。

米德有關社會心理學的演講稿經其學生與繼承人的不同詮釋變成兩種不同的稱呼，莫利士（Charles W. Morris 1901-1979）稱它為「社會行為主義」（social behavioralism），布魯默（Herbert Blumer 1900-1986）稱它為「象徵互動論」（symbolic interactionalism）。但由於他的行為主義有別於華生和史金納（B. F. Skinner 1904-1990）的行為主義，加上他不是實證主義者，而是實用主義者，故稱他的心理學為社會行為主義是錯誤的。另一方面稱呼米德的社會心理學為象徵互動論，倒是比較接近社會學派的社會心理學，也是比較接近米德的觀點，但不見得是米德社會心理學的真實與完整的寫照（註9）。

（四）美國社會心理學的蓬勃發展

誠如美國心理學家歐爾坡（Gordon W. Allport 1897-1967）所言：「社會心理學的根深植於整個西方傳統的知識土壤裡，但其開花結果卻是典型的美國現象」（註10）。具有現代意義的社會心理學的確在第二次世界大戰當中以及結束之後才蓬勃發展。其主要的原因是在第二次世界大戰中社會科學家為瞭解士兵在軍中生活是否適應，而進行大規模的調查。這是由社會學家史套佛（Samuel A.

Stouffer 1900-1960）領導的研究群所進行的調查分析工作，並於戰後出版一系列的叢書《美國大兵》，而促成社會心理學的迅速擴展。

另一項促成社會心理學在美國極爲發達的緣由，是戰時研究隊伍在戰後進行科際整合的傳媒研究，亦即以耶魯大學爲中心的溝通與態度改變之研究，這成爲美國實驗心理學重大的成就。列文（Kurt Lewin 1890-1947）在麻省理工學院建立群體動力研究中心吸引了大批的學者與學生參加，而發展出認知的社會心理學，也就是歐洲總體圖象（Gestalt）心理學的繼續發展。列文在一九四七年逝世之後，其同僚與子弟在卡特賴特（David Cartwright）領導下轉進密西根大學，從而改善與擴大研究方法。

美國社會心理學家所以呈現著對認知的心理研究興趣實由於第二次世界大戰期間不少德裔學者，特別是總體圖象心理學者逃避納粹的迫害而移民新大陸的緣故，也就是受著總體圖象心理學的影響（註11）。

（五）美歐社會心理學的比較

一般而言，美國的社會心理學重視個人的社會心理的研究，歐洲則重視社會對個人的衝擊。換言之，歐洲的社會心理學注重人類心理操作功能與社會過程、社會事件之間的關係，以及這種功能怎樣來塑造與改變社會。

杜亞士（W. Doise）則以四種分析層次（levels of analysis）來比較美歐的社會心理學：

1. 個人之內（intradividual）的層次：人們如何組織他們對社會環境的看法與評價之機制（第一層）；

2. 個人之間（interindividual）或情境（situational）的層次：在某一情境下個人所採取的動作過程，但在情境之外不論個人擁有何種的社會地位，也不加以考慮的行爲（第二層）；

3.社會和地位（positional）的層次：不考慮到不同的群體，只
　關心情境以外個人社會地位之不同的層次（第三層）；

4.意識形態的層次（ideological）：信仰、表述、價值和規範體
　系，由行動主體把這些體系帶入實驗的情境中（第四層）。

上面四個層次中美國的社會心理學集中在第一層與第二層；歐
洲的社會心理學則牽涉連到第三層與第四層（註12）。

（三）社會學派與心理學派的社會心理學

社會學派的心理學集中在研討社會和個人的相互關係
（reciprocity），視其主要的職責在於解釋社會的互動，在方法學上
則倚靠觀察和調查。

（一）象徵互動論

在米德逝世的那一年（1931），其所開授的社會心理學由布魯
默繼承。後者把課程名稱改為「象徵互動論」。儘管這個名詞在米
德生前迄無人使用，但對米德學說所強調語言之重要性，倒也有幾
分傳神的概括。對米德而言，溝通的動作是社會分析的基本單位。
布魯默充分理解要明瞭人類的社會互動，手勢和符號的溝通是絕對
必要的。他所忽視的是符號互動的形式是不斷在改變演進中，假使
溝通的形式不進展，心靈永遠滯留在原始自然的階段，而無法成為
社會文化的一環。

象徵互動論又名社會互動論，係討論一個社會體系中兩個或兩
個以上人員的相互影響。互動的單位係牽涉到文化體系，這些文化
體系成為互動的單位之行為的取向，也規定了互動的過程。此外，
互動發生的情境是互動體系的脈絡，對互動體系關連重大。

就過程來加以觀察，互動包含兩個階段：決定（在互動單位本身所作的行動）與溝通（兩個或兩個以上單元之行動）。

互動有時被當作社會交易來加以分析，也就是指人們加入協會、團體是預期獲得回報，而繼續留在群體中是因爲續留帶來回報。酬報可能存在於群體中（例如因愛而結合的家庭），也可能在群體之外（由群體的一份子獲得協助和諮詢的好處）。要之，象徵互動論主張人之所以是社會人，以及社會人的互動關係所以形成社會結構之因由，都是從人的社會互動引發的。此外，他們關心的主題爲人作爲行動體（agency）；社會生活的不確定性；人活動的時空境界（社會與自然）都仰賴符號、象徵來解釋；人的主觀經驗對環境與行爲的中介；自我作爲主觀經驗的載體對周遭環境的認知、塑造、衝擊等。這派主張曾引起實驗心理學家的抨擊，認爲其理念過分主觀、過分現象學，甚至不客觀、不科學。

可是作爲社會學派的社會心理學之主要的分流底社會認知（social cognition）論，卻逐漸接受象徵互動論的某些理論，坦承認知受到一個人在社會結構上的位置，以及個人參與社會過程所影響的，從而也承認社會認知作爲解釋人的社會行爲和預測人的社會行爲是有其界限。

（二）社會結構與人格

研究社會結構對人格的影響，像工作的複雜性結構條件對工作人員知識靈活的衝擊，俾瞭解社會階級與同形性（conformity, 隨波逐流）之間的關連。有人進行階級和族群與自尊之關連底考察，這種研究主要的發現爲客觀結構與人格之關係是受到有關人員彼此互動，以及對宏觀結構的瞭解所仲介、所沖淡的。

儘管涂爾幹反對把社會現象化解爲心理現象，因之，極力抨擊心理學主義，但帕森思（Talcott Parsons 1902-1979）卻大力分析

人格與社會結構之間的關係，他引用文化人類學的理論，亦即深受佛洛伊德學說把個人的人格視為本我（*id*）、自我（*ego*）與超我（*superego*）等理論的影響，帕氏強調人格不但受到這些社會勢力的左右，並且顯示人格的特質與社會的組織（例如廠商、或宗教團體），有相得益彰的關連。

這種人格與社會結構之關係，還擴大為美國一九三〇年代文化與人格學派（Culture and Personality School）之理論發展，企圖把心理分析的原則，應用到民俗材料的探究之上。它強調文化的型塑對個人人格發展之作用。人格之形態取決於人的社會化（socialization, 家庭的養育、學校的教育、社會的薰陶等）。卡地內（Abram Kardiner 1891-1981）甚至視宗教和政治為一個社會成員的人格之投射（註13）。

以阿朵諾（Theodor W. Adorno 1903-1969）為首的學者群在一九五〇年出版《權威人格》，分析納粹統治下絕對服從權威，與迫害者同流合污，傲慢自大來對待下屬的納粹份子底性格。這包括反猶太主義心態、本族中心主義、法西斯心態等等，這些心態與傳統德國家庭要求紀律、僵硬的秩序、遵守法規，與絕對服從家長的命令有關。這是對偏見、自我防禦機制、尋找代罪羔羊等心理現象有系統的研究。

近年來學者大多討論社會心理學的應用情形。除了有關個人、人群的心身健康以外，兼論述社會心理學對法律和政治（特別是侵略性、歧視、國際稱霸之抑制）的影響。在工商社會中則注意到生產、消費行為、人際談判、溝通、群體過程所依賴的社會心理學之知識與技巧。

（三）社會表徵說

起源於涂爾幹集體想像、集體表徵說。第二次世界大戰結束後

由法國心理學家莫士科維契（Serge Moscovici）為代表。這是對美國與英國社會心理學傾向於純粹個人的分析之重大批判。這是對美國社會心理學集中在個人研究途徑的反彈。

　　由於莫士科維契指出涂爾幹是集體表徵說的先驅，因之造成這派學說既是社會學的，也是法國式的。這派學者主張價值、理念和實踐都可藉表述的方式傳達給別人，也是人對社會生活的組織方式。它沒有完整與統一的理論，只有系統的假定，俾演繹出假設來。事實上此派學說企圖掌握日常生活的論述（daily discourse 言說、話語）之普遍特徵。日常論述包括對談、聽講。是故社會表徵說集中在分析言說之內容。它以為人們的信念和知識，便在言說中透露。至於表徵是社會的乃是因為內在與外在的表述都是經由不斷的對話而形成，亦即經由人的言談之社會互動，而形成溝通網絡。

（四）民俗方法論

　　民俗方法論為美國社會學者嘉芬寇（Harold Garfinkel 1917- ）所取名，目的在對傳統社會學的自覺性批評。他認為一般百姓對其日常生活常識性的看法與判斷，也是社會成員利用庸言庸行的普通方法，對社會行動和社會結構的通常理解。這一學說一方面建立在現象論，他方面建立在後期維根斯坦的語言學說之上。對於民俗方法論者而言，社會生活不過是日常語言的反覆使用。在日常語言中，任何一個概念或詞謂並無清楚明白的意涵，是故在人們交談中，不斷問及「您剛剛所說的是什麼意思？」這種問法與回答成為人們溝通中必然的現象。

　　這一理論另一項重大的發現是人們對秩序的感受是透過會話過程中創造發明的，也是談話的結果。在談話中，我們反思到社會的實在。換言之，不只是普通人，就是傳統的社會學家，對社會實在的建構，也是透過訪談來建構起來，而後者對建構的社會秩序卻

誤認為真實，而忘記這也會隨同環境與旨意的變化而成為不確定，成為非實質的，成為爭議的。因之，民俗方法論，對解釋過程之美化、正當化採取存疑的態度。人們為了迴避問題而提出冠冕堂皇的說詞。「美飾」（glossing）成為掩蓋事實，或製造事實的手段（註14）。

（五）心理學的社會心理學

　　接近心理學的社會心理學研究之焦點為個人的心理過程，並嘗試去理解社會的刺激對個人的衝擊，在方法學方面多數採用實驗的方法。這是社會心理學主要的流派。以美國的心理學誌而言，大部分也為心理學派的社會心理學在投稿、編輯、操控和經營。

　　就像大部分的心理學者一樣，傾向於心理學的社會心理學者都把自我、個人的認識歸結到心思（mind）或心靈（psyche）之上。他們追溯個人的社會行為至心思的源起，儘管他們意識到心思倚靠的是社會，但對此點卻不加強調。在方法論方面，接近心理學的社會心理學，主張使用實驗的方法，可以說比較接近自然科學的傳統研究法。它對觀察法，或參與觀察法信心不大，蓋這種方法有沾染主觀的色彩之嫌疑。

　　心理學的社會學對社會化、偏差行為、集體行為興趣不大；他們研究的焦點擺在同形性（隨波逐流的性格）、侵略性，或好善樂施的行為的考察之上。

　　心理學派的社會心理學在一九四〇年代則發展出「新看法」（new look）的認識論，在一九六〇年代則發展為「認知上的不協調」（cognitive dissonace），至一九七〇年代則發展為「歸因理論」（attribution theory）。所謂認知不協調為費士丁傑（Leon Festinger 1919-1989）所倡議。例如嗜好抽菸者，明知抽菸有損健康，仍舊不肯戒煙，這是由於對抽菸害處的認知，不若抽菸的需要大。一般而

言，認知是建立在協調之上，亦即去掉不協和而追求協調。因之，嗜煙者如何來減少不協調呢？其一為改變態度，停止吸菸；其二為尋找藉口，「那麼多人抽菸而活得很久」，不信抽菸對人體健康有害，是故利用這種現念（藉口）來減縮認知之偏差、或不協調。

　　至於「歸因理論」是指大多數人對行為原因的說明時，常引用的遊戲規則。大部分人對自己行為之因由都會解釋是由於環境，或情境的變化而引發的（為情勢所逼，不得不做這種反應），而對別人行為的動機則把它歸屬於別人的人格因素（別人的企圖心、野心、自私貪婪等等），像對貧富不平等的看法，便可由柯呂格（James R. Kluegel）與史密斯（Eliot R. Smith 1871-1937）的著作《不均的信念——美國人對是什麼與該是什麼的看法》（1986）一書中，看出這種認知、信念和歸因理論之闡述。

（四）社會心理學兩派三流的統一

（一）社會心理學的分裂與統一

　　從上面的解說與分析，可知當代心理學不只分成社會學派的社會心理學，與心理學派的社會心理學，還可因其內容之不同而區分為三個流派：即以認知心理學為主的實驗社會學，社會結構與人格論，以及象徵互動論，我們可用下頁圖12.1加以表示之：

　　有鑑於社會心理學兩派三流的爭論不僅造成學界的分裂與混亂，不少當代社會心理學家遂大力推動兩派三流重歸統一。其中較有創意的是皮悌格魯（Thomas F. Pettigrew）所提「大膽」（bold）的統一論（註16），他建議將社會心理學的分裂置於當代社會科學的哲學底脈絡上，討論兩派三流的統合，以及改善理論貧乏的瑕疵。

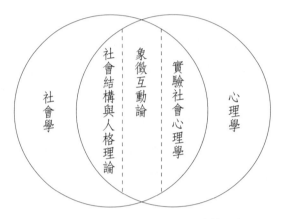

資料來源：採用House 1996: 46之圖加以修改而成（註15）。

圖12.1　社會心理學定位圖

　　皮氏認為在當代社會科學的哲學中，受到各方所推崇的為柏波爾（Karl R. Popper 1902-1994）的批判理性論（critical rationalism）。因之，社會心理學有必要應用柏氏此一理論來結束兩派三流分裂的情勢。

　　此外，在一九六〇年代美國社會學瀰漫了行為主義的研究途徑，主要彰顯的為政治社會學與政治文化學的研究，其中有關心理分析與社會結構之間的辯證互動，導致心理人類學（psycho-anthropology）之崛起，把精神（心理）分析的臨床經驗應用到孩子的養育臨床實踐之上，從而把人格發展與社會結構、文化模式與價值結合起來（註17），這應該是上圖社會結構與人格理論那個區塊所要討論的主題。

（二）柏波爾的批判理性論大要

　　社會科學的哲學經過柏波爾的倡說，成為當代影響面最廣的學說。他批判性的理論可以簡單歸納為下列七點：

　　1.反對歸納法：從科學史上著名學者如克卜勒、伽利略、牛

頓、馬克士威爾（James C. Maxwell 1831-1879）、愛因斯坦
（Albert Einstein 1879-1955）等人的成就來觀察，發現歸納
法無從增加新知；反之，演繹法才是可取的，亦即問題的發
現，暫時性假設的提出、驗證、初步證實，然後又是新問題
的出現，新假設性的理論的提出，重新驗證，得到次一步的
證實等等循環性的演繹推理才是知識成長之途。

2.這種批判性循環檢驗的演繹法之特徵為「試行錯誤」（trial
and error），這點是受到達爾文對物種進化的學說底影響，
認為理念也是循序漸進、適者生存、不適者遭淘汰的演變過
程。

3.歸謬法的強調：科學與非科學的界限並非前者應用歸納法而
獲得證實，而後者則否，這是傳統上實證主義者的說詞。
柏氏認為科學與非科學的分野在於學者採用演繹的歸謬法
（deductive falsification 或譯為否證法）。此即利用演繹法把
假設的錯誤儘量指出與排除，而非無限量地找出適合的例子
來做歸納性的證驗。再多的「是證」，也抵擋不了一個「否
證」，因為一個反例便足以將一條原則加以推翻。科學的真
理是存在的，只是我們無法說何時、以何種的方法找到這個
真理。因之，我們可以做的是儘量把競爭的、敵對的假設消
除，剩下來的主張自然更明確、更為靠近真理。

4.形上學是無法加以歸謬、否證的，但卻是激發科學的理念與
理論可貴的源泉。柏氏對待非科學這種開放的想法是頗富吸
引力，有異於史諾（Charles P. Snow 1905-1980）把科學與人文
視為兩種截然有別的文化、兩個互不溝通的世界，柏氏主張
科學家應該從傳統的實證主義之枷鎖中解放出來。

5.對語言不要太挑剔（"over-fussy"）。不滿意後期的維根斯坦
對語文的條分縷析，柏氏建議：「千萬別讓你自己陷入字句

和其意義的嚴重思考之陷阱中，應當嚴肅思考的是事實的問題，以及對事實的主張；還有理論與假設，以及它們對問題是否能解決；以及它們所造成的〔新〕問題」（註18）。

6.三個「世界」論：吾人值得去思考三個「世界」的概念。第一個「世界」為物理世界，第二個「世界」為人類思想和行動的經驗世界；第三個「世界」為人類思想的產品所造成的精神世界。第三個世界一旦建立便構成一個客觀的社會實在之一部分，它既能夠型塑社會生活，也能夠創造歷史。

7.開放的與批判的爭辯：蘇格拉底之前古希臘米列西亞的哲人就是因為倡導公開而帶批判性的辯論而使希臘的哲學、科學、文藝獲得大躍進。是以科學的進步少不了有系統的使用激辯之法，故意讓別人來揭發科學家的蒙蔽和錯誤。是故大膽的理論雖然招致批評，但卻透露新的內涵，總比膽怯、小心翼翼的觀點用以藏拙有用，亦即大膽的理論，對世界、對人類貢獻會更大。

（三）柏波爾理念的應用

其實柏波爾這種反實證主義、反工具主義、反行為主義、反物質主義，而主張互動論開放的批判理性主義，不僅用於社會心理學的統合，也可以應用到社會科學各種分科的統合，乃至自然科學與人文學科的統一之上。我們在介紹當代人思想與社會學說的結尾之際，把柏氏的科學哲學拿來殿尾，並非不重視其貢獻。相反地，從這個批判理性主義出發，才能掌握當代人文精神，也才能對跨世紀的社會科學有嶄新的認識。

註　釋

註1　以上三項定義取材自Stephan, Cookie White and Walter Stephan and T. F. Pettigrew (eds.), 1991, *The Future of Social Psychology*, New York *et. al.*: Springer Verlag, pp.3-5，有人主張社會心理學不能與人的價值相分離，亦即以人群的心理健康、解決社會問題，爲這門學問的最高目標，參考Smith M. Brewster, 2006, *Social Psychology and Human Value*, New Brunswick and London: Aldine Transaction, pp.138-379.

註2　Stapel, Diederrick A. and Jerry Suls, 2007, *Assimilation and Contrast in Social Philosophy*, New York and Hove: Psychology Press.

註3　Brown, Carol, 2006, *Social Psychology*, London *et.al.*: SAGE Publications, pp.23-116；陳皎眉、王叢桂、孫倩如，2006，《社會心理學》，臺北：雙葉書廊；林仁和，2002，《社會心理學》，臺北：揚智。

註4　Gilovich, Thomas *et.al.*, 2006, *Social Psychology*, New York: Norton, p.42.

註5　Stephan *et. al.*, pp.1-12.

註6　Mead, G. H., 1934, *Mind, Self and Society from the Standpoint of a Social Behaviorist*, C. W. Morris, Chicago: University of Chicago Press, p.50.

註7　反射弧爲脊椎動物神經推動的途徑。它開始於感官（眼、耳、皮膚等）的受到刺激，而由腦細胞的纖維感受壓力，而傳達刺激至腦的中樞，由腦神經作出反應而送回器官（之後產生腺體等反應物）。

註8　Farr, Robert M., 1996, *The Roots of Modern Social Psychology: 1872-1954*, Oxford & Cambridge MA: Blackwell, p.75.

註9　Farr, *op. cit.*, pp.81-82.

註10　Allport, Gordon, 1954, "The Historical Background of Mordern Social Psychology," in G. Lindzey and E. Aronson (eds.), *Handbook of Social Psychology*, 3rd ed., New York: Random House, pp.3-4.

註11　以上參考 Farr, *op. cit.*, pp.5-9.

註12　參考 W. Doise, 1986, *Levels of Explanation is Social Psychology*, Cambridge: Cambridge University Press.

註13　Brewer Marilynn B. and Miles Hewstone, 2004, *Applied Social Psychology*, Malden MA, Oxford and Carlon: Blackwell Publishing.

註14　洪鎌德，1997，《社會學說與政治理論》，臺北：揚智出版社，第115-116頁。洪鎌德，2006，《當代政治社會學》，臺北：五南，第326頁。

註15　House, James S., 1996, "Sociology, Psychology and Social Psychology (and Social Science)," in: Stephan, Cookie White, Walter G. Stephan and Thomas F. Pettigrew (eds.), *The Future of Social Psychology*, New York *et al.*: Springer-Verlag.

註16　Pettigrew, Thomas F., 1991, "Toward Unity and Bold Theory," in: C.W. Stephan W.Stephan and T. F. Pettigrew (eds.), *The Future of Social Psychology*, New York *et al.* Spring-Verlag, pp.13-27.

註17　Almond, Gabriel A., 2002, *Ventures in Political Science*, Boulder and London: Lynne Rienner, p.165.

註18　Popper, Karl R., 1976, *Unended Quest*, La Salle, IL.: Open Court, p.19.

註19　洪鎌德，2009，《人本主義與人文學科》，臺北：五南，第一章。

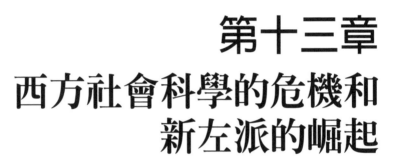

第十三章
西方社會科學的危機和新左派的崛起

(一)　社會科學危機的出現

自一九五〇年代中期之後，整個世界陷入於空前劇烈的轉變當中，由於政治、經濟、社會、文化各層面起了巨大的變化，引起社會科學者與人文學者對自己所學所習眼花撩亂，也對他們的研究成果失去信心。及至一九六〇年代末和一九七〇年代初，由於寰球學潮泛濫、校園變色，激進學生運動發展到史無前例的高潮。不旋踵，緊隨著高潮而來的就是退潮的開始，與新保守勢力的抬頭，這一切急速的變化，在在反映學術與時代的脫序。於是造成社會科學和人文學進入危疑震撼的時期。西方學界盛傳的社會科學危機說遂甚囂塵上。這個危機不僅牽連到社會科學和人文學各個部門、各個分支理論上的缺失，也波及學者道德上的危機和實用上的危機。

總之，西方社會科學和人文學危機的次第爆發，不僅反映西方學術界、思想界和文化界的危機深重，同時也反映了西方政治、經濟、社會諸種制度的弊病叢生。

可是危機的本質和起源，社會科學的缺陷以及社會科學遭逢的侷限等等問題，並沒有獲得大多數學者一致的看法，更遑論一致的解決方案。原因是要對這個危機進行反思，常因社會科學工作者立場和世界觀的迥異，而言人人殊、莫衷一是。造成社會科學和人文學危機的一個因由，無疑地為西方世界對向來「自由學術的傳統」（the traditions of liberal scholarship）頓感失望。這是由於學者或附庸於政治權力、或投身於財富優勢，或耽溺於傳統舊習，而缺乏批判的精神、喪失衛道的勇氣。

作為社會良知的左派或新左派思想，遂對此傳統的、保守的、官方的、財團的、大公司行號的、現實利益的社會科學展開猛烈的攻擊，他們不僅對業已變成雞零狗碎的傳統學問展開肆無忌憚、不假辭色的抨擊，並且提出他們改善的策略，以及更為完備的建議。

只有在徹底的反思、無情的揭發，特別是運用馬克思主義者的批判方式，西方社會科學政治的、理論的和實用的危機才可望暴露出來（註1）。

　　社會科學的危機，並不限於某一西方國度，也不限於某一特定學科，儘管政治學、經濟學、社會學和人類學是危機的本質和起源之所在。在馬克思主義批判下，所有社會科學都犯著同樣基本的毛病、同樣的瑕疵。因之，針對西方社會科學的零碎化，含有意識形態和不適當等等毛病，馬克思主義者提供一套嶄新的、完整的（holistic 整體論的）對策。該一對策是建構在馬克思主義理論之上。

二　西方社會科學危機的針砭

　　一九七〇年代初期，英國著名的學術專刊《經濟和社會》之編輯曾經在創刊號上提出：當今社會科學的危機表現了「知識界的貧瘠」、「對基本理論和哲學著作的忽視」。這些毛病，都出現在社會學、政治學、經濟學和歷史學的主要著作之上。其原因乃是當今英國學院裡流行於社會科學當中的經驗性理念在作祟。為此該刊遂決心拒登那些把社會當成互不關連的各種制度累積而成的大雜碎有關的文章。反之，它承諾一項新的理論途徑，亦即完整的理論途徑，注意生產與分工的體系，也注意統治和控制的問題。認為這些問題才是社會的基本、核心的所在。該學刊又指出：「像這樣的理論途徑與通常經驗性探究和分析不同，因為它不以社群和制度的常識所下的定義為滿足，而探求其理論的基礎。凡是以此方法來界定社會實在的社會科學，對目前流行的意識形態方式界定實在便構成了一種的挑戰。因之，這一途徑無疑的是激進的、是批判的」。由

於強調的是全社會的研究，又注意政治兼經濟的過程，因此向來分爲政治學的和經濟學的不同領域之研究，也就一掃而空。這一研究途徑，顯然也是歷史學的。因此也打破歷史學和社會科學的分界觀念（註2）。

（三） 由經濟學邁向政治經濟學

杭特（Edward K. Hunt）和史華慈（J. G. Schwartz）在一九七二年他們所共同編著的《經濟理論的批判》一書中，對一八七○年代以來的經濟學進行攻擊，這可以說是近年來社會科學和人文學——政治、經濟學、社會學、歷史、文學等——大力整頓的一部分。目的在清除冷戰以來作爲資本主義陣營的自由主義底意識形態。對激進經濟學家而言，經濟學內在的危機是雙重的；一則是社會科學總危機的一部分；二則是外在世界危機的反映，特別是國內和國際資本主義的劇變，以及一九五○年代和一九六○年代政治的變化所造成的世局巨變。對這兩位編者而言，「所有變化，提供給我們新的形式、新的思考方式、新的政治經濟學。一個新的政治經濟學包羅了經濟學、社會學、歷史、藝術、文學、詩詞學。〔以及個別的經濟學，諸如〕發展經濟學、勞動經濟學、工業經濟學、統計經濟學、企業經濟學等等，像原子一樣的零碎化、部門化都被否決取消。取而代之的是符合人類（的需要），建立在廣泛基礎上的科學，亦即滿足人類需要的物資財生產之學」（註3）。

今日西方社會科學界中，由於新左派的努力，「政治經濟學」已成爲馬克思主義經濟學的代名詞，也成爲「進步的」、「批判的」理論或科學之象徵。新左派的經濟學家一度在一九六九年形成一個組織「激進政治經濟學聯盟」（The Union of Radical Political

Economics, 簡稱URPE），藉示威、遊行抗議等手段，干擾主流派
「美國經濟學學會」（The American Economic Association）第八十二
屆年會的召開。主流派為了還擊，遂於一九七一年的年會上選定一
個新議題，「經濟理論的第二度危機」，邀請英國傑出經濟學家羅
賓遜女士發表主題演講。

她認為在二十世紀中經濟學瀕臨兩度危機，第一度危機產自
一九三〇年代世界經濟大恐慌之時，傳統的新古典經濟學理論，無
力解釋此等寰球經濟衰敗的現象，此一危機卻因凱因斯的理論而被
克服。今日，經濟學界又面臨另外一次的危機。因為經濟理論無法
解決當前重大的問題：吾人該為誰生產？生產些什麼東西？特別是
怎樣才能達致公平的分配等問題。顯然今日主流派經濟學必須考慮
到（註4）：

第一、如何在不浪費資源的利用之情形下，有效提供公家的貨
物與勞務方面的貢獻，而使人民蒙受經濟福利；

第二、如何發揮國家機器的效用，縮小環境污染的損害程度，
俾國計民生得以兼顧，而福利政策得以暢行無阻。

由此可知，主流派經濟學家對激進派經濟學思潮的衝擊，並非
視若無睹、聽若無聞的，而是即時加以回應、主動出擊。

（四）後行為主義的政治學之新革命興起

在政治學的領域裡頭，由於第二次世界大戰結束後至一九六
〇年代中期，這門學問的教學研究、出版一直是在行為學派控制之
下，因此可以說是行為主義（behavioralism）抬頭之時。行為主義
標榜研究人群在政治情境下的行為，目的在發現左右政治行為的規
律。因之，企圖由政治事實中徹底排除價值的檢討。這種唯科學是

問，純理論的營造，使得政治學只能描述現象，而不能捕捉實在，而喪失了科學對現實的「關連作用」（relevance 重大意涵）。這便是造成政治學危機四伏的原因。伊士頓（David Easton）遂在一九六九年擔任美國政治學學會會長的就職演講中，大談「政治學當中的新革命」，由是宣布所謂「後行為主義」的降臨。這個「新革命」的兩大口號為「關連作用」和「行動」。

在「關連的信條」（Credo of Relevance）中，他指出：1.研究的內容重於分析的技巧；2.經驗性的研究乃是行為主義，是保守的意識形態，是維持現狀的辯詞；3.行為研究和實在脫節，與現實無益，所以應該革除；4.政治的研究不能和價值的闡述分開；5.政治學者負有知識人的任務，應共同維護文明的人道價值；6.知識和行動不可分，行動的目的在改善社會，知識分子應將其知識提供社群改善生活之用；7.專業機構如學院、學會不能置身於人群每日鬥爭之外，專業人士的政治化，不但無從擺脫，更是可欲的，值得鼓勵（註5）。由此可見美國政治學主流派力圖克服政治學危機努力的一斑。

（五） 激進社會學的理論批判

不僅經濟學變成了政治經濟學，政治學的行為主義之革命爆發，就是其他的社會科學也在飽嚐困頓，經歷危機之餘，企求脫胎換骨，以新的面目出現。就在經濟學和政治學積極尋求新途徑新出路之際，許多社會學家紛紛談到西方社會學危機的來臨。對一些激進的人士而言，社會學這門學問的反思、或徹底的再度省思，乃是由於危機造成的。「這些危機產自學院派人士和大學的意識。這些意識並非外在世界強加於學者身上，而是學者心甘情願充當外頭世

界的幫兇，俾進行非人性工作所引起的」（註6）。

社會學的危機肇因於社會學係完全脫離歷史和哲學而誕生而茁壯。傳統的社會學專注於社會現實的層面，以經濟科學的方法關心社會的「事實」（facts），而非社會的「實在」（reality），是故其關懷的無非是社區共同體、權威、神聖事物等等的討論。既然社會的事實成爲社會學家研析的對象，則社會學家對現存的社會制度是當做「既存」（givens）來加以接受，亦即對現行的社會秩序，予以承認、予以首肯、予以同意的態度，而不是站在懷疑或批判的態度來看待業已存在的社會制度和秩序。由是社會學遂與經驗主義、實證主義、科學主義同屬保守的意識形態。基本上社會學是知識上、特別是意識形態上對西洋社會過去二百年的社會鬥爭和政治鬥爭作出的反應，這種反應乃轉化成學院的，或專業的學科。把社會思想「專業化」的目的，除了與權力者合作與和平共存之外，也有保護知識獨立自主的意思。但無論如何，傳統主流派的社會學仍難逃布爾喬亞（資產階級）的意識形態之譏。

即便是主流派的社會學家有意批評現有社會的弊端，也因爲他們生活在資本主義社會中，必須隨波逐流，以其有限的理論架構來試圖解決問題，亦即無法置身局外，也就無法拓展他們的視野和衝破理論的藩籬。更何況主流派一向強調社會學是「社會的科學」，應嚴守「客觀」和「價值中立」的「科學規矩」來觀察、描述、分析，甚至預測社會的演變，而不可對社會下達任何的「價值判斷」，更不要說要改變現世。其結果是事實和價值的分家，也是理論和實踐的分家。總的來說，這些批判性的主流派社會學家一開始便被侷限在一定的問題上打轉。因此，其尋求的答案也脫離不了資產階級社會的框框。這便是當今主流派社會學危機四伏的因由（註7）。

（六）英美功能主義人類學的侷限

　　英國的人類學是由英國的殖民主義的情境下產生和成長的，它從不質疑英國殖民政策是對是錯，也不曾想及所謂的被殖民的民族人類學研究對象的「土著」是由殖民主義所製造的，是受英帝國所奴役、所榨取的「未開化」民族。傳統人類學家自比為開明進步的自由主義分子。這些自由主義分子在面對其本國的帝國主義對外擴張時經常束手無策，因而人類學家對被奴役被殖民的民族之痛苦視若無睹，便可藉口自由主義分子在帝國主義淫威下的無力感來減除良心的不安。其實這種的自由主義不過是帝國主義的幫兇，它企圖用理論來替帝國主義遮羞或正當化，進而否認殖民帶來的種種矛盾和問題的存在。

　　英國人類學對殖民情況的缺乏同情，除了上述自由主義的托詞之外，還由於十九世紀以來英國文化所造成的。原來自十九世紀以來英國文化就無能力對整個社會進行檢討、進行反省。就算在第二次世界大戰結束後，英國的政治和經濟陷入深重的危機中，而知識分子仍舊不肯究詰其社會秩序的基礎。亦即不肯分析英國社會和文化背後潛藏的結構。他們只注重事象的表面，而不懂藏在事象相關連的背後之意義。換句話說，他們忽視了「結構」和「整體」。

　　以賴可立夫・布朗為主的英國社會人類學雖然也討論過土著社會的「結構」，但這裡他所使用的「結構」一詞，卻是與土著社會生活經驗性實在有關的簡單概念，而不是結構主義所說的結構。蓋其所關心的為社會的秩序。對賴氏而言，結構不過是社會關係的聚合體而已。

　　作為功能主義倡導者的賴氏，認為某一社會風俗習慣的功能，就在於為社會生活的整體提供其部分的貢獻，如此而已。因此，功能論在他的眼中，不過把某一民族的社會生活當做功能結合體的理

論。對他而言，只有人們的感官和經驗上可資觀察的事物才是社會人類學研究的對象。反之，隱藏在現象之後的關係原理、形式（亦即結構主義所稱的「結構」）都不需加以留意。由於功能主義後來也影響美國的人類學之發展，因此我們可以看出盎格魯・撒克遜人類學最大的缺點是缺乏一個適當的、令人滿意的「結構」概念。而這個概念便成為法國結構主義人類學之所長。蓋法國結構主義人類學是深受馬克思主義理論家阿圖舍的結構學說所影響的（註8）。

　　就像其他社會學科一樣，人類學中的危機包含兩個相互倚賴的因素：理論的因素和政治的因素。巴納吉（J. Banazi）在討論〈英國人類學的危機〉一文中，集中討論其內在的危機，他攻擊功能主義「非科學」的研究方法，蓋「（第一次世界）大戰前人類學停止的發展（arrested development）乃是功能主義貧瘠的、不育的自然結果。它完全不能發展任何的理論，因為本質上它是假的理論，一個偽裝理論的實務教科書而已」。他承認法國列維・史陀的「結構主義」對英國人類學有所影響，只是這個影響參差不齊。

　　因之，英國人類學內在的危機乃是兩個條件合致而成的：第一是功能主義嚴重的理論停滯（theoretical stagnation）。這是由於人類學從實務產生，卻偷偷地轉化為「理論」之故。第二為結構人類學邊緣的、變質的和不平均的發展。除了英國人類學本身無法發展為科學所造成的內在危機之外，英國人類學也受世界其他各地人類學瀕臨的危機所波及。不僅在理論上人類學停滯不前，在實務上人類學也喪失了再指導「原始整體」的土著之作用。原來土著民族在追求民族獨立自主的革命中，除了向帝國主義宣戰和鬥爭之外，當然也向服務帝國主義和殖民主義的人類學宣戰和鬥爭（註9）。

（七）　西方社會科學危機的新解釋

　　英國新馬克思主義者蕭馬丁（Martin Shaw 1947- ）在其所著《馬克思主義和社會科學》（1975）一書中指出：當今西方社會科學之所以危機重重，絕非是知識界的無能或失敗而已。反之，卻是由於資本主義社會幾種不同的體系的弊病爆發的結果。這包括資本主義社會的工業體系、教育體系和意識形態的體系。

　　在工業中，社會科學被用來提高生產力、協助工商界增進利潤、便利企業管理的推動。在教育體系中，社會知識的生產和推廣，固然和現代資本主義體制的經濟需要較高程度的勞動力有關，也是為了培養人才為資本家和國家服務之用。是故，在學院中「應用的」社會科學和「純粹的」社會科學並重。在意識形態的領域中，社會科學不僅被看做為實務的，也是被看做知識的活動。社會科學的存在提供社會大眾一個假象，以為它可以產生有關社會的客觀知識。事實上，在資本主義的社會中，社會科學所提供的知識卻是主觀的、偏見的。它是對現存秩序的辯解和正當化。其結果是加強統治階級、優勢階級對其他社會階級統制的意識形態。

　　蕭氏接著指出一九七〇年代初，西方社會科學的危機並非西方社會意外的、或臨時的脫序（dislocation）之反映，而是社會當中的基本矛盾（fundamental contradictions）無從解開之反映。是故西方社會科學的危機可以解釋為其物質存在的危機。同時也可以解釋為其知識基礎的危機。它是作為社會技術和思想結構的社會科學之危機。在社會結構和意識急速轉變的時刻，社會科學所有的構成要素都被牽涉，都會捲入漩渦中。這點是由於資本主義本身就是危機纍纍、險象環生。社會科學一旦寄生於這個危機重重的社會中，鮮少不受其危機的拖累。社會科學為了自救，必須發展「理論」，特別是發展批判性的理論，批判社會、批判國家、批判教育制度、批

判各種學科、批判意識形態。在這裡激進的理論和馬克思主義的理論，提供了另一補偏救弊的選擇機會（註10）。

八 舊左派和新左派的不同

在危疑震撼中，作為社會良知的知識分子，特別是所謂新左派或激進社會科學者乘機而起，企圖挽狂瀾於既倒。他們不但要針對時弊提出補偏救弊的主張，還要在本身組織渙散、意見紛歧之下，對抗來自官方的，以及外界的壓力。他們甚至還要和舊左派、老左派劃分界線，澄清立場。舊左派如貝爾（Daniel Bell 1919- ），就在一九六〇年代中期宣布「意識形態的終結」（End of Ideology），企圖為他們舊左派轉變為新右派找出藉口。貝爾曾經指出：

> 一群社會學者——阿宏、席爾士、李普塞和我——得到這樣的看法，認為一九五〇年代可用「意識形態的終結」來形容其特徵。我們使用「意識形態的終結」一詞，意謂激進運動早期的政治理念已完全用光，而不再有力量可以強迫知識分子向它輸誠和表示激情。（註11）

其實貝爾這個說法是誤把一九六〇年代舊左派的消失與社會主義的理想之幻滅混為一談。他與其同僚把美國知識分子的激進運動之停歇，誤會為馬克思意識形態的破產。殊不知就在他宣布西方或美國「意識形態的終結」底時代降臨時，正是新左派如同火鳳凰一樣由灰燼中重新復活飛揚的時刻。

事實上，一群左派份子早已繼承一九三〇和一九四〇年代的傳統尋求突破和升揚。巴藍和史維齊以《每月評論》（*Monthly*

Review）為根據地，結合一群志同道合的知識分子，進行第二次世界大戰後美國經濟徹底的分析。他們指出美國經濟的停滯因由，大量消耗社會資源的情形，抨擊美國軍用和民用工業勾結的弊端，也分析第三世界經濟困頓的原因，由此遂形成了經濟學上風行於第三世界，所謂的「低度發展理論」，與曾任駐印度大使之米爾達提出的「累積循環因果」的低度發展理論。

除了《每月評論》較以馬克思主義的觀點來分析美國的經濟之外，《異議》（Dissent）雜誌也是激進的知識分子的刊物。他們對美國的內政外交都有深刻的分析和嚴厲的批評。由於採取的是民主社會主義的觀點，所以馬克思主義的色彩不算太濃厚，它對蘇聯集團的暴政也常加抨擊。除了這兩份著名的左派刊物之外，個別的知識人像米爾士（C. Wright Mills 1916-1962）和馬孤哲（Herbert Marcuse 1898-1979）繼續了激進學術的香火，對美國的社會、文化、政經，展開毫不留情的批判，也是造成新左派勢力大張的原因。

不過，此一時期這些新左派的活動還不成氣候，原因是它所形成的社會主義運動影響的人數有限，也無力把一九三○年代的激進觀點有效地傳播給一九六○年代，更何況它是產生於政治真空的狀態下，本身缺乏組織，遂導致多元化政治哲學混沌的局面。難怪費歐爾（Lewis S. Feuer 1912-2002）在一九六九年要宣稱：「以思想史而論，過去的十個年頭可以說是新馬克思主義的時代」（註12）。他這裡所指的「新馬克思主義（New Marxism）並非Neo-Marxism，而是庸俗的、反智的「新而原始的」（"neo-primitivist"）馬克思主義。

⑨ 新左派對抗主流派

儘管一九六〇年代左派陣營未能組織完善，同時激進知識分子各自擁抱其政治理念，而呈現各自為政的散亂現象，但它卻逐漸醞釀成一股社會運動的潛勢力，再經過陣營內頭各派的幾番內鬥反思，最終仍回歸馬克思主義的懷抱。一九六八年的學潮，大部分由學生扮演主角，左派學者並未完全介入。不過他們卻積極參與組織教員、學者協會的活動，以對抗學院的保守勢力，可是左派學者團體雖一再組成，也一再星散，其原因一部分為內在因素，亦即團體常分裂成專業利益派和政治運動（勞工福利的促進，或反政府、反體制）派。兩派相持不下，造成左派各種團體的分裂。要之，造成左派團體一再星散的外在原因，則為美國欠缺左派政黨的存在，因此任何一個學會、協會等團體，都不免有各種各樣份子的參加，他們常在學會的主旨範圍之外，尋求更大的政治目標，或政治理想。因之，大而無當的信條遂與團體成立的宗旨相牴觸，最後在吵吵鬧鬧中不歡而散，社團也告無疾而終。

和規模龐大的左派組織（像「社會主義學人大會」 The Socialist Scholar Conference，簡稱SSC）相比，每個個別的學科所成立的學會，像經濟學會、社會學會、政治學會、心理學會，由於宗旨比較清楚，目標比較有限，反而顯得組織完善，規模堅固。當然這些學會早有其成立的歷史和條件，不過左派知識分子則附設一個相當的或對稱的討論會（caucus）來別樹一幟、分庭抗禮。例如與「美國經濟學會」並行和對抗的為「激進政經聯盟」；和「美國政治學會」（The American Political Science Association）並行和對抗的為「新政治學議會」（The Caucus for a New Political Science）；和「美國社會學會」（The American Sociological Association）並行和對抗的為「馬克思主義社會科學聯盟」（The Union of Marxist Social Scientists）。這

些左派的議會在與主流派鬥爭中，雖人數和資源（大學中的職位、研究基金等）不足，但造成的影響卻是深刻的。

⑩　新左派的學術專刊

不管如何，在社會科學和人文學最為發達的一九六〇年代末，一九七〇年代初，激進的知識分子相當活躍。他們在社會科學和人文學中紛紛創建新的學刊，以批判舊的、保守的主流派學說。這些新學刊包括人類學的《辯證人類學》，經濟學的《激進政治經濟學評論》，地理學的《極地》（Antipode），歷史學的《激進歷史評論》，哲學的《目標》（Telos），政治學的《政治和社會》，社會學的《反叛的社會學家》（Insurgent Sociologist）和《柏克萊社會學刊》，德文有《新日耳曼評論》，英文有《激進教師》。其他不屬於一個學門或科系的卻是諸種學科統合的刊物，有《馬克思觀點》、《理論和社會》、《當代危機》、《社會主義評論》、《激進美國》等等。

以上這些激進的學誌期刊，不僅在美國大學的有關科系正式刊行，甚至擴展到應用科學的範圍。因之，犯罪學、社會工作和醫療心理學等也紛紛自設刊物（犯罪學的《犯罪的社會正義》，社會工作的《觸媒》〔Catalyst〕，醫療心理學的《激進療者》等）。這些刊物的特徵就是寰球性質、國際主義的（internationalism），具有國際的讀者群和作者群。而且這些刊物還採取公開廣包的態度，接納各種不同的意見，而不像政黨的機關誌那樣閉鎖獨斷。更重要的是這些刊物的理論來源大多是外國著名的學者，像葛蘭西、寇士、盧卡奇、柯列悌、阿圖舍、朴蘭查、曼德爾（Ernest Mandel 1923-1995）、艾馬紐（Arghiri Emmanuel 1911-2001）、阿敏（Samir

Amin 1931- ）、哈伯瑪斯、歐斐等人的著作紛紛轉譯刊登。像《目標》和《新日耳曼評論》是以翻譯爲主，俾介紹歐洲的理論家的見解。連英國的一些左派刊物像《新左派評論》、《資本和階級》等也變成美國新馬克思主義流行的讀物之一。

　　儘管每一刊物有其一定的編輯方針、主旨和路線、討論問題的重心乃至不同風格，但仍能夠逐漸形成一個共享的知識體系，一個理論爭奇鬥艷的市場，亦即發展爲一個知識分子的共同體。分析這個共同體的構成份子，絕大多數爲學院中人，亦即學界的教學、研究人員和學生。唯一的例外爲《每日評論》大部分爲文化界人士參與。論到發行量，《每日評論》有13,000份，《激進政治評論》的讀者群有3,000人，《目標》和《新日耳曼評論》各擁有3,000名讀者，《反叛的社會學家》只有1,500人。由此可見，新左派刊物人數還是相當有限（註13）。儘管和主流派學者相比較新左派人數較少，但其發揮作用卻是不成比例的重大。

（十）　新左派的三個特徵

　　新左派學者的政治取向和他們的學術專業之間的關連是錯綜複雜。一般而言，其治學的方向、主題、方法論、分析形式，都具有相當程度的政治意味。他們和非左派學者最大的不同，第一爲應用馬克思主義作爲理論的「典範」（paradigm, 關於「典範」的解釋請看最後一節的說明）。他們可能是自由主義者，民主的信徒，也可能是死硬派的史達林份子。但一般而言，卻都效法馬克思所設定的理論導向：歷史變遷是受到階級爭執所主導，物質或經濟的結構塑造社會其餘的部分；財產體系目的在剝削與壓榨下層階級的勞力等等。

　　新左派的第二個特徵為對社會事件或社會現象採取道義的和評價的態度。他們以社會主義的世界觀來看待現實世界和知識世界。他們以道德家的身分對現世的缺陷加以譴責撻伐，尤其視當代人類的災難苦痛為非必要的。這些觀點可以說是源自於馬克思和盧卡奇。蓋這兩位前驅斥責資產階級的知識分子誤認現存社會關係為永恆不變。換言之，對政治採取中立和漠視的學者無非把社會關係看成是「自然生成的」、「功能的」、「有效率的」。這些都被新左派斥為「錯誤的自然主義」（false naturaIism）。

　　第三個特徵為新左派學者現時的取向。他們在分析即將湧現的社會事件時，自覺或不自覺地以當前發生的事件之評論家自居，就是左派歷史學家也以分析目前發生的種種切切為急務。這種現時取向的研究態度，在政治學家、社會學家和經濟學家方面尤顯突出。為什麼對現時發生的問題趣味盎然呢，本來現實問題可視為政策科學（policy sciences）的範圍，這是有別於理論科學的。政策科學是涉身於當下情況中，力求為新情勢下定義，並思如何來操縱它。反之，理論家卻更關懷怎樣由情勢中脫身而出，把它概括化，把它放置於知識體系中，或理論模型中，當成一個特例來看待。對理論科學來說，當下的時刻並不具有特別的地位、或優先的位階，它和過去以及未來都同具研究的價值。在這種說明下，絕大部分的左派知識分子都是政策科學家，所以都講究「實踐」（Praxis），講究政治行動，俾對社會的改變略盡心力。研究現實問題有一個好處，就是給學者一項證明，俾是證或否證其理論、其學說的實效（effcacy）。假使學者對業已發生的事故能夠使用馬克思主義的觀點來解釋清楚，而其他非馬克思的「教條式」的傳統學說無從加以解釋的話，則證明激進的理論典範的確具有優越性（註14）。

(土) 西方新左派遭逢的緊迫與侷限

（一）理論之外的緊張情勢

　　西方新左派的學者發現他們的學術生涯中遭逢兩重的緊張和侷限，亟需加以鬆弛和突破。其一為來自於理論之外，其二為來自於理論之內。前者牽連到學者政治認同和其學術生涯的矛盾或衝突。為了保持學院中的飯碗，也為了昇遷，新左派的年輕學者不能不努力著作，認真教書，並不斷改善其形象。這須涉及其在大學中「學者身段的正當性」（scholarly legitimacy）底問題。為了取得教學的合法與正當的地位，大多數的新左派學者採用傳統治學的方式，在專業學刊上發表研究成果，並以嚴格的經驗科學（包括數據、資訊之使用）來支持其論旨。另一方面這些學者藉題目的選擇（揭露資本主義社會的罪惡）或堅持馬克思主義的概念典範來表明其政治信仰，又能顧全其職業身分，可謂為解除理論之外的侷限底辦法。

　　柯列卡（Peter Clecak）曾對左派人士如巴藍、史維齊、馬孤哲和米爾士進行訪談，發現他們都面對一個弔詭（paradox 進退維谷、狼狽的地位），因為他們堅信社會主義的革命，偏偏他們所處的時代無產階級毫無革命的意識，更遑論革命的行動。另一方面，他們也堅信民主的優勢，偏偏前蘇聯為主的社會主義國家不尊重民主，反而加以迫害，造成追求共產主義和追求自由民主的矛盾衝突（註15）。

　　要之，新左派嘗試把理論著作和政治實踐這兩者加以分開。這是由於深懼兩者的混淆會造成人數本來就很少的左派共同體再行分裂為更小的流派，而產生政治宗派主義（political factionalism）。除了排除宗派或派系的內鬥之外，又將馬克思主義升級為一種科學上可被接受的學科（像政治經濟學、批判性的社會學、結構主義的人類學

等等），俾取代政治活動，作爲批評資產階級或抨擊資本主義的理
論工具。像美國或英國這般欠缺社會主義運動的國度內，維持和發
揚社會主義精神的責任，便交給新左派學者去承擔。於是學界中激
進份子對現階段馬克思主義在政治實踐上的無力所作出的反映，便
是把馬克思主義尊奉爲科學或知識，從理論上、而非行動上去攻擊
資本主義。

（二）理論之內的緊張情勢

在討論外在的、制度上的壓力對激進的學者底影響之後，我們
進一步還要考慮內在的、亦即理論本身對新左派作品的衝擊。

前面我們已指出左派學術思想的三個特徵，這三個特徵彼此間
的相互激盪，也會決定新左派學術的路線。至於理論內緊張情勢之
所以產生，就是由於堅持馬克思原來的說法，堅持其「典範」，和
後來情勢改變，新問題、新見解、新理論也隨之湧現，這兩者的矛
盾如何解決所引起來的。一言以蔽之，也就是典範的堅持和問題的
解決之間緊迫的關係。

提到「典範」（paradigm）一詞，我們不期然地想到孔恩
（Thomas Kuhn 1922-1996）所出版的名著《科學革命的結構》
（1962）。該書可視爲自然科學的哲學，或自然科學的社會學，目
的在推翻學界向來錯誤的想法。這種錯誤的想法是認爲科學理論的
發展是由於理論和資料之間不斷地對話交流的結果。亦即誤認爲：
新理論的產生是由於新資料的發現而予以新解釋的結果。孔恩卻認
爲科學的發展並不是這般循序漸進扶搖直上，而是走走停停、忽進
忽退的斷斷續續之過程。科學理論所經歷的路程和階段，可用不同
的「典範」、世界觀或「學科型模」（disciplinary matrices）來加以
區別。所謂的「典範」是指「公認的科學成就，在某一時期中爲學
界提供模範的問題和答案」（註16）。換句話說，典範就是某一時

期學者們對某些問題和答案所擁有的共同看法，也包括處理問題的方法等。可是該時期中，卻有一些不規則的，或不入流的問題之存在，我們姑稱其為「失序的問題」（anomalies）。

　　孔恩認為科學的進步是產自兩個階段。在第一階段中，學者專注於正常的、普通的、大家認可的問題之研究，而完全忽視失序和不入流的問題。這時學者設法在典範所允許的範圍內「上窮碧落下黃泉」，窮究種種可能的解決方式。及至第二階段，可以說是「危機階段」，另外一批學者另起爐灶，針對累積的和無法解決的「失序問題」尋求新的解決之策略。這時便把理論重新建構，而產生新的典範。這一個新的典範能夠把正常的和不正常的、合序的和脫序的、入流的和不入流的問題一概解決。於是新的典範便取代舊的典範，成為學界的新寵兒。科學理論遂往前跨了一步。孔恩及其前驅顯然都承認「失序的問題」是物理世界真實的一部分，其存在是不容否認的。失序的現象的存在。無疑地說明理論還有瑕疵，還未盡善盡美。

　　阿特衛（Paul A. Attewell）卻認為社會科學和歷史科學在面臨失序問題時，其反應是有異於自然科學的。因為對物理學或自然科學而言，失序現象代表無從改變的天然秩序之一個面向。反之，社會科學的失序，卻出現在不斷變化的歷史的和社會秩序當中。其結果是在社會科學中所發現的失序現象，並不意味現在的理論是錯誤的，而只能解釋是實在（reality 外頭世界）業已改變的結果。由此解釋遂產生兩種涵義：第一、失序問題的出現指明舊的理論不管用，有必要改弦更張；第二、但對舊的情勢、舊的實在而言，舊的理論仍然是正確的，可以驗證，可以應用的。

　　由是可知，某一社會理論早期可以證明為正確無誤，現在則未必是正確無誤，反而必須修正以解釋新局勢，這點顯示這理論的早晚市價不同。馬克思主義也像其他的社會和歷史理論遭逢同一命

運。譬如說，當今政治經濟學理論的修正，並不意味馬克思原來的
學說是錯誤，而是說新的情勢產生，因而需要新的解釋，新的研究
焦點。這個說法可以減免社會科學工作者，由於接受不同的典範而
引起無謂的對抗。儘管有人採取不同的理論建議，它可以使接受同
一典範的學者群體相安無事。

在左派的文獻中不難發現一大堆有關分期（periodization）的說
法。自列寧以降，不少左派社會理論家紛紛把資本主義的發展分割
成不同的時期：像「舊期」、「近期」、「低階」、「高階」等不
同段落。這些分期目的在離開馬克思原來的解說，而另覓解釋的新
途徑。其中最成功的說詞是指資本主義業已進入壟斷時期——壟斷
的資本主義。於是強調資本主義業已變形為壟斷性資本主義的理論
家，便可以棄置《資本論》大部分的論點，而仍不失為忠實的馬克
思主義信徒。

分期說使各種不同的激進學說並行不悖、相安無事。它廣泛
的使用造成典範衝突的軟化，也是促成美國馬克思主義概念的中庸
化，以及變做和稀泥——從各種學說中抽取一點點東西拼湊拌合而
成。於是在激進學界中有兩派人士相持不下，一方堅持馬克思原來
的說詞來解釋事象，另一方則藉新事象的產生企圖提出新理論、新
學說。這種相持不下的情況，其實是原來典範的堅持和現實問題的
分析兩者的爭執。也是傳統派和修正主義派的爭論不休（註17）。

此外，馬克思主義理論內的緊張情勢是由於典範堅持和道德批
判不一致時引起的。古德涅（Alvin Gouldner 1920-1981）曾利用詹
士基（Noam Chomsky 1928- ）的「表面結構」和「深層結構」兩名
詞來分析馬克思主義的理論。古德涅首先提出一個疑問：為何馬克
思主義在不同的時期、不同的地方能夠吸引各階層人士的注意和好
感？其理由不可能是由於馬克思主義對某一特殊情境的分析正確無
誤之緣故。古氏認為馬克思主義的吸引力是，因為打動了各時代、

各社會許多人信仰和感受的深層之故。這便是馬克思主義的深層結構。這個深層結構包含著一個隱喻——奴隸制度，因而呼籲被壓迫者來推翻奴隸制度（註18）。

古氏這個研究法是很有見解，因為它企圖把馬克思主義對特定情境的分析和潛藏在這個學說表面之下的道德訊息加以分開，從而指出馬克思主義學說分析兼說教的雙重性格。馬克思主義不僅使用奴隸這一隱喻，也使用資本主義是「偷竊」工人的勞動力之另一隱喻。不過馬克思主義的理論之具有分析的和評估的雙重性格，也是造成激進理論家困惑或緊張的另一原因。蓋分析者在每一個特殊的情境下進行道德和評估的細部工作時，常和原來的、傳統的典範之堅持發生衝突之故。舉一個例子，巴藍為了譴責帝國主義對第三世界的掠奪，因而提出西方國家怎樣榨取第三世界經濟的剩餘價值。可是他對「剩餘價值」的界定便和正統的馬克思主義底理論不一致。為了貫徹他的道德譴責，他也在所不惜地破壞了傳統理論的架構（註19）。

綜合上述，新左派理論之間的緊張和矛盾之產生，是由於新馬克思主義者上述三個特徵（典範堅持、新例解釋、道德評斷），亦即三個目標的追求，不容易同時獲致的結果。

註　釋

註1　Copans, Jean and David Seddon, 1978, "Marxism and Anthropology: A Preliminary Survey," David Sedon (ed.), 1978, *Relations of Production: Marxist Approach to Economic Approach*, London: Frank Cass, pp.1-4.

註2　以上參考 "Editorial," *Economy and Society*, Vol. 1, No. 1, 1972, pp iii-iv.

註3　Hunt, E. K. and J. G. Schwartz, 1972, *A Critic of Economic Theory*, London: Penguim, pp.32-33.

註4　Robinson, Jean, 1972, "The Second Crisis of Economic Theory," *American Economic Review*, LXII: 1-10; 1977.

註5　Easton, David, 1969, "The New Revolution in Political Science," *American Political Science Review*, 63: 1051-1061.

註6　Gouldner, Alvin W., 1972, *The Coming Crisis of Western Sociology*, London: Heinemann, p.512.

註7　Shaw, Martin, 1972, "The Coming Crisis of Radical Sociology," R. Blackburn (ed.), *Ideology in Social Theory, London: Fontana*, and New York: Vantige, pp.32*ff*.

註8　Goddard, David, 1972 "Anthropology," R. Black (ed.), *op.cit.*, pp.61-75.

註9　Baranji, 1970, "The Crisis of British Anthropology," *New Left Review*, (Nov.), 64: 71-85.

註10　Shaw 1975 *op.cit.*, pp.90*ff*.

註11　Bell, Danial and I. Kristol, 1971, *Capitalism Today*, New York: Basic Books, p.24.

註12　Feuer, Lewis, 1969, *Marx and the Intellectuals: A Set of Post-Ideological Essays*, New York: Doubleday, p.1.

註13　與新左派相對照，主流派的刊物顯得非常可觀，像《美國經濟評論》流

通量為26,000份，《美國政治學評論》20,000份，《美國社會學評論》15,000份。以上參考Attewell, Paul A., 1984, *Radical Political Economy Since the Sixties: A Sociology of Knowledge Analysis*, New Brunswick NJ: Rutgers University Press, p.16.

註14　Attewell, Paul A., 1984, *Radical Political Economy Since the Sixties: Sociology of Knowledge Analysis*, New Brunswick, NJ.: Rutgers University Press, pp.17-20.

註15　Clecak, Peter, 1973, *Radical Paradoxes: Dilemma of the Left*, 1945-1970, New York: Harper and Row.

註16　Kuhn, Thomas 1970 *The Structure of Scientific Revolution*, Chicago: University of Chicago Press, 2nd ed., first ed 1962, p. vix. 又參考洪鎌德，2003，《社會科學的哲學專題》，臺北：輔仁大學《哲學與文化》，第354期，第12-14頁。

註17　Attewell, 1984 *op.cit.*, pp. 29-32.

註18　Gouldner, 1974:387-414.

註19　Attewell, 1984, *op.cit.*, pp.32-36.

第十四章
現代社會的特徵

（一）　「西方」仍在全球稱霸

　　本書一開始以歐美、或西方的觀點來討論社會、社會學說、社會科學。固然作者偶然會把東方，包括古代中國，或現代東方集團（包括中、韓、越與解體的前蘇聯及自由化的東歐，特別是用馬列主義的觀點）的一些看法零星予以介紹，但整本書的重點仍舊是西方的文化、思想，與學術之求知精神。此舉對發展東方文化傳統與社會價值，似乎助力不大，這是作者在結束本書時深覺遺憾與無奈之處。蓋東方學術界尚未發展到足以與西方學術相抗衡的地步。因之，為了吸收與學習西方之所長，我們被迫要去理解西方文化、思想、學術、文藝、科技等種種優越之處，然後才能進一步發展東方的價值與長處。

　　近年來有人（特別是薩伊德 Edward Said 1935-2003）提出「東方主義」，來討論受到西方船堅砲利，深受殖民主義與帝國主義凌虐、剝削的東方世界（包括亞、非、大洋洲）的怒吼，但這種東方人的反彈並非激發西方人，尤其是白皮膚的歐美人士的反思與醒悟（註1）。

　　於是，談到現代社會，我們所看到的仍舊是以西方社會為主體的已發展的、工業化的、城市化的、資本主義的、世俗化與現代化的社會。在很大的意義下，臺灣社會所受美國、日本、歐洲的衝擊太大，儘管仍保有部分中華文化與臺灣本土的東方特質。總的來說，臺灣的社會已朝西方現代社會看齊，也亦步亦趨地走向接近西方工業化、城市化、現代化與資本主義的社會。

　　對此「西方」一詞所包含的分門別類的作用（「西方」或「非西方」的社會之區隔），與這個字眼所代表一連串的意象（進步的、發展的、消費的）和可資比較的模式（非西方的社會離西方的社會距離仍遠，要超越不容易），以及它意涵的意識形態（西方是可欲的、好

的，非西方是壞的、保守的、宜放棄的）都是令英國開放大學教授霍爾（Stuart Hall 1932- ）深感不安的事實，這位出生於牙買加的黑人學者，為當代一位重要的文化批評家。特別是流行在歐美各界用字的「西方及其他」（the West and the rest），不但表現西方人傲慢鴨霸心態，也是使世界其餘人民深感不滿的字眼。但在西方稱霸的今天，世人儘管不滿也無可奈何，只有眼見這個名詞在世界各個角落囂張喧騰（註2）。

西方的觀念之浮現與啟蒙運動的崛起有關，因為此一人文運動為純歐洲的事務，當時歐洲人自認其社會為人類有史以來最先進的社會，其人民也是最先進的人類。但西方的觀念卻也是全球性的，原因是歐洲或西方的「進步」，便反映非西方之「落伍」。不管是進步還是落伍都是一體之兩面。歐洲歷史、生態、文化發展的形式之所以獨一無二，是與其他社會做一比較相對照後，歐洲人自認的不同與分別。事實上，西方之所以特別，只是因為與其他世界相比較而顯示其歧異而已。

西方大學問家馬克思和韋伯，也無法跳脫「西方與其餘世界」兩分法的陷阱。馬克思在論東方君主專制，亦即所謂「亞細亞生產方式」時，認為由於東方專制君主集權，成為全國最大的地主，控制屬下大片土地與人民，而使人民不致分裂為階級。但無階級的分化與無階級的鬥爭，便會造成社會像一灘死水，完全停滯不前，是故作為東方專制國家的印度幾乎無變化、無歷史可言。

韋伯在比較西歐與伊斯蘭教時，發現伊斯蘭教欠缺刻苦自勵的宗教、缺少法律的理性形式、沒有自由的勞動（依契約訂定的僱傭關係）、禁止收取利息、沒有城市，所以在伊斯蘭教統轄的地區資本主義無從生成與發展。

儘管馬克思與韋伯的理論模型非常精緻高明，但他們仍陷於西方—其餘、文明—粗野、發展—落後的兩元對立（兩元）思考的

窠臼當中。韋伯的思考是屬於「內部觀點」（internalist），亦即認為伊斯蘭教「落後社會」內在的特質，那種與世隔絕的內部力量，造成其封閉不長進。而馬克思的思考方式，也類似於這種「內在觀點」，不過他多加一點「外在因素」（externalist），也就是考慮到該社會之外的世界之不同發展階段。例如馬克思視歐洲社會由原始公社邁向古代奴隸社會，接著進入中古封建社會，而最後又進入當代的資產階級社會，亦即置入於「結構化的國際情境」中（Bryan Turner語）。正因為馬克思採取了部分「外在因素」，因之，他會贊成資本主義入侵這些東方專制的國家，造成其社會之進展。換言之，像印度這樣一個停滯不前的社會，因為有英國資本主義式殖民主義之進侵，而「破壞了前資本主義的〔生產〕方式，而不再阻擋〔印度〕進入歷史發展之途」。

　　但殖民主義與帝國主義非但沒有促使這些落後地區摧毀其經濟與社會發展的藩籬，反而保留或加強了這些阻礙，而使發展中的社會更為仰賴西方殖民帝國。在殖民母國縱容下，封建統治、家族政治、菁英或買辦之獨裁反而使殖民地人民難以翻身，而本土文化在歐風美雨侵襲沖激下，逐漸褪隱失色。就這樣，西方並不代表現代化，它只是造成第三世界人民的一窮二白而已（註3）。

（二）市場經濟大行其道

　　現代社會一個特質就是經濟制度為社會各項制度、組織和機制中最基本的物質基礎。經濟活動成為社會活動的核心，而促成經濟活動蓬勃發展的體制則莫過於市場原則的發揮。儘管在二十世紀前半個多世紀中，舊蘇聯首先採用社會主義的統制與計畫經濟，二十世紀中葉之後陸續有東歐、中、韓、越、古巴等國起而效尤，但這

個東方集團社會主義經濟政策實施最後宣告失敗，更加強了西方世界對市場體制的信心。事實上在「蘇東波變天」，以及中韓越經濟改革之前，市場原則便被看好。

首先是一九八〇年代以雷根、柴契爾夫人爲主的美英保守政府，採取反共產主義的意識形態、反福利政策，而信從市場運作的策略，這導致保守主義的經濟思想之抬頭（註4）。其次，一九八九年東歐與俄國的動亂，造成蘇維埃式經濟的崩潰，爲「新的世界混亂（無秩序）」（new world disorder）（波蘭人 K. Jowitt語）之開始。第三，則爲「蘇東波」與中韓越重新擁抱資本主義，改名推動了所謂的社會主義的市場經濟和商品經濟。

市場原則有兩項功能的重要性；其一爲規定方面的功能；其二爲意識形態方面的功能。根據新古典學派的說詞，市場機制藉交易來決定資源、貨物、勞務和所得之分配；在意識形態方面，市場制度在於對社會中經濟之主要制度性的特質（諸如生產、銀行、契約、勞動）加以合法化，而且重要在合法化由於市場運作的結果而產生的社會不平等。加之，市場機制也是對統制經濟之缺乏效率作出有力的對抗，也是唯一可以取代統制經濟者，它使後者失掉了繼續存在與運作的正當性。

馬克思曾經把工業社會的市場經濟（英國的產業革命）與政治民主（法蘭西大革命）的崛起看作世界發展過程的一體之兩面。但從拉丁美洲國家，乃至臺、韓、星三條小龍一度處於威權統治之下的情況看來，把民主和資本主義劃上等號是無法成立的理論。顯然民主與資本主義並非一體之兩面。但認爲計畫經濟可以使人民當家作主，則離事實更遠。較持平的說法恐怕是海耶克（Friedrich A. von Hayek 1899-1992）的陳述，他說：「假使資本主義意謂自由處理私產的競爭性制度，那麼承認在這個制度下可以使民主實現，是一項重要的說詞。當經濟體系由集體主義的信條主控時，民主必然會被

摧毀」（註5）。

　　共黨國家在一九八〇年代震驚於西方經濟的鉅大成就，也曾引進市場機制，但旋即發現經濟的激烈改變會削弱共黨牢固的控制與優勢，改革遂在走走停停中緩慢推行。而處於共產集團中的反對勢力，卻理解政治的自由化與民主化乃是徹底的市場改革之先決條件，畢竟市場的解除管制或自由化，必須將市場交易的機制回歸到「看不見的手」，也就是交給供需雙方決定，而不是政府大力牢固的伸手調控、全盤管制。

　　波蘭與中歐採用市場經濟制度的結果卻遭受連串的挫敗，其原因是人民心理上與社會結構上的阻礙尚未清除。由是波蘭的經改分裂成兩派——其中一派支持採用新自由改革措施，徹底揚棄統制經濟；另一派則主張利用國家的力量介入經濟活動，俾社會公平得以維持，至少在過渡時期大家的負擔可以均分。儘管波蘭各界同意放棄統制經濟，但市場改革的程度與速度卻引起很大的爭議。

　　不只波蘭，就是東歐和舊蘇聯也都陷於經改為先還是政改為急，或是兩者齊頭並進的困局中。此時大部分共黨國家的執政者也體會到市場經濟之必須恢復，但又不願意放棄政治上的控制權力。最後主張經改者占上風，他們堅持政改與經改一起進行，終於導致共黨統治正當化之喪失，亦即各國共黨紛紛垮臺，歷史於是進入後共產主義時代。

　　德國學者歐斐（Claus Offe 1940- ）遂指出：

　　後共產主義的政治經濟面臨三個轉型的問題：財產必須私
　　有化，價格必須自由化（或「市場化」），國家財政必須
　　穩定化以解除通貨膨脹的重大壓力。為解決這三大問題，
　　亦即三種轉變，必須做如下的考慮：私有化必須進行，俾
　　減少過渡時期的成本……但穩定化並非在節省開銷、減少

成本，而是增加支出，造成所謂「過渡性成本」（transition costs, 例如關掉沒有利潤的企業，減少社會支出），其結果就造成了市場化與私有化的政治阻力。（註6）

　　由是可知前蘇聯與東歐共黨國家，在後共產主義時期中轉型的困難。對轉型缺乏信心的人，追求短期的、各自群體的利益。反之，對經改抱信心的人，則願意忍受短期低消費的不便與其他的犧牲。後共產主義社會的主要問題為：民眾是否願意放棄向來的平等，而追求自由與有效率的經濟生活？由於執政者對此問題持不同的看法，所以答案也非明確。改革帶來高度的危險性與不確定性，但也帶來個體化及個人對其生涯之規劃與責任。對某些人而言，自由與個體化的生活並不意謂著幸福，反而是不安定、無秩序的感受，他們甚至有「逃避自由」——避開自由——嚮往昔日共黨獨裁的復辟心態。

　　總之，「蘇東波變天」為東歐與俄國帶來「如釋重負」（relief）的感受，也帶來一片空白。隨著舊共黨國家紛紛引進市場改革的制度，每個國家因為改革步伐有快有慢，因之轉型期也有長有短，但經改遭逢的困難挫敗，使此新秩序產生前的陣痛加劇。一般而言，後共產主義的社會將面臨三大變化：1.在經濟上這些社會將繼續把市場的原則加以落實；2.制度的安排（工業關係、法律、民間社會）和組織的形式（志願、隨意組成的民間團體）將繼續發展，此與市場原則和政治民主相容，而不致彼此衝突矛盾；3.東歐與俄國的經濟早晚會融入世界經濟與全球市場中（註7）。

三 勞動的意義和角色的轉變──創富抑異化？

　　在過去接近一個世紀的工業化過程中，人類的勞動力有了空前的改變。就能源的觀點來說，過去利用人力、獸力的時代，已被煤、油、電力、核子能源的時代所取代；就心理與社會的觀點來說，對勞動的喜好（創富）或厭惡（異化），也是一大轉變，雖然這種轉變不若能源改變的明顯。

　　對勞動的承諾或視勞動為人的異化，分別由韋伯與馬克思加以不同的詮釋，但都是對現代社會中人存活的主要手段和生產方式之析評。他們兩人考察的對象，都是在競爭性資本主義大行其道下，以個人勞動和工作的情況進行分析，而比較少從人群集體的生產方式著眼。蘇東波的變天正是集體營作失敗的結果，因為在集體勞動中，人群無法培養勞動的倫理。但另一方面日本與東亞四小龍所採用的集體勞動方式卻又證明可以創造經濟財富，這就使馬克思與韋伯的學說面臨挑戰。

　　馬克思和韋伯學說的主旨在於說明經濟與社會的關連、社會發展中勞動所扮演的角色、以及勞動對勞動者本人的意義。他們兩人主張的不同約可分成下列數點：

1. **研究的主題**：馬克思強調資本主義發展的客觀條件，特別注意到階級的衝突；韋伯則分析文化，特別是宗教價值對資本主義產生的催化作用。不過把兩人的著作作一總觀覽，馬克思並非只重物質原因，韋伯也並非只重文化或精神原因。反之，兩人都強調經濟勢力同社會其他因素的相互牽連。

2. **理論的反思**：馬克思對西方社會科學實證主義的傳統不加注意，只矚目於事物的客體性和科學規律；反之，韋伯認為價值的偏好和研究者的價值承諾對研究主題、方法的選擇皆有影響，也會對研究的結論起了作用。

3.**分析的方法**：馬克思主要以歷史的、辯證的、唯物的分析法來觀察事象；韋伯則兼採瞭悟法，也由複雜的歷史過程中擷取理念類型來加以概括化（註8）。

在兩人這些不同的觀點與方法下，對勞動的考察自然得出不同的結論。顯然，馬克思以人類的本質看待勞動，勞動是個人實現其類本質的自由、創造、有意識的生產活動，也是把自然置於人的權力控制下之活動，透過勞動人為其社會生活奠立了物質基礎，也為人的本質作出完善的發展，這是文藝復興時代「人為工具製造的動物」（*homo faber*）之闡揚。在資本主義初期，由於生產資料為少數人所控制，遂把人的存活資料之勞動轉化為生產資料。由是勞動成為橫加在人身上、違背其本性的強迫性的操勞，這便是人的異化。馬克思辨認四種的異化勞動（人與產品，人與生產過程，人與人群，人與其本身的種類之異化）。只有當異化從人間消失，人性才會復歸，人才會重獲自由與解放。

馬克思在十九世紀資本主義興起之時，所看到的階級對立、階級文化、階級鬥爭，鼓勵他採取計畫的經濟和集體的勞動。但他沒能看見二十世紀集體勞動的結果不只是法西斯的集體奴役，也是共產主義的集體勞役，也就是以集體意志的名義實施共產黨人生涯排行榜（*nomenclatura*），而剝奪個人的自由發展。在當代西方資本主義社會中，儘管階級的存在仍舊是社會階層之分化之標誌，但主張福利的資本主義畢竟要減低階級的摩擦，採取穿越階級、或超階級的聯盟策略來使衝突減到最低的程度。

韋伯把注意力鎖定在資本主義的源起和西方產生資本主義的歷史過程。在此過程中理性化的概念遂告浮現。換言之，他看到的是資本主義合乎理性的思想和行動之一面：也就是為著生產的利益而有系統、重方法之生產因素的組織方式。造成這種講究理性的資本主義之崛起，有其制度上與政治上之條件。在諸條件中他獨挑「選

擇性的類似」（*Wahlverwandschaft*; elective affinity）。他認為克制慾望的新教倫理和經濟活動的理性之間存有「選擇性的類似」。他稱喀爾文教派先天選擇說（又稱為「預選說」，該說主張死後能否進入天堂並非信徒所能決定，選擇權操在上帝），造成信徒能否於死後升天（靈魂獲得救贖）的焦慮與期待。因之認為整日勤勞工作、克制物慾，不住禱告與勤儉持家，是通往天堂的門徑，這便是初期誓反教人生觀的主旨，這剛好與資本主義興起的勤勞節儉、有計畫的認真工作之企業家精神相類似。

有趣的是馬克思從異化勞動開始，而認為最終的人性復歸和共產主義社會的出現會使人類重燃對工作的熱情，積極從事創造性的勞動。韋伯則以人類積極參與工作開始，而終於人群發現勞動的機械化、非人性化和「去除神祕魅力化」（*entzaubert*; disenchanted），也造成人過度的合理性（工具理性的昇華），而呈現雞零狗碎化，人又陷身於現代制度的「鐵籠」裡。最後把馬克思與韋伯的觀念打碎的卻是歷史發展的事實。以共產主義的價值來打破私有制而且加以實驗的社會主義國家，到頭來發現集體勞動對人性的戕害遠勝於資本主義的體制。工人不但達不到解放，反而遭受奴役的痛苦。

現代社會勞動的異化，並非肇因於生產資料的擁有（私有制），而是由於資本主義大量生產所造成的，亦即肇因於資本主義式勞動的特別組織形式。十九世紀末葉，以美國為例，龐大的、有組織的資本主義，廠商規模擴大、結構雜雜、功能分殊，造成調度與控制的困難。工頭僱傭解職的權力漸失，而工人在工作場所之裁量權和決斷情形也逐漸淡化。在大公司行號中如何應用科學管理有效促進工作進行的泰勒主義（Taylorism）應運而生（註9）。利用泰勒主義於汽車集裝線上之有效操作方式，亦即俗稱的福特主義（Fordism）跟著出現（註10）。

福特主義帶來三種意涵。其一，造成勞動市場的穩定：它本

來在對抗工會的怠工、罷工，要求國家介入勞資紛爭；其二，此一新的生產體系導致經濟成長，使工人收入增加、生活水平抬高；其三，大量使用機器，使工人的技術無用武之地，工作過程枯燥無趣，社會關係趨於孤立，亦即造成勞動的異化。由於大量生產的需求，工人操作的方式幾乎像是裝配線上的機器，這種集體勞動的形式遂成爲現代先進工業社會的典型，也成爲半世紀多以來以美國爲首的社會科學者研究的對象。

不管是齊諾伊（Ely Chinoy 1921-1975），還是羅傑士（David Rodgers）對汽車工人的調查，都顯示工人勞動倫理和追求目標有了重大的改變。升遷固然是大家從事勞動向來的企求，但職業的穩定（安全）、工資的增加、消費主義、享樂主義、對子女的期盼等成爲新的工作目標。布勞訥（Robert Blauner 1929- ）指出勞動異化的幾個主要因素，像無力感、無意義、孤立、自我疏離等現象。此外他稱：不同的行業產生異化不同的層次，這是由於各行各業有其特別的科技、分工和人事結構的緣故。美國衛生教育與福利部在一九七三年出版了《工作在美國》的報告，這是研究現代社會勞動異化的一個高峰。在該報告中坦承工人對無意義、重複再三、乏趣的工作之不滿，以及工人要求擁有更大的自主權，承認其工作之成就，以及發展技術的機會等等願望。

爲瞭解除勞動異化，學者提出勞動人性化的主張。於是鼓吹把工作當成「自我實現」（self-actualizing），亦即藉工作來把每個人的才華和能力發揮透徹。另外有人主張藉人際關係之改善來提高生產力，有人研究人的各種各類（安全、承認、自主、成就、挑戰和參與）的需要，認爲企業組織只要能滿足這類需要，個人的努力將會朝組織的目標邁進。

在二十世紀最後三十年間，被稱爲「後工業主義」的西方社會，也發展出新的社會體系。在國際競爭劇烈、科技更新頻

繁、市場多樣化之下，新的勞動口號為「伸縮性」、「彈性」
（flexibility），這是對泰勒主義要求標準化的過程之揚棄。彈性的
專業化涉及新型工人的特徵，功能性的彈性是指工人擁有多種技
術，可以隨時轉業或跳槽。其理念為管理層與工人的關係採取一種
相互調適（adaptive）和合作的形態與風格。

　　在這種新的彈性工作理念下，工人的行為應當是可以預測的、
可以信賴的，這樣他們才會加強公司的競爭力。過去留意工人的
需要，也變成為新的「期待理論」（expectancy theory），這是重返
功利兼工具的理論範疇中，表明工作努力將會使工人獲得特別的報
酬，而特別的報酬與較高的薪資水準卻增加了平均單位薪資產出，
反而節省公司的人事成本（此為被稱為經營之神的王永慶之管理哲
學）。在此關連下，僱員對於其勞動經驗的潛在效果有估量預測和
期待的可能。

　　繼續馬克思階級剝削的理論，處於壟斷性資本主義的現代西
歐、北美、日、澳、紐等社會中，勞動的異化問題並無減緩的跡
象，反而變本加厲。布雷維曼（Harry Braverman 1920-1976）認為
壟斷性資本主義之下不只工人遭受貶損，連白領的文書工作者（職
員）之勞動也貶抑到瑣屑、單調的地步。亦即勞動過程與工人的技
術分家、勞動過程的監督及操控與勞動過程的理解分家，科技只為
管理層的利益服務，其效果在使勞動雞零狗碎化，也使勞動技術鈍
化。其結果是管理層維持一群便宜的勞工和高度的生產力，但工人
卻被剝奪了他們對工作過程的監控權，從而與勞動過程疏離。布雷
維曼抨擊主流派學者視異化只為工人心理主觀的問題而非社會結構
的問題，這會造成社會學家與企業界管理層同流合污，不再關心勞
動過程的改善，而只關心工人如何來適應勞動過程（註11）。

（四）科技對生產、消費和環境的衝擊

主宰西方長達兩千餘年的猶太教與基督教傳統，其文化遺產至今仍在發揮作用，特別是兩元的思考方式，不只在日常的言說（discourse 論述、話語），也在社會科學的架構中經常浮現，像善與惡、對與錯、精神與物質、心靈與肉體、個人與社會、神聖與世俗（涂爾幹）、理念利益與物質利益（韋伯）、社群與社會（杜尼斯 Ferdinand Tönnies 1855-1936）、剝削者與被剝削者（馬克思），這些都是兩元思考的對立面。這種兩元思考容易陷於非黑即白、非是即非、相互排除，簡易的矛盾中。事實上，吾人對世界愈加瞭解，愈會發現這種對立面常是一體的兩面，或是彼此相互滲透，其間並沒有清楚明白的區隔界限。

同樣的說法也可以應用到人與自然的區別，這種區別顯非絕對。一開始人就是自然的一部分，人有系統地捲入自然的生成變化中，參與自然的進化，以及捲入自然最終的崩解。環境社會學在研討人與自然的交互關係與連結。隨著人類文明的高度發展，人們開始醒覺二十世紀人類對自然濫墾亂用所造成的生態危機。事實上環境社會學必然與生態學、生物學、礦物學、經濟學、文化研究、權力關係（政治學）和科技的考察結合成一門科際整合的學說，因為這些學科都與環境的平衡之研究息息相關。

一談人類社會的起源，就要想到語言和科技是促成人類成群結黨、營集體生活的兩項重大發明。德國人類學家葛連（Arnold Gehlen 1904-1976）甚至把人類界定為「使用工具的動物」。工具是無法離開生產與消費。既然馬克思認為勞動是人與自然的互動，那麼勞動也可以說是成群結黨的人利用自然來設計的活動，俾人能夠存活與繁榮。

用來描寫現代社會的形容詞，如果不是「工業的」，便是「資

本主義的」，或是「資產階級的」等字。這些形容詞彼此有重疊之處，不過至少對現代社會的某一面向有捕捉或勾勒的作用。這些字眼所牽涉的都為現代社會物質面與制度面的特徵，亦即以現代人經濟生活為主，展現現代重視生產、消費的特質。其中尤其是科技的發展，對現代社會的生產、消費與生態環境影響至深且大。

　　科技在近世的迅速崛起和其應用於經濟生產、提升生產力有關，更因為科技的發達，便利歐洲幾個古老的殖民帝國征服海外殖民地與市場，也導致了國際戰爭的頻生與慘烈。因之，科技成為國家在其疆界之內進行階級統治，在疆界之外擴充勢力的重大工具。

　　在生產技術的改善方面，先有所謂的泰勒主義，後有所謂的福特主義。福特主義不只是管理技術應用到生產部門，同時也鼓勵員工購買福特的汽車，因之，可以說是工業革新在生產與消費部門的兌現。在二十世紀下半葉，日本人的企業管理方式又做了進一步的躍進。以豐田汽車公司老闆大野為中心而發展的「單純生產」（lean production），討論品質循環、全面品質管制、適時投入（just-in-time 看板制，各種零件即時提供裝配可省掉儲存的時間與空間）、低不良率、零缺點、認同公司、終身服務制等等，其重點擺在人際關係的管理，而非僅有機器的改善而已。這種生產方式之所以成功，和日本尊卑有分、守紀、特重禮節與非正式的社會控制之傳統文化有關。

　　科技雖然帶來提升人們生活水平、克服物質生活貧困的好處，但也造成少數人對多數人的凌虐壓榨，特別是對自然資源的濫用破壞。在很大的意義上，二十一世紀初將是科技—經濟的繁榮與人類自然生態恢復平衡兩者孰輕孰重、激烈爭辯的世代之來臨。不幸的是二十一世紀開頭的八年間，人類歷經了九一一恐怖攻擊事件、第二次波斯灣戰爭、俄軍進出格魯吉亞、南亞大海嘯，以及全球金融風暴、經濟蕭條，造成全世界人民惶恐不安，瞬時跌入「不確定的

年代」（The Age of Uncertainty）的深淵之中。

對自然的濫墾亂伐、戕害範圍的廣大與破壞的程度之深目前已達空前的階段。這種情勢在一九七〇年初有羅馬俱樂部的報告（1972），最近則有一九九一年OECD的兩份報告，牽涉到城市空氣污染、浪費、噪音、土質的惡化、林地的萎縮和野生動物的滅絕等情形，儘管工業發展國家的環保與綠色活動也積極參與改善的工作。

令人訝異的是，OECD的報告中忽略了兩項對當前人類生存環境造成重大威脅的事實：其一為全球溫室效應所造成氣溫上升，使海平面升高、沿海陸地沒入水中；其二為臭氧層的破壞，使太陽紫外線長驅直入，對人類、動植物產生重大危害。這兩大人類對自然的戕害，以及自然的反撲，是導致近年間地球氣候失常、天災頻生的主因，只靠「節能減碳」的口號無法拯救地球免受人為的破壞，跟著造成人類的生存之浩劫。

美、德兩國許多經濟學家擔心目前垃圾的堆積與資源的浪費，有可能使人類的文明在幾十年之後便告停止。人類目前使用經濟成長的四分之三的所得在於防阻政治、社會、經濟的危機，此舉導致人的生活素質未見改善。穆列（Norbert Muller 1952- ）甚至預言在二〇三〇年或至遲二〇四〇年全球政經社會文化體系可能全面崩潰，假使西方的生產、消費和生活形態不再改變的話。這並非聳人聽聞的預警，以二〇〇八與二〇〇九年全球經濟的重大危機為例，則一九三〇年代前後的經濟大蕭條、大衰退不但復現，其不景氣的規模還擴散至全球。

造成人類前景黯淡的因由，根據OECD報告的分析是兩項：其一環保政策無效率；其二經濟的狀況與環境的狀況是相互倚賴、難以切開。換言之，資本主義體制要求經濟成長，必然得擴大生產、流通和消費，這會造成對自然環境的過度利用、乃至濫用破壞。但

潛藏在經濟原因（破壞環境的經濟原因）的背後則為政治的、法律的、社會的、文化的因素。換言之，不管是國家之內或國界之外的經貿關係所造成的貧富不均、強國對弱國的剝削、富國人民浪費的物質消費態度，在在都造成今日人類的困境。要之，下圖14.1可以把這些因果關係表述出來。

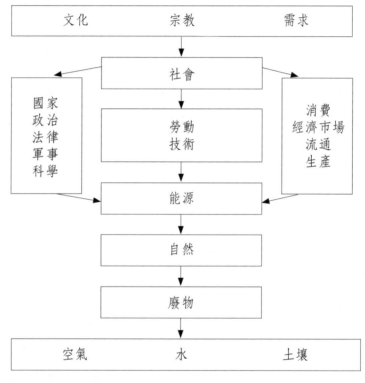

資料來源：採用Gyorgy Széll一文，由本書作者加以修正與重繪（**註12**）。

圖14.1　社會和自然相互關聯圖

五 人口的膨脹及其社會意涵

　　不管是地區、還是國度、抑是全球，人口的分布成為有組織的人類社會之生物學基礎。也就是人口的大小、組織樣式、再生繁衍、死亡率、遷徙都是社會形成的原因，以及其結果。研究人口的學問稱作人口學（demography），人口學不只在研究出生率、死亡率、性別、年紀、職業等不同的人口結構，也與財富分配的經濟學，家庭安排、社會階層化的社會學以及國家的人口政策、社會政策和移民政策之類的政治學有關，人口學也與人居住環境的生態學連結在一起，是故人口學是一種多學科、或科際統合的學問。

　　雖然採用科學方法去進行人口研究的有十七世紀的葛藍特（John Graunt 1620-1674）與十八和十九世紀之交的馬爾薩斯。但認真和積極地研究人口問題，卻是二十世紀的學者。原因是上個世紀初葉以來，人類才真正面臨人口遽增的壓力和貧窮帶來的麻煩。

　　依據柯列（Ansley Coale 1917-2002）的研究，有史以來人類的數目增加可以分成兩個截然有別的時期：

　　(1)從公元元年至一七五○年，人口成長相當緩慢，全球人口增加一倍需費時一千二百年，因之，可以假定紀元前世界人口的成長也是非常緩慢。

　　(2)可是從一七五○年至一九七四年一共才二百廿五年間，人口呈現極為快速的成長，全球人口每隔三十四・七年便增加一倍。

　　換言之，從公元元年至一七五○年人口每年增加率為每一千人才有○・三六人的低成長率，相對於今天每一千人有二十人的高成長率。在一九九七年五月時，每秒就有四・四人出現在地球之上，而消失（死亡）的人只有一・七人，當時全球總人口為五十八億，在一九九九年時，世界人口突破六十億大關，並且以穩定的速度成長。根據美國人口普查機構的調查顯示，全世界的人口數在二○○

八年六月十九日時，已近六十七億又四百四十三萬。據某些估計，世界上約有十億人口在十五至二十四歲之間。這個快速成長率非常驚人，如果不加控制，照此年成長率讓人口漫無節制地膨脹下去，估計再經過七百年，地球上的每個人將會只擁有一平方英尺的活動空間，亦即地球將無法再讓人類可以生活下去。所幸根據科學家估計，隨著糧食產出與氣候變遷，加上先進國家生育率的降低，與鼓勵中低度發展國家實行家庭計畫，預估世界人口增加的速度將會逐漸趨緩。

　　既然人口問題成為當前學者與一般群眾關懷的焦點，研究的重心逐擺在生育率與死亡率，亦即造成人口成長的兩大主要因素之上。人口的遷徙、移民當然也成為研究的主題。十九世紀社會學家關懷的是社會組織、社會的統合與解體、社會及其制度的進化；二十世紀的社會學家，特別是人口學學者，則注意到了社會的集中、貧民窟的形成、貧窮的情況、鄉下人口的流失，以及制度上（家庭）與文化上（宗教）對人口成長或節制的影響；最近則把研究焦點放在性別、移民、晚婚、生育率降低、人口結構老化及疾病（愛滋病）等問題之上。

　　談到生育率，發展的社會已由高生育率和高死亡率轉向低生育率與低死亡率的「人口學的轉型」（a demographic transition）。這種轉型現象也發生在東方新進工業國度中。低生育率的原因之一為社會變遷，亦即伴隨著現代化過程之來臨，農村、單一化、不識字、穩定的社群轉變成城市的、多元的、訊息廣布的、變動不居的複雜社會。工作的嚴格要求與接受教育、訓練的時間拖長，造成新婚夫婦面對產兒育女、傳宗接代的興趣缺缺，特別是現代社會生活費用頗高，眾多的子女需要生活費、教育費，也迫使有生育能力之男女對生兒養女之事慎重考慮而緩後實行。

　　與已發展的社會截然相反的是發展中的國家。像印度一個具有

生育能力的婦女，一生總生育數高達四‧二人，造成印度每年生育率高達二‧二％（但近年該國已開始實行家庭計畫），使得印度人口高達十一億又三百萬人（二〇〇五年的數字）。在非洲一位婦女一生的總生育數高達四至六人。在此情形下，聯合國預測從一九八五年開始，每十年世界人口將增加八億之多，一直到二〇〇五年為止，這樣快速增加的人口當中，有九成是發展中國家的新生兒。

在中國的婦女一生中的總生育率已降到二‧三人，這是強制實施家庭計畫而趨向穩定成長的結果。目前中國總人口有十三億多，大概要發展到十五億七千萬人之後才會趨向穩定。造成發展中地區與國度高生育率的原因，主要是文化與社會經濟的考量，例如多子多福的觀念，眾多孩子提供雙親精神與感情上的滿足，以及養兒防老的傳統觀念。

就出生率的情形來看，男嬰與女嬰之比率為一〇六比一〇〇，可是就各階段年齡群的比較，女性的死亡率比男性為低，因之在某種情況下，女性似乎占了上風。在男女人數應趨均等平衡下，中國、印度、巴基斯坦、亞洲西部卻呈現男多於女的現象。其中，中國的情況特別值得注意，根據一九九〇年中國人口普查男女之比為一〇六比一〇〇，這是符合全球人口性別的比例。可是剛生下的嬰兒至四歲的小孩男女的比例居然是一一〇‧四比一〇〇。令人駭異的是中國女嬰的死亡率與全球一般女嬰的死亡率相比居然為一三〇比一〇〇。這是因為中國文化重男輕女的觀念在作祟。其結果，柯列指出，造成中國至少已少報或少生、或失蹤了將近六千萬名的婦女。這些失蹤的女性，半數或是被別人收養、或是由於高度的死亡率（殺害女嬰、讓女嬰早夭），或是未曾登記出生等等因素造成的。

由於世界人口在二〇三五年將可能高達八十四億，屆時大都會人口將占十八％左右，各大都會將面臨治理危機。若干國家將仿效中國採取一胎化政策（人口政策）。在重男輕女的觀念下，男女

人口比例將會嚴重失衡，引起社會不安。再者，爲爭奪有限資源，擁有龐大男性人口的國家將大肆擴充軍備，並且自西方引進高科技武器，整個世界將重返「工業戰爭」時期，隨後便是大規模人口遷徙，重演蠻族入侵歐美，瓦解西方文明的歷史悲劇。

在二○○六年初夏有英國學者指出：近年來第三世界移民潮洶湧衝擊英國與歐陸，人口流徙達到令人憂心的程度。全球化進程導致族群融合困難，電話與網際網路等資訊與通信技術的發達，促成各類移民群體輕易進出母國，發展出複雜的跨界網絡，成爲所謂的「逆向移民」。當洪災或飢荒來襲時，非洲（尤其北非與撒哈爾地區）、中東和中亞大部分地區，甚至中國華北、尼泊爾到印尼的狹長地帶，包括中國東部，將成爲最可能發生動亂的危險區。該學者遂指出：二○一二至二○一八年之間全球的權力結構可能崩潰。中國、印度、巴西和伊朗等新興強權將挑戰美國全球唯一霸權的地位。屆時恐怖主義、組織性犯罪會穿透國界，擺脫各國的監控（註13）。

有關愛滋病在世界每個國家與地區蔓延的可怕情況，可由十幾年前在柏林召開的會議得到證實。根據統計數據顯示，感染愛滋病毒（HIV）的人數至今已多達三千三百萬名，而其人數還在不斷增長中。在西方愛滋病有如中世紀的黑死病，都是造成大量患者死亡的可怕瘟疫。此一疾病最可怕者爲醫治極爲困難，並且感染之後有空窗期與健康帶原期，具有傳染能力，加之蔓延擴大的速度極快。在醫學、藥學尚無法療治愛滋病患之時，社會學家在醫療社會學、醫療人類學和免疫學都開始對愛滋病的社會因由與人類性行爲進行考察。

就像早期視痲瘋病爲患者咎由自取，今日對愛滋病的發生、傳播，世人也採取道德的眼光譴責患者性行爲之不當。這是一種嚴重的錯誤觀念，亟須糾正。其中危險群（同性戀者、濫用毒品者）被視

爲愛滋病的帶菌者、病原者，這種錯誤的態度使異性戀者、特別是婦女也大量被捲入愛滋病的帶原者行列。要之，愛滋病的出現和擴散，也可以說是現代社會中一項影響性行爲、婚姻、家庭與人際關係的新現象，它也是對科技文明和醫療能力的絕大考驗。

六　風險性與現代性

　　現代社會是一個風險性極高的社會，原因是科技的進步使現代社會步入後工業社會（Daniel Bell語）、或是後資訊的社會中，但科技發展的複雜性和不可控制性，卻爲現代人帶來夢魘，例如層出不窮的核電廠事故，遠者如美國的三哩島、舊蘇聯的車諾貝爾，近者爲日本核電廠的事故，都給現代人絕大的恐懼、憂慮和深思。風險的問題成爲當代社會學者思考的核心問題之一，他們探討日常生活的行動條件，心理結構和行爲取向，俾人類在面對風險頻生的現代，能夠克服困難與自我調適。

　　在變化莫測、風險頻生的今日社會中，傳統形而上學的大理論（grand theory）已失去詮釋現代社會複雜機制與變化的能力，人們必須提出與解決問題意識的學說。因之，一九八〇年代以來德國學者貝克（Ulrich Beck 1944- ）、盧曼（Niklas Lumann 1927-1998）提出風險社會學的新觀念和解析風險的社會學意義，而紀登士對專家統治的弔詭性和現代性的討論也引起學界的矚目。

　　純就現代化的演展而言，貝克認爲由傳統社會進入工業化社會，其現代化的過程爲「單純的現代化」（*einfache Modernisierung*），而當代工業化社會的現代化過程卻是複雜的、而亟需自我反省的「反思的現代化」（*reflexive Modernisierung*）。前者意謂前工業社會由工業社會所化解與取代；後者則爲工業社會的形

式被另一個新的現代形式所化解與取代。他在一九八六年所著《風
險的社會》（*Risikogesellschaft: Auf dem Weg in eine andere Moderne*）一
書中指出：要對風險社會有所理解，需要認識現代科技所牽動的政
治、經濟、社會及文化的形式改變。現代社會已由階級社會發展為
風險社會，蓋當代人類所面對的衝擊是風險社會分配邏輯下的危機
及不平等的問題，而非為階級不平等引申的分配不均之問題。他認
為「風險社會」這個概念，應界定為現代社會發展的一個階段，在
此階段中由於新的科技發展所引發的政治、社會、生態和個人的危
機已脫離了工業社會的控制範圍之外，也非現代工業社會的安全機
制所能有效處理。換言之，質疑安全設施的決策過程與科技官僚處
理危機的理性和能力，成為學者問題的切入點。

　　盧曼對風險議題切入的途徑，是將知識（*Wissen*）與社會體系
的分殊加以縮結。知識愈進步、科學分殊愈繁細，社會體系的分殊
也愈益複雜。社會形態的變動，也隨著知識與科學的互動而日益發
展，於是風險乃乘隙而生。事實上，由於社會體系分化愈趨細緻，
社會體系的結構跟著更趨複雜，人們已無法透視社會的總體、掌握
社會秩序的意義。這種無法理解社會秩序及其意義便超出了人類負
荷的程度，而演變為社會危機。因之，人們每日面對著的是隨著複
雜的社會分殊所形成的「風險意識」，盧曼遂言：「當人們知道
更多，他們也就更清楚，什麼是人們所不知道，這就形成風險意
識」。顯然地這是對當代社會秩序的疑慮與不安，而迫使人們必須
思考「應變」風險的辦法。

　　紀登士在其有關現代性的討論中，也提出風險這一關鍵議題。
他要求建立「反思的現代性」（reflexive modernity）。他認為在多元
分殊的現代社會中，專家所扮演的角色有如早期僧侶作為文化守衛
者的身分。早前僧侶提供給人們有關宗教、社會以及心靈層面的釋
疑與安慰的職能，他們也為封建社會以權威核心為主的社會秩序提

出正當化的說詞，爲人群適時提出「社會本體論的安全」。相對於從前僧侶對權威地位不敢挑戰，且大力衛護的情況，現代社會的專家，因社會分殊、知識專門化，只能在各自的領域發揮諮詢建議、決斷的工作。再說，專業知識的本質爭議性高，並非普遍、統一的觀點。是故其爭議性的專業與專家知識，在現代社會已無法提供本體論上的安全，而使人群始終面臨徬徨與選擇，亦即現代人已失去精神安全的避風港。尤其是在專家彼此爭論不休、莫衷一是之下，民眾更有無所適從的感受。

以最近爆發的三聚氰氨被添加於食物原料當中的事件爲例，到底政府要採取什麼樣的標準，與使用何種的檢驗儀器，乃至於其他具有危害人體健康的化學殘留物、添加劑，都成爲媒體成天報導，致使人心惶惶的公眾議題。在此專家、政府、企業之間的利益彼此糾結，又不得不在全球化的結構下，面對散布快速、效果即時的風險性，找出生存之道。

另外，二〇〇八年爆發全球性的金融風暴（或者可以稱爲「金融海嘯」）衝擊著全球的經濟脈動，導因於美國在二〇〇七年次級房屋信貸危機爆發引起，由於金額龐大，引致接連的銀行與保險公司發生財務危機，乃至倒閉。這使得投資大眾開始對證券、債券、借貸失去信心（信心「崩盤」），不良債信與財務工程學規劃下的財務槓桿，在過度追求利潤而忽略風險性之傳遞速率導致被廣大投資大眾被斷頭或造成過大的資本缺口，致使國際知名的保險公司、金融集團猶如風中之燭、失燃之燈，這也在在考驗人民對於政府攝理能力的信心，同時也產生經濟活動的劇烈變化。由於對於金融商品消費的降低導致貨幣流動性下降，與對存款的戒慎恐懼，經由貨幣乘數縮減導致貨幣的流動量大幅度降低，在資本市場顯現的效果爲資本市場上巨大的資金缺口（capital shortage），即使許多國家中央銀行插手介入金融市場，並挹注鉅額資金，也難以挽回投資客的信

心。這些事情在在說明由於信息的快速流通與彼此利益之糾結，導致在享受全球化帶來的便利性之餘，吾人也經歷如臨深淵、如履薄冰的經濟發展。

風險社會學對現代性的檢討，集中在理性、制度、科學與科技政策的正當性問題，也檢討了社會認同的危機等議題。故此，過去認定人定勝天的科技管理主義、科技官僚也不得不面對難以全盤掌握、全權控制的尷尬場面。

由於近世自然科學的機械觀和工業革命的推波助瀾，逐以精確的計算、目標取向的「目的理性」、「工具理性」為思維的準繩，工業文明完全陷身於這種單線式的、目的理性式、工具理性式的窠臼裡。與此相關的是工業社會中的政治、經濟及技術等等作為，逐與計算性、安全性、效率性等科學萬能的價值觀掛鉤，也與科技官僚、專家學者之被重用連繫起來，意謂為「科學理性」。目的理性與科學理性的交織下，人類素樸地、天真地型塑進步的圖像。人們將工業社會產生的危機，視為社會生產過程中的副作用，誤認不過是「剩餘式的風險」。

事實上，這種工業社會自我正當化的辯詞是不堪一擊的。哈伯瑪斯（Jürgen Habermas 1929- ）提出「溝通理性」、「生活世界殖民化」的主張，俾對目的理性作出系統性的批判。貝克也從「反思的現代化」之角度，重新審視工業社會的正當性。他指出：現代化反思的主體為工業社會本身。可是工業社會自我詮釋與解決風險的系統，已隨其本身再生產的複雜性（資本主義擴張型的科技發展），而失去了控制的能力。因之，層出不窮的抗議活動、大量的失業情況、社會不公不平、社會認同的迷失不斷興起。現代社會必須從這種自我的難題與弔詭中尋找新的出路，它必須自我檢證、揚棄目的理性與工具理性的規範體系，也就是進行全盤的反思，才能避免走上集體毀滅之途。

當代工業社會制度面，也引起人們的不安，這牽涉到宏觀方面制度下社會秩序的穩定性與微觀方面工業化制度快速變遷，如何為個人的心理之不安尋求解救之方。涉及前者必須承認在工業技術發展中災害事變之不可控制性和不可計算性。現代工業社會也必須承認科技的形成與發展和社會的結構是緊密連結，亦即科技行動來自社會行動。整個社會制度充分體現社會行動領域，包括制度的信念（如計算理性式的思維）和制度的結構（風險、災難的解決機制）。在目前代議體制下，科技政策的決斷與執行都成為專家學者、官僚的禁臠，一般民眾無權過問。但科技官僚與專家學者之無知無能由連串災難，包括臺灣十年前爆發的豬隻口蹄疫、國家經營的油廠漏油到耕地與近海，還有對於嚴重呼吸道症候群（SARS）無預警的來襲、橋樑道路在颱風中柔腸寸斷、摧枯拉朽的斷折應變無方等事件可以看出。日前金融風暴導致的股價大幅下跌、石油、天然氣、原物料價格公正性的對辯、食品安全性的檢驗，更是使得政府的威信一再受到衝擊。

再則，科技與日常生活關係密切，被視為日常生活「理所當然」的一部分。例如捷運、藥品、電腦、網際網路的使用，都成為大家日常生活不可或缺的一部分，而不覺有何特別之處，這就會造成風險的一個重大來源。是故德國人類學者葛連指出社會環境的穩定性提供人們內心的安全感。但在工業社會中，大量制度、社會形態和價值觀的改變，卻衝擊了人類心理系統的穩定性，進而對制度質疑和不安，蓋人們無法掌握社會變動的態勢之緣故。事實上，科技社會的進展早已超出人類所能負荷的能力。從上述宏觀與微觀的角度來看，社會共識的喪失和個人不安的現象隱涵著既存機制的不穩定性和危機性。在風險社會中，人類必須自我批判、自我成長，俾改變工業社會的基本邏輯，這也就是貝克和紀登士強調反思的現代性之因由（註14）。

註　釋

註1　Said, Edward, 1978, *Orientalism*, New York: Vintage Books.

註2　Hall, Stuart, 1992, "Introduction" to *Formations of Modernity*, Stuart Hall and Bram Gieben (eds.), London: The Open University, pp.276-280.

註3　Hall, *ibid.* pp.315-317.

註4　參考洪鎌德，2004，《當代主義》，臺北：揚智，第54-59頁。

註5　Von Hayek, Friedrich, 1979, *The Road to Serfdom*, London: Routledge and Kegan Paul, p.52.

註6　Offe, Claus, 1992, *The Politics of Social Policy in East European Transitions: Antecedents, Agents, and Agenda of Reforms*, Bremen: *Zentrum für Socialpolitik*, mimeograph.

註7　以上參考Smelser, Neil J., 1994, *Sociology*, Cambridge MA and Oxford: Blackwell, pp.147-161.

註8　洪鎌德、邱思慎，1995，〈馬克思和韋伯學說的比較〉，《法政學報》第三期，臺北：淡大公共行政學系，第65-80頁。洪鎌德，1998，《從韋伯看馬克思──現代兩大思想家的對壘》，臺北：揚智，第三與五章。

註9　泰勒主義的發明者為泰勒（Frederick Winslow Taylor 1856-1915），他主張科學的企業管理：1.創造企業管理的科學；2.在體系的基礎上選擇工人；3.以科學方法教育與訓練工人，而教育與訓練是長期的、持續的；4.發展企業管理與工人之間的合作關係。由於泰勒只重技術面，而反對工會運動，所以為工會界所反對。

註10　福特主義為汽車大王福特（Henry Ford 1863-1947）的主張，他擴大泰勒主義、使科學的企業管理由生產集裝線擴大至市場的產銷結構。亦即：1.循環轉動的集裝線之生產方式；2.產品標準化、規格化；3.抬高工資，防止工人跳槽；4.以產品低價格、廣告、信貸促銷。要之，福特主義為

葛蘭西對福特作法的稱呼。

註11 洪鎌德，1995，《新馬克思主義與現代社會科學》，臺北：森大圖書公司，第161-163頁，初版1988年。

註12 Széll, Gyorgy, 1991, " 'Environment and Society' or 'Environmental Sociology'? In Search of a Paradigm," *Presidential Address to the Thematic Group on "Environment and Society" of the International Sociological Association*, Osnabrück: Universität Osnabrück, p.11.

註13 《自由時報》，2006.6.2. A10版。

註14 參考周桂田，〈現代性與風險社會──一個文化社會學的考察〉，《臺灣社會學刊》，第二十一期，1998年10月，第89-129頁；另外可參考顧忠華、陳文耀，1993，《「風險社會」之研究及其對公共政策之意涵》，臺北：國立政治大學社會學研究所；朱元鴻，1995，〈風險知識與風險媒介的政治社會學分析〉，《臺灣社會研究季刊》，第19期，第195-224頁；洪鎌德，2006，《當代政治社會學》，臺北：五南，第十一章。

▌外文姓名翻譯對照表▐

華文	外文
〔二劃〕	
卜地峨	Pierre Bourdieu 1930-2002
卜坎南	James M. Buchanan 1919-
卜傑士	Ernest W. Burgess 1886-1966
〔三劃〕	
內蒂克	Ruth Benedict 1887-1948
卞特禮	Arthur F. Bentley 1870-1957
孔恩	Thomas Kuhn 1922-1996
孔德	Auguste Comte 1798-1857
尤勞	Heinz Eulau 1916-2004
巴士提	Frédéric Bastiat 1801-1850
巴夫洛夫	Juan Pavlov 1849-1936
巴納吉	J. Banazi
巴雷圖	Vilfredo Pareto 1848-1913
巴藍	Paul Baran 1926-
戈德溫	William Godwin 1756-1836
〔四劃〕	
牛頓	Isaac Newton 1643-1727
牛頓	Sir Isaac Newton 1642-1727
包爾	Otto Bauer 1881-1938
卡地內	Abram Kardiner 1891-1981
卡西勒	Ernst Cassirer 1874-1945
卡特賴特	David Cartwright

華文	外文
〔五劃〕	
古理	Charles H. Cooley 1864-1929
古德涅	Alvin Gouldner 1920-1981
古德瑙	Frank Goodnow 1859-1939
史金納	B. F. Skinner 1904-1990
史套佛	Samuel A. Stouffer 1900-1960
史密斯	Elliot R. Smith 1871-1937
史華慈	J. G. Schwartz
史達林	Joseph V. Stalin 1879-1953
史維齊	Paul Sweezy 1910-2004
史賓格勒	Oswald Spengler 1880-1936
史蔻珀	Theda Skocpol 1947-
史諾	Charles P. Snow 1905-1980
史鐵華	John Q. Stewart 1894-1972
布丹、柏丹	Jean Bodin 1530-1596
布洛克	Fred Block
布朗	Norman O. Brown 1913-2002
布勞訥	Robert Blauner 1929-
布雷維曼	Harry Braverman 1920-1976
布魯默	Herbert Blumer 1900-1986
瓦拉斯	Léon Walras 1834-1910
皮古	Arthur Pigou 1877-1959
皮里	William J. Perry
皮悌格魯	Thomas F. Pettigrew

拉斯威爾　Harold Lasswell 1902-1978

杭特　E. K. Hunt

法利士　Ellsworth Faris 1874-1953

金日成　Kim il-sung 1912-1994

金提士　Herbert Gintis 1939-

阿朵諾　Theodor W. Adorno 1903-
1969

阿奎那　Thomas Aquinas 1224-1274

阿特衛　Paul A. Attewell

阿敏　Samir Amin 1931-

阿圖舍　Louis Althusser 1918-1990

阿德勒　Max Adler 1873-1937

〔九劃〕

哈列　Louis J. Halle 1910-

哈伯瑪斯　Jürgen Habermas 1929-

哈里斯　Marvin Harris 1927-2001

威爾遜　Woodrow Wilson 1856-1924

施米特　Wilhelm Schmidt 1868-1954

施奈德　David M. Schneider 1918-
1995

柯列　Ansley Coale 1917-2002

柯列卡　Peter Clecak

柯呂格　James R. Kluegel

柯林頓　Bill Clinton 1946-

柏克萊主教　George Berkeley 1685-
1753

柏拉圖　Pareto 429-349B.C.

柏波爾　Karl R. Popper 1902-1994

柏爾克　Edmund Burke 1729-1797

柏爾格　Peter Berger 1929-

洗紐爾　Nassau William Senior 1790-
1864

派克　Robert E. Park 1864-1944

洛克　John Locke 1632-1704

祈也連　Rudolf Kjellen 1864-1922

紀登士　Anthony Giddens 1938-

耶林內克　Georg Jellinek 1851-1911

胡志明　Ho Chi Minh 1890-1969

〔十劃〕

韋布連　Thorstein B.Veblen 1859-1929

韋特海默　Max Wertheimer 1880-1943

倪士弼　Robert A. Nisbet 1913-1996

俾斯麥　von Bismarck, Otto 1815-1898

哥白尼　Nicolaus Copernicus 1473-
1543

孫末楠　William Sumner 1840-1910

席士蒙地　Simonde de Sismondi
1773-1842

恩格斯　Friedrich Engels 1820-1895

泰勒　Edward B. Tylor 1832-1917

海耶克　Friedrich A. von Hayek 1899-
1992

海倫・凱勒　Helen Adam Keller
1880-1968

特洛以森　Johann Gustav Droysen
1808-1884

索羅金　Pitirim Alexandrovich Sorokin
1889-1968

馬立諾夫斯基　Bronislaw K. Malinowski
1884-1942

馬克士威爾　James C. Maxwell
1831-1879

馬克思　Karl Marx 1818-1883

馬志尼　Giuseppe Mazzini 1805-1872

馬孤哲　Herbert Marcuse 1898-1979

馬基亞維利　Niccolò Machiavelli 1469-1527

馬歇爾　Alfred Marshall 1842-1924

馬道夫　Harry Magdoff 1913-2006

馬爾薩斯　Thomas Robert Malthus 1766-1834

高芙　Kathleen Gough 1925-1990

涂爾幹　Émile Durkheim 1858-1917

〔十一劃〕

曼海姆　Karl Mannheim 1893-1947

曼德爾　Ernest Mandel 1923-1995

培根　Francis Bacon 1561-1626

寇士　Karl Korsch 1886-1961

崔普勒　Norman Triplett 1861-1931

康孟思　John R. Commons 1862-1945

康第拉　Etinne B. de Condillac 1715-1780

康德　Immanuel Kant 1724-1804

梅因　Henry Maine 1822-1888

梅拉索　Claude Meillassoux 1925-2005

梅迪歐　Alfredo Medio 1938-

梅特霍　Alfred Métraux 1902-1963

梅廉姆　Charles E. Merriam 1874-1953

梅爾頓　Robert Merton 1910-2003

畢爾德　Charles A. Beard 1874-1948

笛卡兒　René Descartes 1596-1650

符洛姆　Erich Pinchas Fromm 1900-1980

莫士　Marcel Mauss 1872-1950

莫士科維契　Serge Moscovici 1925-

莫列諾　Jacob L. Moreno 1892-1955

莫利士　Charles W. Morris 1901-1979

莫根陶　Hans J. Morgenthau 1904-1980

莫根斯騰　Oskar Morgenstern 1902-1977

郭森　Hermann Heinrich Gossen 1810-l858

麥道孤　William McDougall 1871-1938

〔十二劃〕

傅立葉　Charles Fourier 1772-1837

傑佛遜　Thomas Jefferson 1743-1826

凱因斯　John Maynard Keynes 1883-1946

喀爾文　John Calvin 1509-1564

揆內　François Quesnay 1694-1774

斯丹木勒　Rudolf Stammler 1856-1936

斯賓塞　Herbert Spencer 1820-1903

斯賓諾莎　Baruch Spinoza 1634-1677

普魯東　Pierre-Joseph Proudhon 1809-1865

湯恩比　Arnold Toynbee 1899-1975

舒萊業馬赫　Friedrich E. D. Schleiermacher 1768-1834

舒慈　Alfred Schutz 1899-1959

華生　John B. Watson 1878-1958

華勒斯坦　Immanuel Wallerstein 1930-
華盛頓　George Washinton 1732-1799
萊布尼茲　Gottfried Wilhelm Leibnitz
　1646-1716
費士丁傑　Leon Festinger 1919-1989
費居遜　Adam Ferguson 1724-1816
費雪　Irving Fisher 1867-1947
費爾巴哈　Ludwig Feuerbach 1804-
　1872
費歐爾　Lewis S. Feuer 1912-2002
馮紐曼　John von Neumann 1903-1957
黑格爾　Georg Friedrich Wilhelm
　Hegel 1770-1831

〔十三劃〕
奧地利人孟額　Karl Menger 1840-
　1921
愛因斯坦　Albert Einstein 1879-1955
溫德　Wilhelm Wundt 1832-1920
溫德爾班　Wilhelm Windelband
　1848-1915
聖西蒙　Claude Henri de Rouvroy,
　comte de Saint-Simon 1760-1825
聖奧古斯丁　St. Augustine 354-430
葛列布涅　Fritz Graebner 1877-1934
葛連　Arnold Gehlen 1904-1976
葛德利爾　Maurice Godelier 1934-
葛藍特　John Graunt 1620-1674
葛蘭西　Antonio Gramsci 1891-1937
董霍夫　W. Domhoff 1936-
詹士基　Noam Chomsky 1928-
詹姆士　William James 1842-1910

詹姆士・穆勒　James Mill 1773-1836
達連朵夫　Ralph Dahrendorf 1929-
達爾　Robert A. Dahl 1915-
達爾文　Charles Robert Darwin 1809-
　1882
雷涅　Karl Renner 1870-1950

〔十四劃〕
嘉芬寇　Harold Garfinkel 1917-
嘉爾敦　Francis Galton 1822-1911
瑪克士・韋伯　Max Weber 1864-1920
福拉哲爵士　James George Frazer
　1854-1941
福特　Henry Ford 1863-1947
福爾泰　François Marie Voltaire 1694-
　1778
維根斯坦　Ludwig J. Wittgenstein
　1889-1951
齊格夫　George K. Zigf
齊諾伊　Ely Chinoy 1921-1975
齊默爾　Georg Simmel 1858-1918

〔十五劃〕
摩爾根　Lewis Henry Morgan 1818-
　1881
歐文　Robert Owen 1771-1858
歐康納　J. O'Connor
歐斐　Claus Offe 1940-
歐爾巴　Paul H. Holbach 1723-1789
歐爾坡　Gordon W. Allport 1897-1967
魯賓遜　Robinson Crusoe（虛擬人
　物）

墨菲　Robert F. Murphy 1924-1990

〔十六劃〕
盧卡奇　Gyorgy Lukács 1885-1971
盧曼　Niklas Lumann 1927-1998
盧梭　Jean-Jacques Rousseau 1712-
　　1778
穆列　Norbert Muller 1952-
穆勒　John Stuart Mill 1806-1873
蕭馬丁　Martin Shaw 1947-
賴可立夫‧布朗　Alfred Reginald
　　Radcliffe-Brown 1881-1955
賴希　Wilhelm Reich 1897-1957
霍布士　Thomas Hobbes 1588-1679
霍布豪士　Leonard T. Hobhouse 1864-
　　1929
霍克海默　Max Horkheimer 1895-
　　1973
霍爾　Stuart Hall 1932-
鮑亞士　Franz Boas 1858-1942
鮑爾士　Samuel Bowles 1939-
戴雷　Emmanuel Terray 1935-

〔十七劃〕
謝立曼　Charles G. Seligman 1873-
　　1940
賽伊　Jean-Baptiste Say 1767-1832
賽蒙　Herbert A. Simon 1916-2001
賽德爾　Max von Seidel 1906-1983
薩皮爾　Edward Sapir 1884-1939
薩伊德　Edward W. Said 1935-2003

〔十八劃〕
藍克　Leopold von Ranke 1795-1886
魏茲　Georg Waitz 1813-1886

〔十九劃〕
龐巴維克　Egon Böhm-Bawerk 1851-
　　1914
羅素　Bertrand Russell 1872-1970
羅傑士　David Rodgers
羅斯　Edward Alsworth Ross 1866-
　　1951
羅爾士　John Rawls 1921-2002
羅維特　Karl Löwith 1873-1947
邊沁　Jeremy Bentham 1748-1832

〔二十劃〕
竇意志　Karl W. Deutsch 1912-1992
蘇利‧卡拿爾　J. Suret-Canale 1921-
　　2007

〔二十一劃〕
顧迪　Jack Goody 1919-

〔二十二劃〕
龔普洛維齊　Ludwig Gumplowicz
　　1838-1909

圖書館出版品預行編目資料

社會科學導論／洪鎌德著． －－二
．－－ 臺北市：五南圖書出版股份有限公
司，2024.08
；　公分
978-626-393-577-8（平裝）

1：社會科學

113010621

1JBY

當代社會科學導論

作　　　者 — 洪鎌德（162.4）

企劃主編 — 李貴年

責任編輯 — 李敏華、何富珊

封面設計 — 童安安、封怡彤

出 版 者 — 五南圖書出版股份有限公司

發 行 人 — 楊榮川

總 經 理 — 楊士清

總 編 輯 — 楊秀麗

地　　　址：106臺北市大安區和平東路二段339號4樓

電　　　話：(02)2705-5066　　傳　　真：(02)2706-6100

網　　　址：https://www.wunan.com.tw

電子郵件：wunan@wunan.com.tw

劃撥帳號：01068953

戶　　　名：五南圖書出版股份有限公司

法律顧問　林勝安律師

出版日期　2009年2月初版一刷（共三刷）
　　　　　2024年8月二版一刷

定　　　價　新臺幣450元

經典永恆・名著常在

五十週年的獻禮——經典名著文庫

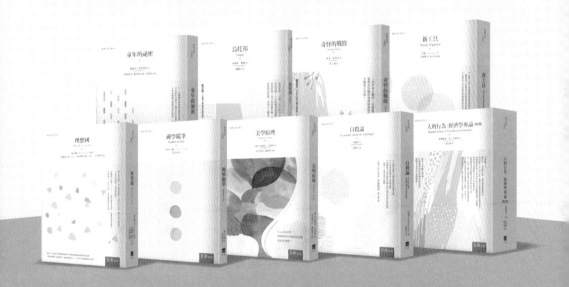

五南，五十年了，半個世紀，人生旅程的一大半，走過來了。

思索著，邁向百年的未來歷程，能為知識界、文化學術界作些什麼？

在速食文化的生態下，有什麼值得讓人雋永品味的？

歷代經典・當今名著，經過時間的洗禮，千錘百鍊，流傳至今，光芒耀人；

不僅使我們能領悟前人的智慧，同時也增深加廣我們思考的深度與視野。

我們決心投入巨資，有計畫的系統梳選，成立「經典名著文庫」，

希望收入古今中外思想性的、充滿睿智與獨見的經典、名著。

這是一項理想性的、永續性的巨大出版工程。

不在意讀者的眾寡，只考慮它的學術價值，力求完整展現先哲思想的軌跡；

為知識界開啟一片智慧之窗，營造一座百花綻放的世界文明公園，

任君遨遊、取菁吸蜜、嘉惠學子！